AF148157

Ernährung, Nahrungsmittelmärkte und Landwirtschaft

Christian J. Jäggi

Ernährung, Nahrungsmittelmärkte und Landwirtschaft

Ökonomische Fragestellungen vor dem Hintergrund der Globalisierung

 Springer Gabler

Christian J. Jäggi
Meggen, Schweiz

ISBN 978-3-658-22268-0   ISBN 978-3-658-22269-7   (eBook)
https://doi.org/10.1007/978-3-658-22269-7

Die Deutsche Nationalbibliothek verzeichnet diese Publikation in der Deutschen Nationalbibliografie; detaillierte bibliografische Daten sind im Internet über http://dnb.d-nb.de abrufbar.

Springer Gabler
© Springer Fachmedien Wiesbaden GmbH, ein Teil von Springer Nature 2018
Das Werk einschließlich aller seiner Teile ist urheberrechtlich geschützt. Jede Verwertung, die nicht ausdrücklich vom Urheberrechtsgesetz zugelassen ist, bedarf der vorherigen Zustimmung des Verlags. Das gilt insbesondere für Vervielfältigungen, Bearbeitungen, Übersetzungen, Mikroverfilmungen und die Einspeicherung und Verarbeitung in elektronischen Systemen.
Die Wiedergabe von Gebrauchsnamen, Handelsnamen, Warenbezeichnungen usw. in diesem Werk berechtigt auch ohne besondere Kennzeichnung nicht zu der Annahme, dass solche Namen im Sinne der Warenzeichen- und Markenschutz-Gesetzgebung als frei zu betrachten wären und daher von jedermann benutzt werden dürften.
Der Verlag, die Autoren und die Herausgeber gehen davon aus, dass die Angaben und Informationen in diesem Werk zum Zeitpunkt der Veröffentlichung vollständig und korrekt sind. Weder der Verlag noch die Autoren oder die Herausgeber übernehmen, ausdrücklich oder implizit, Gewähr für den Inhalt des Werkes, etwaige Fehler oder Äußerungen. Der Verlag bleibt im Hinblick auf geografische Zuordnungen und Gebietsbezeichnungen in veröffentlichten Karten und Institutionsadressen neutral.

Gedruckt auf säurefreiem und chlorfrei gebleichtem Papier

Springer Gabler ist ein Imprint der eingetragenen Gesellschaft Springer Fachmedien Wiesbaden GmbH und ist ein Teil von Springer Nature
Die Anschrift der Gesellschaft ist: Abraham-Lincoln-Str. 46, 65189 Wiesbaden, Germany

Inhaltsverzeichnis

Einführung

In den vergangenen Jahrzehnten hat das Thema Ernährung insbesondere vor dem Hintergrund der Ernährungssicherheit deutlich an Aufmerksamkeit gewonnen. Auf der einen Seite ist die Ernährung zunehmend zu einem Thema des Lifestyles und der Weltanschauung geworden, und auf der anderen Seite haben sich die Nahrungsmittelmärkte stark verändert.

Die Esskultur hat sich verändert und ist zunehmend identitätsbildend geworden, obwohl der Anteil der Haushaltsausgaben für Ernährung und Nahrungsmittel abgenommen hat. Gleichzeitig sind die Ansprüche der Konsumentinnen und Konsumenten stark gestiegen. Anstelle der Massenvermarktung von Nahrungsmitteln sind Nischen- und Teilmärkte entstanden, die alle ihre spezifischen Produktpaletten, Distributionskanäle und Zielgruppen haben.

Früher lokale Produzentenmärkte sind mehr und mehr globalen Wertschöpfungsketten gewichen, die einerseits wachsenden Qualitätsstandards unterliegen und anderseits von global tätigen Produktions- und Vermarktungsketten kontrolliert werden.

Ökologische Aspekte wie Klimawandel, Verknappung des fruchtbaren und landwirtschaftlich nutzbaren Bodens, Trockenheit und Wassermangel werden die Landwirtschaft in den nächsten Jahren und Jahrzehnten weiter verändern. Dabei gibt es eine gegenläufige Entwicklung: Auf der einen Seite ist die industrielle Landwirtschaft an vielen Orten immer noch im Vormarsch. Auf der anderen Seite gibt es in vielen Ländern eine Gegenbewegung in Richtung kleinräumige Landwirtschaft, biologische Mischlandwirtschaft und urban gardening.

Angesichts des immer noch eindrücklichen Bevölkerungswachstums in vielen Ländern des Südens und insbesondere in Afrika dürfte das Ernährungsproblem weiterhin aktuell bleiben. Es kann sich möglicherweise noch verschärfen, wenn es zu einer markanten Steigerung der Nahrungsmittelpreise kommen sollte. In diesem Fall dürfte die Wahrscheinlichkeit von Hungerrevolten und soziale Unruhen zunehmen.

Ernährung

1

Es ist eine Grundvoraussetzung biologischer Systeme, dass sie für ihre Existenz Substanzen und Energie aufnehmen müssen. Die aus der Umwelt aufgenommenen Stoffe werden umgewandelt, in bestehende Verbindungen eingebaut oder abgebaut. So gesehen ist die Nahrungsaufnahme ein Kernprozess biologischer Abläufe: „Dabei wird ein Energiekreislauf in Gang gebracht, der alles Leben kennzeichnet. In ihm verschränken sich die einzelnen Subsysteme zu Verwertungsketten, die, sich wechselseitig verzehrend, einander ernähren" (Glauner 2014, S. 60).

Biologische Nahrungsmittelkreisläufe folgen – immer nach Glauner (2014, S. 61) – zwei zentralen Gesetzmäßigkeiten: Erstens dem Gesetz der Ausgewogenheit und zweitens dem Gesetz der Mehrwertstiftung. Glauner (2014, S. 61) meint mit dem Gesetz der Ausgewogenheit die Kreisläufe und Wechselwirkungen, wie etwa im Beispiel der Mäusebussard-Populationen, oder allgemein gesagt: Bei Anwachsen einer Population von Tieren, die anderen als Nahrung dienen, wächst – zeitlich verzögert – auch die Population der Raubtierspezies, die sich von ihnen ernährt. Sinkt infolge der verstärkten Jagd die Zahl der Opfertiere, verringert sich – wiederum zeitlich versetzt – auch wieder die Anzahl der Jagdtiere. Weil sich Tiere fast nie nur von einer Tierart ernähren, sind die Zyklen natürlich in der Praxis viel komplexer, aber das Prinzip gilt immer. Man kann also sagen, dass über längere Zeit hinweg Populationen oder Ökosysteme immer im Bereich bestimmter Parameter schwanken, es entsteht also ein Fließgleichgewicht über längere Zeiträume. So sind Seensysteme bekannt, die über 7 bis 10 Jahre Phasen völliger Austrocknung, langsamer Auffüllung, mittleren Wasserstands, leichter Überschwemmung bis hin zu völliger Überschwemmung durchlaufen und umgekehrt.

Gleichzeitig gilt das Gesetz der Mehrwertstiftung: Jedes Ökosystem produziert – und verbraucht bzw. zerstört – Materie, Lebewesen und wandelt Energie um. In der Regel sind dabei langfristig jene Subsysteme erfolgreich, welche nicht nur sich selbst aufrecht erhalten, sondern einen Mehrwert für das Gesamtsystem schaffen. Ein stabiles

© Springer Fachmedien Wiesbaden GmbH, ein Teil von Springer Nature 2018
C. J. Jäggi, *Ernährung, Nahrungsmittelmärkte und Landwirtschaft*,
https://doi.org/10.1007/978-3-658-22269-7_1

Ökosystem muss dabei langfristig genau dasjenige Maß an Energie freisetzen sowie diejenigen Stoffe und jene Lebewesen produzieren, die es braucht, um sein Gleichgewicht
aufrecht zu erhalten. Expansive Ökosysteme gehen dabei längerfristig ebenso zugrunde
wie Ökosysteme, welche die von ihnen benötigten Stoffe nicht bereitstellen, die erforderliche Energie nicht freisetzen oder die notwendigen Lebewesen nicht erzeugen können.

Dabei ist der Mensch Bestandteil vieler – aber längst nicht aller – Ökosysteme, die
ihn einerseits beeinflussen, die er selbst aber auch mit beeinflusst.

Daraus entsteht ein Grundproblem: Menschen betrachten Nahrung immer aus der
Sicht ihres eigenen Überlebens und Wohlergehens. Dabei wird oft übersehen, dass die
Nahrungsmittelproduktion ebenfalls nur im Rahmen von Ökosystemen geschehen kann.
Was der Mensch als Input-Output-Orientierung – z. B. in Form von Energie, Arbeit und
Ertrag – wahrnimmt, ist aus ökologischer Sicht nichts als ein Fließgleichgewicht inner-
halb (und zwischen) verschiedenen Ökosystemen. Das gilt für sämtliche Produktions-
prozesse, egal ob für organische Nahrung oder industrielle Maschinen.

Laut WHO benötigen Menschen pro Tag durchschnittlich 2100 bis 2200 kcal, um ein
gesundes Leben zu führen. Das absolute Lebensminimum, der sogenannte Grundumsatz
oder Basalstoffwechsel, liegt bei 1200 bis 1300 kcal am Tag. In westlichen Ländern ver-
brauchen die Erwachsenen rund 2400 kcal, Jugendliche 2900 kcal und ein 7-jähriges
Kind 1830 kcal (vgl. Feyder 2014, S. 24). Um die Jahrtausendwende standen weltweit
durchschnittlich 2800 kcal pro Person zur Verfügung, allerdings sehr unterschiedlich
aufgeteilt zwischen den entwickelten Ländern (z. B. 3730 kcal in Nordamerika) und
den Entwicklungsländern (2160 kcal; vgl. Esnouf und Bricas 2013, S. 7). Dazu kommt,
dass die Nahrung auch innerhalb der einzelnen Länder sehr unterschiedlich verteilt und
zugänglich ist.

Allerdings ist nicht nur die Energiemenge für eine gesunder Ernährung wichtig, sondern auch die Qualität und Ausgewogenheit der aufgenommenen Nährstoffe.

Vor 2000 oder 3000 Jahren konnten viele Stämme ihre Nahrungsmittel einfach in
der Natur pflücken oder einsammeln. Erst mit dem Aufkommen der Landwirtschaft
und infolge des immer stärker ausgeweiteten Arbeitseinsatzes für die Nahrungsmittelproduktion verloren die Nahrungsmittel, aber auch der (fruchtbare) Boden mehr und
mehr ihre Eigenschaft als freie Güter: Je mehr Arbeit in die Produktion eingebracht werden musste, desto stärker wurden die Güter zu handelbarer Ware und desto mehr verloren
sie ihren Charakter als freie Güter.

Die Art der Bedürfnisbefriedigung hat sich im Laufe der Zeit auch insofern verändert,
als bestimmte Bedürfnisse an Gewicht und Bedeutung verloren haben, weil der für ihre
Befriedigung notwendige Aufwand geringer wurde. So hat etwa in den letzten 500 Jahren die relative Bedeutung der Nahrungsmittelproduktion im Vergleich zu anderen Produkten und Dienstleistungen an Gewicht verloren, während neue Bedürfnisse entstanden
sind, etwa nach technischen Geräten, Dienstleistungen usw. Der Anteil der für Nahrungsmittel aufgewendeten Ausgaben an den Gesamtausgaben der Privathaushalte hat seit
Mitte des 20. Jahrhunderts deutlich abgenommen, während die Bedeutung von Wohnen,
Energie und Mobilität weitgehend gleich blieb und entsprechend an relativer Wichtigkeit
zugenommen hat.

So sank etwa in der Schweiz der Anteil der Ausgaben privater Haushalte für Nahrungsmittel von rund 35 % in den 1940er-Jahren auf rund 8 % im Jahr 2010 (vgl. Oetliker 2013, S. 16).

Allerdings stellte sich – zumindest bis zum aktuellen Zeitpunkt – die vom britischen Ökonomen Thomas Robert Malthus (1766–1834) vertretene These als falsch heraus, dass aufgrund des großen Bevölkerungswachstums und der nur beschränkt möglichen Zunahme der Nahrungsmittelproduktion Hungersnöte unvermeidbar seien. Bis heute sind Hungersnöte vor allem die Folge von Kriegen, Klimaveränderungen oder wirtschaftlicher Krisen. In der Vergangenheit konnten die höhere Produktivität der Landwirtschaft, innovative Produktionsweisen und nicht zu vergessen der globale Handel lokale und zeitlich begrenzte Engpässe in der Versorgung mit Nahrung und das Bevölkerungswachstum kompensieren.

Doch selbst heute haben noch längst nicht alle Menschen Zugang zu sauberer Nahrung und zu Energie.

So schätzte man 2017, dass immer noch 2,5 Mrd. Menschen – also fast ein Drittel der Weltbevölkerung – immer noch über keine saubere Kochgelegenheit verfügten. Von diesen lebten rund 1,5 Mrd. in Südasien. Gleichzeitig verfügten Hunderte von Millionen Menschen über keinen Energieanschluss (vgl. Eine Welt vom Juni 2017, S. 17). Tab. 1.1 zeigt, wie viele Menschen über keine elektrische Energie oder nicht über saubere Kochgelegenheiten verfügen.

Die Welternährungsorganisation FAO schätzt, dass der Bedarf an Nahrungsmitteln in den nächsten 30 Jahren um 60 % zunehmen wird (vgl. Lehmann 2017, S. 12). Gleichzeitig werden die natürlichen Ressourcen durch die Landwirtschaft nicht nachhaltig genutzt oder durch inner- und außerlandwirtschaftliche Faktoren gar zerstört: Bodenerosion, Versalzung der Böden, Schadstoffe, Klimawandel und Gewässerbelastung.

Heute hat sich in der Diskussion das Konzept der Ernährungssicherheit durchgesetzt.

Laut FAO gibt es 4 Grundvoraussetzungen für Ernährungssicherheit: Verfügbarkeit von Nahrung durch nachhaltige Produktion, Zugang zu Nahrung, sachgemäßer Umfang bzw. sachgemäße Verwendung der Nahrung und Stabilität der Bedingungen für die Nahrungsmittelversorgung (vgl. Lehmann 2017, S. 12).

Tab. 1.1 Zugang zu elektrischer Energie und sauberen Kochgelegenheiten. (Quelle: Eine Welt vom Juni 2017, S. 17)

	Menschen ohne Zugang zu elektrischer Energie (%)	Menschen ohne saubere Kochgelegenheit (%)
Südamerika ohne Brasilien	15	5
Afrika südlich der Sahara	79	68
China	0	33
Indien	66	25
Pakistan	63	31
Indonesien	42	27

1.1 Ernährung als Kulturgeschichte

Wohl eine der tiefgreifendsten Revolutionen in der menschlichen Entwicklung war die sogenannte „agrarische" oder „neolithische" (=jungsteinzeitliche) Revolution (vgl. Childe 2014, S. 145 ff.). Die Jungsteinzeit dauerte ungefähr von 6500/6000 v. Chr. bis 2000/1800 v. Chr. (vgl. Haber 2014, S. 11 f. sowie Childe 2014, S. 158). Allerdings datieren andere Autoren – so Taylor und Entwistle 2015, S. 32 – den Übergang von Jäger-Sammler-Gesellschaften zu landwirtschaftlichen Gesellschaften deutlich früher, so auf die Zeit 15.000 bis 10.000 vor unserer Zeitrechnung.

Die agrarische Revolution gab dem Menschen erstmals die Kontrolle über seine eigene Nahrungsmittelbeschaffung. Childe (2014, S. 145) unterschied zwei Stufen der agrarischen Revolution: Auf der einen Seite der gezielte Anbau und die Weiterentwicklung von wilden Gräsern, Knollengewächsen und Bäumen, und auf der anderen Seite die Domestizierung und Zucht von Tieren. Beide Formen der frühen Landwirtschaft waren eng miteinander verknüpft.

Mit der Erfindung der Landwirtschaft änderte sich das menschliche Leben grundlegend. Während die früheren Jäger- und Sammlerkulturen sich darauf beschränkten, der Natur die für das Überleben benötigte Biomasse zu entnehmen, diese aber im Übrigen so zu lassen wie sie war, organisierte die landwirtschaftliche Revolution das menschliche Zusammenleben gänzlich neu. Erstmals konnte dank landwirtschaftlichen Techniken mehr produziert werden, als die Menschen unmittelbar verbrauchten.

> Die bäuerliche Mehrproduktion erzeugte Güter mit Tauschwert, und mit ihnen entwickelt sich die menschliche Ökonomie mit dem Markt als Träger und Regulativ, lange bevor es Münzen oder Papiergeld gab. Die Erfindung der Landwirtschaft und die von ihr bewirkte, den eigenen Ernährungsbedarf übersteigende Mehrproduktion führten so zu einer grundlegenden, dauerhaften Aufteilung der Menschen in Landwirte (Erzeuger) und Nichtlandwirte (Verbraucher) (Haber 2014, S. 8).

Dies führte in der Folge zur Bildung von zwei unterschiedlichen Lebensformen, nämlich zu städtischen Siedlungen nicht landwirtschaftlich tätiger Bevölkerung auf der einen Seite und zu landwirtschaftlich tätigen, eher dezentral wohnenden Bauern auf der anderen Seite.

Ur und Colantoni (2014, S. 369) haben die These aufgestellt, dass sich in den frühagrarischen Gesellschaften – wie etwa in der Stadt Ur in Mesopotamien um 3000 v. Chr. – aufgrund der Schwäche und Ineffizienz politischer Gewalt die Regierenden so stark auf ihren Machterhalt konzentrieren mussten, dass die staatliche Kontrolle über die Landwirtschaft als wichtigster wirtschaftlicher Bereich der damaligen Gesellschaften schwach bis inexistent war. Entsprechend erfolgte die landwirtschaftliche Produktion und die damit verbundene Weitergabe von landwirtschaftlichem Know-how vor allem dezentral, in den lokalen Haushalten. Deshalb waren die Bauern relativ unabhängig von den zentralen politischen Stellen, ja nicht selten waren sie wichtige Zentren lokalen Widerstands gegen die überbordende Zentralmacht. Während politische Staaten und Regierungssysteme oft relativ schnell kollabierten und wechselten, blieb die landwirtschaftliche Produktion – abgesehen von Hungersnöten und Katstrophen – verhältnismäßig stabil.

Bis in das 19. Jahrhundert hinein hatten alle europäischen Gesellschaften periodisch unter Nahrungsmittelmangel und damit verbunden Hunger gelitten (vgl. Hirschfelder 2014, S. 23). Erst in den letzten 200 Jahren änderte sich das: Zuerst setzte sich der Massenanbau von Kartoffeln durch, später ermöglichte der technologische Fortschritt in Form der Eisenbahnen und der interkontinentalen Dampfschifffahrt den Transport und die Einfuhr von Lebensmitteln, schließlich führten die Mechanisierung der Landwirtschaft und der Einsatz von Kunstdünger zu einer deutlich höheren Produktivität in der Landwirtschaft. Auch setzten sich bis anhin nur in der Oberschicht verbreitete Nahrungsmittel wie Kaffee, Tee, Zucker und Reis zunehmend in allen Bevölkerungsgruppen in der Stadt und auch auf dem Land durch (vgl. Hirschfelder 2014, S. 23).

Ungefähr zur gleichen Zeit gelang es, Nahrungsmittel haltbarer und transportfähiger zu machen. Ein Beispiel bildete die im 19. Jahrhundert industriell gefertigte Essschokolade: Während diese in der Schweizer Armee bereits in den 1870er-Jahren zur Truppenverpflegung eingeführt worden war, etablierte sie sich bis zum Ersten Weltkrieg sukzessive aufgrund ihrer Haltbarkeit, Transportfähigkeit und der hohen Energiedichte in allen europäischen Armeen (vgl. Hirschfelder 2014, S. 24).

Aufgrund dieser Entwicklungen sehen Chaffee und Cook (2017, S. 26 ff.) zwischen den frühen Jäger- und Sammlergesellschaften sowie den frühagrarischen Gesellschaften und heute einen grundlegenden ökonomischen Paradigmenwechsel: Während damals die Gesellschaften und auch die Ernährung von Knappheit geprägt waren, besteht im heutigen Nahrungsmittelangebot ein enormer Überfluss. Deshalb seien damals ganz andere Fähigkeiten und Kompetenzen notwendig gewesen: Nahrungsmittelgewinn, Jagdfähigkeit, körperliche Anstrengung und die Fähigkeit, Vorräte anzulegen. Dagegen braucht der heutige Nahrungsmittelkonsument vor allem das Wissen und die emotionale Distanz, um sich im Überangebot zurechtzufinden, aber auch die Fähigkeit, emotionalen Triggern und affektiven Versuchungen widerstehen zu können. Es ist fast unmöglich geworden, den vielen visuellen Anreizen, Hinweisen und Stichworten hinsichtlich Nahrungsmittel zu widerstehen und – wie Chaffee und Cook (2017, S. 28) es formulieren – hindurchzunavigieren. Forschungen haben gezeigt, dass ein Paradox der Wahl besteht: Wir empfinden Stress und geringere Befriedigung mit unserer Wahl, wenn die Zahl der möglichen Optionen zunimmt (vgl. Chaffee und Cook 2017, S. 27). Von daher müsste gerade auch aus der Sicht des heutigen Nahrungsmittelangebots das ökonomische Knappheitsparadigma hinterfragt werden.

Über Jahrhunderte bildeten die Bauern die Mehrheit der Bevölkerung, erst im 20. Jahrhundert schrumpfte der bäuerliche Anteil der Bevölkerung auf 10 oder weniger Prozent in den industrialisierten Ländern. So arbeiteten um 1900 in Deutschland noch 38,2 % der Bevölkerung in der Landwirtschaft, um 1950 waren es noch 24,3 % und 1999 noch gerade 2,7 % (vgl. Haber 2014, S. 89). In der gleichen Zeitspanne steigerte sich die Getreide-, Kartoffel-, Zuckerrüben und Milchproduktion pro Hektar um mehr als 100 % (vgl. Haber 2014, S. 89).

Die zweite große Änderung in Bezug auf die Ernährung stellten die industrielle Revolution und der Beginn des industriellen Zeitalters dar. Als Übergang kann dabei die Wende vom 18. zum 19. Jahrhundert gelten (vgl. Haber 2014, S. 67). Die damit verbundene neue Produktionsweise ging mit einem Übergang von der bisher dominanten Holzwirtschaft als Energieerzeuger zur fossilen Energieerzeugung einher, die nicht mehr auf erneuerbaren Quellen, sondern auf Kohle und später Erdöl beruhte. Gleichzeitig lösten sich die Städte mehr und mehr vom bisher einzigen Energielieferanten, und die Forstwirtschaft verlor an Bedeutung. Vorerst blieb allerdings die Landwirtschaft unangetastet, die Feldbestellung geschah ausschließlich durch menschliche und tierische Arbeitskraft. Gleichzeitig blieb die Artenvielfalt relativ breit. So wurden früher in Norddeutschland noch 18 Kulturpflanzen angebaut, die heute kaum mehr bekannt sind (vgl. Haber 2014, S. 69). Im 19. Jahrhundert setzte sich der Mineraldünger durch – insbesondere Kalisalze und Phosphate – und die Erträge konnten durch die Zuführung der durch die Ernten entzogenen Nährstoffe um den Faktor 10 bis 100 gesteigert werden (vgl. Haber 2014, S. 72).

Die gleiche Entwicklung wie im 19. und 20. Jahrhundert in Europa lässt sich heute auf globaler Ebene feststellen. 2015 arbeiteten weltweit noch 38,3 % der Bevölkerung in der Landwirtschaft. Je entwickelter ein Land ist, desto geringer ist der Anteil der bäuerlichen Bevölkerung. So leben etwa in den afrikanischen Staaten südlich der Sahara 2015 56,5 % der Bevölkerung von der Landwirtschaft, in Ostasien und im Pazifikraum 54,4 %, in Südasien 50,5 %, im mittleren Osten und Nordafrika 19,5 % und in Europa und Zentralasien nur gerade 12,9 %. In den Ländern mit hohem Einkommen erreichte 2015 die bäuerliche Bevölkerung im Durchschnitt gerade mal 2,7 %, so in Deutschland 1,3 %, in den USA 1,4 %, in Kanada 1,5 %, in Frankreich und in Japan 1,7 %, in Schweden 2 % und in der Schweiz 3 % (FAO 2015, S. 96 ff.).

1.2   Ernährung als Ausdruck des Lifestyles

Viele menschliche Kulturen haben individuelle Nahrungsaufnahme anstelle von gemeinsamen Mahlzeiten als von der Norm abweichend („deviant", Pilcher 2014, S. xiii) betrachtet. Außerdem drücken Mahlzeiten Hierarchien verschiedenster Art aus, z. B. in Bezug auf Gender, Ethnizität, Status und Alter. Zwar gibt es Grundbedürfnisse in Bezug auf die Ernährung, aber jede Gesellschaft kennt eigene Vorstellungen darüber, was gut ist zu essen (vgl. Pilcher 2014, S. xiii). Gemeinsame Mahlzeiten wurden und werden als identitätsstärkend und gemeinschaftsfördernd erlebt. Gleichzeitig trennen gemeinsame Mahlzeiten „Insider" von „Outsidern", d. h. solche Menschen, die „dazu gehören" von solchen, die „nicht dazugehören" (vgl. Pilcher 2014, S. xiii).

In der jüngsten Vergangenheit ist es zu einer tiefgehenden Transformation der Esskultur gekommen. Das Essen hat sich – insbesondere bei Singles, aber auch in Kleinfamilien und bei Teenagern – von seinen zeitlichen und räumlichen Grenzen gelöst. Insbesondere scheint die gemeinsame Mahlzeit als Ausdruck der Geselligkeit zurückgegangen zu sein.

Oder mit den Worten von Marí und Buntzel (2007, S. 41): „An die Stelle der rituellen Mahlzeit, bei der der gesamte Haushalt um den Tisch versammelt ist, tritt die Beliebigkeit. Essen wird zu einer futuristischen, kauenden Nebenbeschäftigung. Was, wann, wo und mit wem gegessen wird, entspricht immer weniger herkömmlichen Konventionen". Damit hat sich auch die soziale und identitätsstiftende Funktion des Essens verändert.

Auch Katharina Burger (2016, S. 30) hat darauf hingewiesen, dass über das Essen soziale und kulturelle Identitätsaspekte ausgedrückt und reproduziert oder gar ethisch-moralische Werturteile generiert werden: So fühlen sich gewisse Veganer Fleischessern oder Vegetariern moralisch überlegen, u. a. weil sie nicht für den Tod von Tieren mitverantwortlich sind. Umgekehrt halten nicht wenige Fleischesser Veganer oder Vegetarier für „verrückt". Einzelne Psychologen sehen sogar den Gesundheits- und Ernährungskult als eine Art Quasi-Religion.

Interessant ist, dass Frauen häufiger und lieber vegetarisch essen als Männer. Die Tab. 1.2 zeigt, welche Nahrungsmittel Männer und welche Frauen vorziehen.

Laut Gardner (2013, S. 65) wechseln Menschen mit zunehmendem Wohlstand zu einer vielfältigeren Ernährung. In entwickelten Gesellschaften konsumieren die Menschen mehr Früchte, Gemüse und Fertignahrung. Das ist vor allem in urbanen Regionen der Fall. Bis 2050 werden sich nach Ansicht von Experten diese Trends, aber auch der Fleischkonsum verstärken. Allerdings gehen andere Prognosen auch davon aus, dass sich der Fleischkonsum als Ganzes oder der Verzehr von rotem Fleisch – aber nicht der von Geflügelfleisch – verringern wird. Allgemein ist in den einzelnen Ländern eine zweifache Entwicklungstendenz festzustellen: Zuerst ein erhöhter Kalorienkonsum und später der Übergang zu hochwertigeren Proteinen.

Studien haben ergeben, dass für die Ernährung auch die Bildung eine wichtige Rolle spielt, und zwar nicht nur in den Ernährungsinhalten und in der Ausgewogenheit der Nahrungsbestandteile, sondern auch im Kochen. Ausschlaggebend ist dabei vor allem die Bildung der Frauen: „Je höher die Bildung, desto weniger Zeit und Aufwand wird für das Kochen verwendet" (Rützler 2005, S. 33). Vor allem die Zeitknappheit und die Opportunitätskosten (das heißt die Kosten von aufgrund des Kochens nicht ausgeführter Arbeiten) führen zu einer Abnahme der Bereitschaft zum Kochen der dafür

Tab. 1.2 Bevorzugte Nahrung von Männern und Frauen. (Quelle: Keller 2012, S. 256)

Was Männer am liebsten essen	Was Frauen am liebsten essen
Jägerschnitzel, Zigeunerschnitzel, Rumpsteak, Pfeffersteak, Rindersteak, Schweinshaxe, Kalbshaxe, Hammelkotelett, Hasenbraten, Hirschbraten, Wildschwein, Eisbein, Schlachtplatte, Schweinesülze, Leberkäse, Currywurst, Pommes frites, Bockwurst	Folienkartoffeln, Pellkartoffeln mit Quark, Kartoffelauflauf, Kartoffelsuppe, Risotto, gebackene Nudeln mit Zutaten, Nudelauflauf, Spaghetti mit Hackfleisch-Tomaten-Soße, Nudelsalat, überbackener Toast, Eierpfannkuchen mit Fleischfüllung, Fischfilet gedünstet, italienischer Salat, Rotkraut gekocht, Blumenkohl überbacken, Zucchini, heiße Apfeltaschen, Grießbrei mit süßen Zutaten

aufgewendeten Zeit. Die Auswirkungen dieser Entwicklung auf das Familienleben können heute bereits erahnt werden – und sie werden wahrscheinlich in Zukunft noch größer
sein. Das kann unter anderem bedeuten, dass wir die Fähigkeit verlernen, klassisch zu
kochen (vgl. Rützler 2005, S. 34), feste Essenszeiten können verloren gehen und – nicht
die schlechteste Version – die Männer übernehmen mehr Kochverantwortung.

Allerdings sind die einzelnen Individuen bei der Auswahl ihrer Nahrungsmittel
und Mahlzeiten nicht so frei, wie sie normalerweise glauben. Die Wahl der Nahrungsmittel wird unter anderem durch das Wetter, durch die modernen Medien, die Kon-
junkturzyklen, die Religion, die lokale Tradition und durch das zur Verfügung stehende
Angebot bestimmt und eingeschränkt (vgl. Hirschfelder 2014, S. 19). Im allgemeinen ist
der Nahrungsgeschmack der Menschen konservativ. So weiß man aus der Migrations-
forschung, dass Migrierende in der Regel neue Sprachen oder andere Gewohnheiten
schneller ändern als die Esskultur (vgl. Hirschfelder 2014, S. 19). Man kann sagen, dass
Hunger und Durst eine anthropologische Konstante darstellen, dass aber die Art und
Weise, wie diese Bedürfnisse befriedigt werden, variabel und kulturell bestimmt sind.
Dazu kommt, dass Essgewohnheiten sich im Laufe der Zeit verändern. Ebenfalls beein-
flusst wird das Essverhalten durch den Beruf, den emotionalen Stress und die Art der
Wohnsituation. So hat sich mit dem wachsenden Anteil von Single-Haushalten – aber
auch infolge moderner Lebensweise – das Essverhalten weg von der gemeinschaftlichen
Mahlzeit an fixen Zeiten hin zu individueller, zu unterschiedlichen Zeiten erfolgende
Nahrungsaufnahme verschoben: „Das verstärkt den Trend zum Essen außerhalb von
Mahlzeiten. Bestehende Strukturen lösen sich dadurch auf, die gemeinsame Mahlzeit
wird noch mehr zur Randerscheinung" (Hirschfelder 2014, S. 27). Diese „Entchronolo-
gisierung" (Hirschfelder 2014, S. 29) der Nahrungsaufnahme hat zu der in der neueren
Literatur „Snacking" genannte Art des Essens in Form einer flexibilisierten und indivi-
dualisierten Nahrungsaufnahme geführt.

Die Kulturanthropologin Isabelle de Solier (2013, S. 3) hat darauf hingewiesen, dass
zur materiellen Ernährungskultur nicht nur die Nahrung selbst, sondern auch die dazu-
gehörenden Medien und Vermittlungskanäle gehören, so etwa Kochshows im Fernsehen,
Ernährungsblogs im Internet oder Kochbücher. Die Ernährungsphilosophie zieht auch
den Körper, die Sinne, Gefühle, die Gesundheit und das Körpergewicht mit ein.

Einige Forscherinnen und Forscher sprechen heute sogar von „food cults", also von
quasi-religiösen Gruppen, die sich über das Essen definieren. Einige dieser Gruppen
vertreten recht extreme Auffassungen in Bezug auf Ernährung oder haben „extreme
nutritional beliefs" (Cargill 2017a, S. 3). Solche Gruppen haben insofern etwas Sekten-
ähnliches, als in ihnen zwei Tendenzen von zentraler Bedeutung sind: erstens der Versuch, sich von anderen Gruppen oder Ernährungsformen zu unterscheiden und zweitens
das Bemühen, innerhalb einer Gruppe von Gleichgesinnten eine ernährungsweltanschau-
liche Gleichheit (sameness) herzustellen (vgl. Cargill 2017b, S. 9). Als soziologischen
Hintergrund dieser Entwicklung sieht Cargill (2017b, S. 11) den wachsenden säkularen,
also nicht mehr mit einer religiösen Gemeinschaft verbundenen, Bevölkerungsanteil in
vielen Ländern. Dadurch entstehe ein weltanschauliches Vakuum, das unter anderem von
Ernährungs-Weltanschauungen gefüllt werde.

Eine besondere Ausprägung solcher Ernährungsweltanschauungen ist der so genannte *„healthism"* (Cargill 2017a, S. 4), der nicht nur die Ernährung, sondern letztlich das gesamte Leben unter dem Aspekt der Gesundheit wahrnimmt und auch gestaltet. Wichtiger Bestandteil dieser Haltung ist einerseits eine „intensive Moralisierung der persönlichen Gesundheit" (Scott 2017, S. 160) und konstante individuelle Überwachung des Gesundheitszustandes, des Körpergewichts, der Nahrungsaufnahme und des Kalorienverbrauchs. Dabei wird Nahrung allgemein und insbesondere Diät als Nahrungsbeschränkung als Ausdruck der Charakterstärkung und der persönlichen Moralität aufgefasst.

In reichen, postindustriellen Gesellschaften hat sich ein eigener Ernährungskult-Typ, der so genannte „foodie" (de Solier 2013, S. 7) herausgebildet. Dabei werden die Nahrung, ihre Herstellung und ihr Verzehr – wie de Solier (2013, S. 7) es nennt – zu einem Teil des Selbst, also der persönlichen Identität. Der Begriff des „foodie" stammt aus dem britischen Stylemagazin „Harpers & Queen" und entstand 1982 (vgl. de Solier 2013, S. 7). Bereits zwei Jahre danach, also 1984, publizierte das Magazin ein Foodie-Handbuch: „The Official Foodie Handbook", verfasst von den Journalisten Ann Barr und Paul Levy. In ihrer ethnografischen Studie besuchte de Solier (2013, S. 11) „foodies" an ihrem wichtigsten Wirkungsort: in der Küche, „where they make and remake their identities through the productive practice of cooking" (de Solier 2013, S. 11). „Foodies" sind – so das Ergebnis der Studie von de Solier (2013, S. 12 f.) in Australien – meist Angehörige der oberen Mittelschicht, verfügen mehrheitlich über eine tertiäre oder überdurchschnittliche Ausbildung und verdienen etwas oder deutlich mehr als die Durchschnittsbevölkerung. „Foodies" leben vorwiegend in urbanen Wohngebieten, mehrheitlich in „gentrifizierten" Innercity-Quartieren. Entsprechend finden sich „foodies" in allen ethnisch-nationalen Gruppen, unter der jungen Generation Australiens bilden die angelsächsischen „foodies" sogar die Minderheit. „Foodies" sind eher global und kosmopolitisch ausgerichtet. Natürlich könnte man aufgrund dieser Beschreibung auch einfach von einer Untergruppe der städtischen Mittelschichtbevölkerung sprechen, die nur eine unter vielen Modeerscheinungen darstellt. Dagegen spricht allerdings, dass das verstärkte Nahrungs- und Gesundheitsbewusstsein durchaus ein ziemlich stabiler und bereits seit über dreißig Jahren festzustellender Trend darstellt, was sich bereits in verändertem Essverhalten zeigt, etwa beim verstärkten Einfluss nicht nur vegetarischer sondern auch veganer Küche in vielen Städten. Daher scheint die Vision eines „hybriden Bürger-Verbrauchers" (de Solier 2013, S. 39) mit hohen ethisch-moralischen Ansprüchen, in welcher der „selbstlose, aktive Bürger" und der „selbstbezogene, aktive Konsument" zu einer Art globalem, kosmopolitischen, ethisch-moralischen Middle-Class-Konsumenten der Zukunft verschmilzt, bestenfalls für eine kleine Minderheit von Menschen in den reichen Ländern und in den „emerging states" realistisch.

Nichtsdestoweniger hat sich das neue Essensbewusstsein in den letzten Jahren deutlich verbreitet. Das zeigt sich etwa daran, dass sich die ursprünglich am Rand etablierter Disziplinen vor sich her dümpelnden „food studies" heute als wichtiges und ernst zu nehmendes Forschungsfeld an der Schnittstelle von Soziologie, Kulturanthropologie und Geografie etabliert hat (vgl. Pilcher 2014, S. xiv).

1.3   Ernährung und Globalisierung

Eine der ersten – und meines Erachtens immer noch besten – Definitionen von Globalisierung stammt von Giddens (1990, S. 64). Für ihn war Globalisierung die „intensification of worldwide social relations which link distant localities in such a way that local happenings are shaped by events occuring many miles away and vice versa".

Als weitere und aktuelle Globalisierungsaspekte hat Auernheimer (2015, S. 17) die transnationalen und transkontinentalen Produktionsketten, die universelle Kapitalisierung, die Bewusstwerdung globaler Verflechtungen und den relativen Bedeutungsverlust von Nationalstaaten genannt.

Wenn man unter Globalisierung Prozesse der weltweiten Integration und Vereinheitlichung bis anhin lokaler, nationaler und regionaler Erscheinungen (vgl. Sobal und McIntosh 2014, S. 422) versteht, die sich nicht nur auf wirtschaftliche Bereiche wie Produktion, Handel und Konsum beziehen, sondern auch auf soziale Verhaltensweisen und kulturelle Lebensformen, dann kann man heute auch von einer Globalisierung der Ernährung sprechen. Dabei wird die Globalisierung von kulturellen und von Lifestyleaspekten nicht zuletzt durch den internationalen Tourismus und die weltweite Migration zusätzlich verstärkt (vgl. dazu auch Jäggi 2016, S. 13 ff.). Das gilt besonders auch im Bereich des Essens.

Insbesondere im Nahrungsmittelbereich kommen heute immer mehr Produkte, aber auch Grundbestandteile, aus dem Ausland, besonders aus China. So stammten 2017 bereits 90 % der in Europa verzehrten Vitamine aus China – und viele davon werden in Europa gar nicht mehr hergestellt (vgl. Nöhle 2017, S. 30). Allein in Deutschland wurden 2015 Agrarrohstoffe für 80 Mrd. EUR importiert (vgl. Nöhle 2017, S. 32). Dabei wachsen als Folge der durch die Globalisierung erhöhten Tonnagen an weniger bekannten Nahrungsmittelrohstoffen und hier wenig bekannter Nahrungsmitteln nicht nur die Möglichkeiten des Betrugs. Auch das Qualitätsmanagement wird aufgrund der komplexeren und weniger vertrauten Supply Chains immer schwieriger und anspruchsvoller (vgl. Nöhle 2017, S. 32). So führen etwa bereits kleinste Abweichungen unterhalb von 2 % bei Jahrestonnagen von mehreren Tausend Tonnen zu Zusatzgewinnen im fünf- bis siebenstelligen Bereich (vgl. Nöhle 2017, S. 32).

Während Supply Chains in der Vergangenheit vor allem einen großen Output und die Standardisierung einer möglichst billigen Massenproduktion sicherstellen sollten, werden heute die Supply Chains mehr und mehr dazu eingesetzt, um spezifische Qualitätsanforderungen einzuhalten und sicherzustellen (vgl. Hatanaka et al. 2006, S. 61).

Aus all dem ergeben sich zwei Konsequenzen: Auf der einen Seite verlieren die Konsumenten zunehmend den Überblick über die angebotenen Nahrungsmittel. Auf der anderen Seite vereinheitlichen sich weltweit tendenziell die Ernährungsgewohnheiten etwa in Bezug auf die Nahrungsmittel selbst und die Form der Nahrungsmittelaufnahme, wie zum Beispiel individuelle und zeitlich flexiblere Verpflegung, Fast-Food-Ernährung usw. Daraus ergeben sich neue gesundheitliche Probleme wie etwa die zunehmende Verbreitung von Fettleibigkeit. So sprechen Sobal und McIntosh (2014, S. 422 f.) sogar von einer „Globalisierung der Fettleibigkeit". Auch in Gesellschaften, in denen aufgrund der Ernährung – und der großen Armut! – Fettleibigkeit bisher kaum bekannt war, hat das Problem der Fettleibigkeit im 20. und 21. Jahrhundert zugenommen (vgl. Sobal und McIntosh 2014, S. 423). So hat sich seit 1975 die Anzahl übergewichtiger und fettleibiger Kinder und Jugendlicher weltweit verzehnfacht. 2017 musste man von schätzungsweise 124 Mio. fettleibigen und 213 Mio. übergewichtigen Minderjährigen ausgehen. Das ist längst nicht mehr nur in den westlichen Ländern ein Problem. So waren 2017 in den nahöstlichen Ländern Kuwait, Katar und Saudi-Arabien sowie in den nordafrikanischen Ländern und insbesondere in Ägypten mehr als 20 % der Kinder und Jugendlichen fettleibig. Das waren ähnlich viele wie in den USA (vgl. Lahrtz 2017, S. 22).

Die Weltgesundheitsorganisation WHO schätzte die Zahl der übergewichtigen Menschen im Jahr 2005 bereits auf 1,6 Mrd. (vgl. Busse 2010, S. 22). Allerdings ist die Einteilung in die Klassen Normalgewicht, Übergewicht und Adipositas gemäss Body Mass Index mehr als problematisch und auch entsprechend umstritten. Unbestritten ist jedoch, dass mit wachsendem Übergewicht die Anfälligkeit für bestimmte Krankheiten zunimmt.

Laut Sobal und McIntosh (2014, S. 424) ist Fettleibigkeit alles in allem von epidemisch zu endemisch und von weitverbreitet zu vorherrschend geworden. Insbesondere die rasante Verbreitung von Softdrinks mit ihrem hohen Zuckeranteil sei eine der zentralen Ursachen für das weltweite Anwachsen von Fettleibigkeit (vgl. Sobal und McIntosh 2014, S. 426). Auch die Zunahme von Fast Food – allerdings nicht so stark wie die der Softdrinks –, der weltweite Verkauf energiereicher Nahrungsmittel wie Fleisch, Backwaren und konservierter Früchte haben dazu beigetragen, das durchschnittliche Körpergewicht zu erhöhen. Energiereiche Nahrung, die leicht zubereitet werden kann, verstärkt ebenfalls den Hang zum Zunehmen. Dieser „Kalorien-Overload" hat aber auch dazu geführt, dass die Themen Abnehmen, Kontrolle über das eigene Körpergewicht und Schlankheit mehr und mehr zu eigentlichen „kulturellen Werten" (vgl. Sobal und McIntosh 2014, S. 427) geworden sind – und sozusagen zu einem Gegenschlag gegen die „Globalisierung der Fettleibigkeit" geführt haben.

Literatur

Auernheimer, Georg (2015): Dimensionen der Globalisierung. Eine Einführung. Schwalbach/Ts.: Wochenschau Verlag.

Burger, Katharina (2016): Essen nach Regeln. In: Psychologie heute. Heft 44/2016. 29 ff.

Busse, Tanja (2010): Die Ernährungsdiktatur. Warum wir nicht länger essen dürfen, was uns die Industrie auftischt. München: Blessing.

Cargill, Kima (2017a): Introduction. In: Cargill, Kima (Hrsg.): Food Cults. How Fads, Dogma, and Doctrine Influence Diet. Lanham et al.: Rowman & Littlefield. 1 ff.

Cargill, Kima (2017b): The Psychology of Food Cults. In: Cargill, Kima (Hrsg.): Food Cults. How Fads, Dogma, and Doctrine Influence Diet. Lanham et al.: Rowman & Littlefield. 7 ff.

Chaffee, Leighann R./Cook, Corey L. (2017): The Allure of Food Cults. Balancing Pseudoscience and Healthy Skepticism. In: Cargill, Kima (Hrsg.): Food Cults. How Fads, Dogma, and Doctrine Influence Diet. Lanham et al.: Rowman & Littlefield. 21 ff.

Childe, V. Gordon (2014): The Neolithic Revolution. In: Pilcher, Jeffrey M. (Hrsg.): Food History: Critical and Primary Sources. Origins. Volume 1. 145 ff. (urspr. 1951: Man Makes Himself. Man's Progress through the Ages. Vol. 64. New York: Mentor Books (Erstpublikation 1936)).

De Solier, Isabelle (2013): Food and the Self. Consumption, Production and Material Culture. London: Bloomsbury.

Eine Welt (Juni 2017): Menschen ohne Zugang zu Energie. Facts & Figures. 17.

Esnouf, Catherine/Bricas, Nicolas (2013): Context: New Challenges for Food Systems. In: Esnouf, Catherine/Russel, Marie/Bricas, Nicolas (Hrsg.): Food System Sustainability. Insights form duALIne. Cambridge: Cambridge University Press. 5 ff.

FAO (2015): The State of Food and Agriculture. Social Protection and Agriculture: Breaking the Cycle of Rural Poverty. Rom. www.fao.org/3/a-i4910e.pdf (Zugriff 25.4.2018).

Feyder, Jean (2014): Mordshunger. Wer profitiert vom Elend der armen Länder? Frankfurt/Main: Westend Verlag.

Giddens, A. (1990):The Consequences of Modernity. Cambridge: Polity Press.

Glauner, Friedrich (2014): Elemente einer Nahrungsmittelethik für das 21. Jahrhundert. Ein Essay vom „richtigen" Essen. In: Schank, Christoph/Vorbohle, Kristin/Quandt, Jan Hendrik (Hrsg.): Perspektive Nahrungsmittelethik. München: Rainer Hampp. 59 ff.

Gardner, Brian (2013): Global Food Futures. Feeding the World in 2050. London/New York: Bloomsbury.

Haber, Wolfgang (2014): Landwirtschaft und Naturschutz. Weinheim: Wiley-VCH.

Hatanaka, Maki/Bain, Carmen/Busch, Lawrence (2006): Differentiated Standardization, Standardized Differentiation: The Complexity of the Global Agrifood System. In: Marsden, Terry/Murdoch, Jonathan (Hrsg.): Between the Local and the Global: Confronting Complexity in the Contemporary Agri-Food Sector. Amsterdam et al.: Elsevier Jai. 39 ff.

Hirschfelder, Gunther (2014): Das Bild unserer Lebensmittel zwischen Inszenierung, Illusion und Realität. In: Leible, Stefan (Hrsg.): Lebensmittel zwischen Illusion und Wirklichkeit. Bayreuth: Verlag P.C.O. 7 ff.

Jäggi, Christian J. (2016): Migration und Flucht. Wirtschaftliche Aspekte – regionale Hot Spots – Dynamiken – Lösungsansätze. Wiesbaden: Springer Gabler.

Keller, Markus (2012): Von der Mode zur bewussten Haltung. Vegetarianismus und andere alternativen Ernährungskonzepte. In: Bartmann, Wolfgang (Red.): Not für die Welt. Ernährung im Zeitalter der Globalisierung. Gütersloh/München: F. A. Brockhaus. 252 ff.

Lahrtz, Stephanie (2017): 213 Millionen übergewichtige Jugendliche weltweit. In: Neue Zürcher Zeitung vom 11.10.2017:22.

Lehmann, Bernard (2017): Ernährungssicherheit. Vom Globalen zum Lokalen. In: Neue Zürcher Zeitung vom 11.3.2017. 12.

Marí, Francisco/Buntzel, Rudolf (2007): Das globale Huhn. Hühnerbrust und Chicken Wings – Wer isst den Rest? Frankfurt/Main: 2007.

Nöhle, Ulrich (2017): Prävention im Betrieb. In: Nöhle, Ulrich (Hrsg.): Food Fraud. Lebensmittelbetrug in Zeiten der Globalisierung. Hamburg: Behr's Verlag. 29 ff.

Oetliker, Ueli (2013): Wie viel geben wir für Wohnen und Energie aus? In: Die Volkswirtschaft. 11-2013. 14 ff.

Pilcher, Jeffrey M. (2014): Preface. In: Pilcher, Jeffrey M. (Hrsg.): Food History: Critical and Primary Sources. Origins. Volume 1. Xiii ff.

Rützler, Hanni (2005): Was essen wir morgen? 13 Trends der Zukunft. Wien: Springer.

Scott, Michele (2017): Eschew Your Food. Foodies, Healthism, and the Elective Restrictive Diet. In: Cargill, Kima (Hrsg.): Food Cults. How Fads, Dogma, and Doctrine Influence Diet. Lanham et al.: Rowman & Littlefield. 157 ff.

Sobal, Jefrey/McIntosh, Wm. Alex (2014): Globalization an Obesity. In: Pilcher, Jeffrey M. (Hrsg.): Food History: Critical and Primary Sources. Contemporary Transitions. Volume 4. 422 f.

Taylor, Ros/Entwistle, Jane (2015): Agriculture and Environment: Fundamentals and Future Perspectives. In: Robinson, Guy M./Carson, Doris A. (Hrsg.): Handbook on the Globalisation of Agriculture. Cheltenham, UK/Northhampton, MA, USA: Edward Elgar Publishing. 31 ff.

Ur, Jason A./Colantoni, Carlo (2014): The Cycle of Production. Preparation, and Consumption in a Northern Mesopotamian City. In: Pilcher, Jeffrey M. (Hrsg.): Food History: Critical and Primary Sources. Origins. Volume 1. 355 ff.

Nahrungsmittelmärkte

2

Seit der Uruguay-Runde der Welthandelsorganisation WTO im Jahr 1995 hat die Liberalisierung von Produktion und Handel von Nahrungsmitteln auf Weltebene einen deutlichen Sprung gemacht. Nicht nur Nahrungsmittelfirmen in Nordamerika, Europa und Japan, sondern auch in China, Indien, Brasilien und Mexiko haben sich auf dem globalen Markt etabliert. Zwischen 1971 und 2001 stiegen die Nahrungsmittelimporte nicht nur in den Industrieländern um 45 %, sondern auch in den Entwicklungsländern – und dort gar um 115 % (vgl. Halabi 2015, S. xxviii). Zwischen den 1960ern und den frühen 1980er-Jahren wurden viele traditionelle Exportländer von landwirtschaftlichen Produkten in der Dritten Welt zu Nettoimporteuren von landwirtschaftlichen Produkten und Nahrungsmitteln (vgl. Halabi 2015, S. xxviii). Heute wird die Wertschöpfungskette in der Nahrungsmittelproduktion von Produktion, Handel, Verarbeitung und Verpackung und mehr und mehr auch der Distribution durch die globalen Nahrungsmittelfirmen kontrolliert. Laut der FAO (2003, S. 119) „dominiert eine kleine Zahl von Unternehmen jeden Teil der Nahrungsmittelkette in den OECD-Ländern".

Pfriem (2016, S. 145) hat darauf hingewiesen, dass transnationale und globale Großunternehmen in der Agrar- und Ernährungswirtschaft insbesondere in den „emerging states" vertikal integrierte Wertschöpfungsketten aufbauen und damit ihre Marktmacht deutlich erhöhen. Diese Entwicklung ist nicht nur positiv. So können Nahrungsmittelverunreinigungen heute schnell globale Auswirkungen haben. So führte etwa die Kontaminierung von Milch mit Melamin in China 2008 zur Verunreinigung von Süßigkeiten, Biskuits, Schokolade, Babynahrungsmitteln, Brezeln, Eiscreme, Kaffee und Soja in Singapur, Indonesien, Kanada, den USA, den Niederlanden, in Großbritannien und Polen (vgl. Havinga et al. 2015, S. 5).

Nach Meinung von Konefal et al. (2014, S. 170) befindet sich das globale agro-industrielle Produktionssystem in einem Prozess der Restrukturierung. Im Unterschied zu früheren Umstrukturierungen ist jetzt nicht mehr die Produktionssteigerung das Hauptziel,

© Springer Fachmedien Wiesbaden GmbH, ein Teil von Springer Nature 2018   15
C. J. Jäggi, *Ernährung, Nahrungsmittelmärkte und Landwirtschaft*,
https://doi.org/10.1007/978-3-658-22269-7_2

sondern die Verbesserung von „Qualität". Während der Wettbewerb der Supermärkte bis zur Jahrtausendwende vor allem über die Preise ausgetragen wurde, hat sich in jüngster Zeit der Wettbewerb zusätzlich zum Preis auch auf die Qualität verlagert. Zentrale Kriterien sind dabei wachsende Erwartungen und auch steigende Marktmacht der Konsumenten, zunehmende Bedeutung von Gesundheitsaspekten und Nahrungsmittelsicherheit (vgl. Konefal et al. 2014, S. 171). Die Kombination von erhöhtem Druck der Konsumenten und Konzentrationsprozessen im Detailhandel haben zu einer zunehmenden Ausrichtung auf soziale und ökologische Aspekte in der Produktion und im Verrieb von Nahrungsmitteln geführt. Konefal et al. (2014, S. 171) sprechen sogar von einer „economy of quality" im Nahrungsmittelbereich, die gleichzeitig profitabler und sozial- und umweltverträglicher sei. Dabei sehen die Autoren drei Transformationen im weltweiten Agro-Food-Bereich: Erstens eine Verlagerung von lokalen, regionalen oder nationalen Produktionsnetzwerken hin zu globalen und konzentrierten Agro-Food-Netzwerken, zweitens eine Transformation hin zu käuferzentrierten, nachfrageorientierten Produktionsketten und damit eine Konzentration auf transnationale Supermarktketten, und drittens eine Positionierung der Angebote bzw. der Anbieter über Attribute wie Qualität, Sicherheit, Arbeit und Umwelt (vgl. Konefal et al. 2014, S. 171). Allerdings stellt sich dabei die Frage, wie stark sich dieser Trend in den einzelnen Ländern bereits durchgesetzt hat.

Die globalen Wertschöpfungsketten beeinflussen aber auch die Ess- und Ernährungsgewohnheiten in vielen Ländern. Gleichzeitig stößt die zunehmend industriell ausgerichtete Landwirtschaft – so etwa die Tierhaltung oder auch Aquakulturen in Asien – an ihre ökologischen Grenzen.

Doch es wäre eine Illusion, zu glauben, die Uruguay-Runde habe 1995 weltweit einen freien Agrarhandel herbeigeführt. 1995 haben die über 150 WTO-Staaten lediglich versprochen, ihre Zölle und Subventionen im Agrarbereich nicht zu erhöhen – doch die Beibehaltung des Status quo wurde ihnen faktisch zugesichert (vgl. Bürgi Bonanomi 2014, S. 105). Bis heute verfügen die OECD-Länder über einen großen agrarpolitischen Spielraum. Der Weltagrarbericht 2008 hat eindrücklich gezeigt, dass die Landwirtschaft in vielen Gebieten der Welt so strukturiert ist, dass die Biodiversität geschädigt, soziale Ungerechtigkeit gefördert und teilweise der Hunger zementiert wird (vgl. Weltagrarbericht IAASTD 2008; Wege aus der Hungerkrise 2014 sowie Egloff et al. 2014, S. 121).

Ein Mangel an lebensnotwendigen Produkten – so etwa an Nahrungsmitteln – kann sehr verschiedene Ursachen haben. Zu geringe Produktion ist nur eine davon und oft nicht die wichtigste. Sen (2003, S. 200) schreibt in diesem Zusammenhang:

> In einer Wirtschaftskrise sind manche Produktionsbereiche zuweilen schwerer betroffen als andere. So veränderten sich z.B. in der Hungersnot in Bengalen (1943) die Tauschraten von Lebensmitteln und bestimmten Produkten radikal. Unabhängig vom Preisverhältnis zwischen Löhnen und Nahrungsmitteln fanden in den relativen Preisen von Fisch und Getreide gewaltige Verschiebungen statt. Die bengalischen Fischer gehörten zu den am schlimmsten betroffenen Berufsgruppen in der Hungersnot des Jahres 1943. Natürlich ist auch Fisch ein Nahrungsmittel, aber es gehört zu den qualitativ hochwertigen Lebensmitteln, und die

armen Fischer müssen Fisch verkaufen, um billigere Kalorienspender in Form von Grundnahrungsmitteln kaufen zu können (in Bengalen ist das in der Regel Reis), damit sie
genügend Nährwerte zum Überleben bekommen. Das Gleichgewicht des Überlebens beruht
auf diesem Tausch, und ein plötzlicher Verfall des relativen Preises von Fisch im Verhältnis
zum Reis kann dieses Gleichgewicht zerstören.

So sind zum Beispiel gewisse Dienstleistungen anfälliger für Krisen als gewisse Produkte, die zum Überleben gebraucht werden: Auf den Friseur kann man ohne Probleme verzichten, nicht aber auf Brot. So sank 1943 in Bengalen die Tauschrate von
Haarschnitten und Grundnahrungsmitteln in einigen Distrikten um 70–80 % (Sen 2003,
S. 201). Es ist sogar möglich, dass trotz Überschuss an Nahrungsmitteln Hungersnöte
entstehen. So war etwa während der Hungersnot in Bangladesch 1974 die verfügbare
Nahrungsmenge im Land pro Kopf größer als in den übrigen Jahren zwischen 1971 und
1976 (Sen 2003, S. 202). Damit kein Hunger entsteht, ist weniger die absolut produzierte
Menge an Nahrungsmitteln von Bedeutung, sondern das Ausmaß der zur Verfügung stehenden Mittel in der Bevölkerung, um Nahrungsmittel zu kaufen:

> Vergleicht man z.B. die Nahrungsmittelproduktion pro Kopf von 1993 bis 1995 mit der
> von 1979 bis 1981 in verschiedenen asiatischen und afrikanischen Ländern, so zeigt sich
> in Südkorea ein **Rückgang** von 1,7 Prozent, von 12,4 Prozent in Japan, von 33,5 Pro-
> zent in Botsuana und von 58,0 Prozent in Singapur. Eine Zunahme des Hungers ist in den
> betreffenden Ökonomien allerdings nicht zu beobachten, denn gleichzeitig hat dort eine
> rasche Steigerung des Realeinkommens pro Kopf durch andere Mittel (z.B. Industrie und
> Bergbau) stattgefunden, und außerdem sind sie überhaupt wohlhabender. Aufgrund ihrer
> Teilhabe am gesteigerten Einkommen konnten sich die Bürger dieser Länder trotz sinkender
> Produktionsmengen mehr Nahrung sichern (Sen 2003, S. 214 f.).

Anders gesagt: Entscheidend für die Bekämpfung von Hunger und Unterernährung sind
nicht so sehr die Produktivität der Landwirtschaft oder die Menge der Produktion, sondern die finanziellen Möglichkeiten der hungernden Bevölkerung, sich Nahrungsmittel
zu verschaffen. So gesehen ist Hunger und Mangelernährung die direkte Folge von
Armut (vgl. Feyder 2014, S. 23).

Dabei ist zu bedenken, dass etwa 2015 im Afrika südlich der Sahara immer noch
46,9 % der Bevölkerung von weniger als 1,25 US$ am Tag lebten, und sogar 68,8 %
von weniger als 2 US$ am Tag (vgl. FAO 2015, S. 94). Zwischen 2014 und 2016 lebten
im Durchschnitt in Äthiopien 30 Mio. unterernährte Personen, in Nigeria, in der Demo-
kratischen Republik Kongo (früheres Zaire) und in Tansania gab es je gegen 20 Mio.
Unterernährte, und im Sudan, im Südsudan, in Uganda und in Madagaskar zählte man
rund 10 Mio. unterernährte Personen. Je eine bis mehrere Millionen Unterernährte lebten
im gleichen Zeitraum in den meisten Ländern West-, Ost- und Zentralafrikas, außerdem
im südlichen Afrika (vgl. Beasley 2017, S. 15).

Und in Südasien mussten immerhin 24,5 % der Bevölkerung mit weniger als 1,25 US$
am Tag und 60,2 % mit weniger als 2 US$ pro Tag auskommen (vgl. FAO 2015, S. 94).

Der Teufelskreis von Unterernährung und Armut lässt sich grafisch – in Anlehnung an Leitzmann 2012, S. 30 – als Ursache-Wirkungs-Mechanismus darstellen, wie Abb. 2.1 zeigt. Doch wie stellen sich die Nahrungsmittelmärkte in den hoch entwickelten Ländern dar?

In Deutschland stellte die Ernährungsindustrie 2013 den viertgrößten Gewerbebereich mit einem Umsatz von über 175 Mrd. EUR dar, nach der Automobilindustrie, dem Maschinenbau und der chemischen Industrie (vgl. Vollborn und Georgescu 2014, S. 7).

Ein besonderer – und wachsender – Markt stellt der Nahrungsmittelsektor für Kinder dar. Bereits 2009 verfügten Kinder und Jugendliche in Deutschland jährlich über 20 bis 23 Mrd. EUR Taschengeld, über das sie frei verfügen konnten (vgl. Stein und Weingraber 2014, S. 112). In einer Umfrage gaben 64 % der Kinder und Jugendlichen an, dass sie Teile ihres Taschengeldes (insgesamt 1,35 Mrd. EUR) für Süßwaren und Knabbereien ausgeben würden, 37 % der Kinder kauften davon Eis, 32 % der Kinder erwarben Getränke, meist Softdrinks (für insgesamt 1,3 Mrd. EUR) und 27 % gaben Teile ihres Taschengeldes für Fast Food und Imbissprodukte (ebenfalls insgesamt rund 1,3 Mrd. EUR) aus (vgl. Stein und Weingraber 2014, S. 112). Auch die Produktbreite von Kinderlebensmitteln ist groß. 2012 zählte Foodwatch rund 1500 deutschlandweit

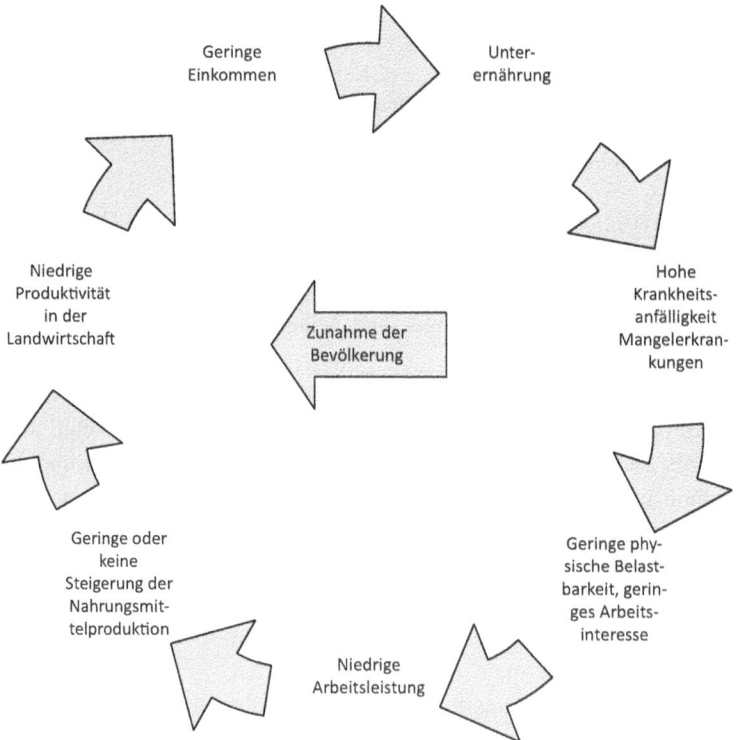

Abb. 2.1 Teufelskreis von Unterernährung und Armut

angebotene Kinderlebensmittel. Dazu zählten speziell für Kinder angebotene Nahrungsmittel, besonders für Kinder bemalte oder geschmückte Esswaren, Produkte mit Zusatz-
gaben für Kinder oder Produkte mit besonderem Zugang für Kinder-Onlinecommunities
(vgl. Stein und Weingraber 2014, S. 114). Dabei ist zu bedenken, dass fast 75 % der
Kinderlebensmittel ernährungsphysiologisch für Kinder nicht geeignet sind (vgl. Stein
und Weingraber 2014, S. 114 f.).

In einigen Ländern – so in den USA – hat die Bedeutung von Ernährung, Nahrungs-
mitteln und Kochen deutlich zugenommen. So führen in den USA – im Gegensatz zu
den meisten europäischen Zeitungen – regelmäßige Beilagen oder Spalten zum Thema
Ernährung und Kochen. Dabei gehört etwa die wöchentlich erscheinende „Cooking
Section" der „New York Times" „zum Besten, was in der Tagespresse weltweit zum
Thema Essen und Wein zu finden ist" (Defago 2017, S. 40). Meinungsumfragen haben
außerdem ergeben, dass die Nachfrage nach Informationen zu den Themenbereichen
Essen, Kochen und Wein in den USA seit Jahren kontinuierlich zunimmt. Das zeigt auch
der große Erfolg zweier Food Channels im amerikanischen Fernsehen. Obwohl zwar das
Interesse an diesen Themen in den USA (noch) deutlich größer ist als in anderen westlichen Ländern, könnte es durchaus sein, dass sich dieser Trend auch in Europa, Australien und in asiatischen Ländern durchsetzen wird.

Allerdings lassen sich Märkte – auch Nahrungsmittelmärkte – nicht beliebig beeinflussen oder gar künstlich einrichten. Das folgende Beispiel zeigt das sehr schön: In
der Kolonialzeit, als Hanoi unter französischer Besetzung stand, kämpften die Franzo-
sen mit einer großen Rattenplage. Um gegen die Ratten vorzugehen, gaben sie bekannt,
sie würden den Bewohnern von Hanoi für jeden abgelieferten Rattenpelz eine Prämie
zahlen. Das Resultat war: Bewohner von Hanoi begannen Ratten zu züchten und ver-
schlimmerten damit die Rattenplage (vgl. Binswanger 2010, S. 15 f.). In einem anderen Beispiel – in China des 19. Jahrhunderts – versuchten Paläontologen die Bauern zu
motivieren, sich an der Knochensuche von Dinosauriern zu beteiligen und setzten für
abgelieferten Knochenteile eine Geldprämie aus. Das – absehbare – Ergebnis: Die Bauern begannen, die gefundenen Knochen zu zerschlagen, um eine höhere Geldprämie zu
kassieren (vgl. Binswanger 2010, S. 16). In beiden Beispielen korrelierte der messbare
Indikator (Anzahl Rattenfelle bzw. Zahl der abgelieferten Knochenteile) negativ mit dem
Ergebnis (Verminderung der Rattenplage bzw. Rekonstruktion von Dinosauriern). Binswanger meint, dass genau dies heute in vielen Bereichen der Wirtschaft und Gesellschaft
wieder geschieht, etwa durch die „Entdeckung" immer neuer Krankheiten und deren
Bekämpfung durch Prävention. Ein anderes Beispiel wäre die Herstellung einer immer
größeren Zahl von Produkten etwa im Lifestyle- oder Ernährungsbereich, die gesundheitlich positiv sein sollen.

Noch von einer anderen Seite her sind die Nahrungsmittelmärkte begrenzt: Die Neu-
einführung von Produkten auf den Nahrungsmittelmärkten ist und bleibt schwierig. So
sind laut Haas und Meindl (2009, S. 160) gerade mal 5 % von Neueinführungen im
Lebensmittelbereich nach zwei Jahren noch auf dem Markt – und selbst hohe Marketing-
budgets sind keine Garantie für den Erfolg eines Produkts. So brachte etwa Nestlé mit

LC1 das erste funktionelle Lebensmittel – das sind Nahrungsmittel, die mit Zusatz-
stoffen angereichert sind und damit beworben werden, dass sie positive Auswirkungen
auf die Gesundheit haben – in Europa auf den Markt, verlor aber die Marktführer-
schaft zuerst an Danone und dann an Discount-Einzelhändler. Beim Relaunch von LC1
im Jahr 2002 in Deutschland konnte – trotz eines Werbebudgets von 4 Mio. EUR – der
abnehmende Publikumszuspruch nicht mehr aufgehalten werden und ein Jahr später
trennte sich Nestlé schließlich von der Marke LC1, die danach von Müller Milch ver-
trieben wurde (vgl. Haas und Meindl 2009, S. 160). Ähnliche Erfahrungen machten
auch branchenfremde Unternehmen, so etwa das Pharmaunternehmen Novartis. Dieses
brachte die Nahrungsmittelproduktreihe Aviva auf den Markt und musste dieses später
aufgrund nicht erfüllter Erwartungen wieder vom Markt nehmen. Erklärt wurde dieser Misserfolg später mit dem – in diesem Fall erfolglosen – Marketingparadigma des
„Science Push", welches das funktionale Nahrungsmittel als „Hightech"-Produkt zwischen Lebensmittel und Medizin anpries und vertrieb. Demgegenüber sind funktionale
Lebensmittelprodukte, welche über einen „Consumer-Pull-Ansatz" vermarktet werden,
erfolgreicher. Dieser Ansatz geht von Bedürfnissen, Werten und Lebensstilen der Nachfrager aus und verbindet eine technologische Innovation etwa in Bezug auf einen Zusatz-
stoff mit einem für die Konsumenten glaubwürdigen und stimmigen Marketing (vgl.
Haas und Meindl 2009, S. 162 f.). Funktionelle Nahrungsmittel sind nach Meinung von
Marketingexperten bei Frauen erfolgreicher, weil diese ein höheres Gesundheitsbewusstsein haben als Männer und entsprechend auch über eine größere Bereitschaft verfügen,
gesundheitsfördernde Produkte zu kaufen. In Bezug auf die Ernährung und insbesondere
funktioneller Nahrungsmittel spielten aber auch das Bildungsniveau (Informiertheit über
den Zusammenhang von Nahrung und Gesundheit) und der soziale Status (größeres ver-
fügbares Einkommen) eine Rolle. Gemäß einer kleinen Umfrage spielen für den Kauf
funktioneller Nahrungsmittel vor allem die Werbung (60 %), die Neugierde (20 %),
die Ermutigung durch den Partner/die Partnerin oder Familienangehörige (16 %) sowie
gesundheitliche Gründe (14 %) eine Rolle, deutlich weniger der Geschmack (10 %)
oder das Aussehen (6 %) (vgl. Haas und Meindl 2009, S. 170). Nicht zufällig waren und
sind auch die am meisten beworbenen funktionalen Nahrungsmittel die erfolgreichsten:
Actimel und Activia (vgl. Haas und Meindl 2009, S. 171). Die beiden Autoren kommen
zum Schluss, dass für den Erfolg eines funktionalen Nahrungsmittels vor allem zwei
Dinge entscheidend sind: der Glaube an den versprochenen Gesundheitsnutzen und der
Geschmack.

Markterfolg und -effizienz hängen von vier Faktoren ab, die in der Praxis oft nicht
vollständig vorhanden sind. Binswanger (2010, S. 31) meint sogar, „dass im Allgemeinen keine dieser Bedingungen erfüllt ist": Erstens muss der Marktzutritt für alle
möglich sein, wodurch vollständige Konkurrenz und damit Marktwettbewerb entstehen
kann. Zweitens müssen alle Marktteilnehmer vollständig über die Marktbedingungen
informiert sein, wodurch die Märkte transparent werden. Drittens dürfen die Marktteilnehmer keine sachlichen oder personellen Präferenzen gegenüber anderen Marktteilnehmenden besitzen: Nur der Preis soll darüber entscheiden, welches Produkt gekauft

wird. Und viertens müssen sich alle Marktteilnehmenden rational verhalten, d. h. die Anbieter den größtmöglichen Gewinn erzielen (und die Kosten minimieren) und die Nachfrager den Nutzen maximieren (bei niedrigstmöglichem Preis). Wer immer vom Marktpreis abweicht, wird dafür ökonomisch bestraft. Bewegung auf dem Markt entsteht immer dann, wenn das Marktgleichgewicht verletzt wird. Binswanger (2010, S. 34) gibt dazu das Beispiel eines Bananenhändlers auf einem Früchtemarkt:

> Hat sich etwa ein Tourist auf diesem Markt verirrt, dann werden sich die Händler sofort um diesen balgen, denn es besteht die Möglichkeit, ihm Bananen zu einem überhöhten Preis anzudrehen. Ist also, wie in diesem Beispiel, die Bedingung der vollständigen Information der Marktteilnehmer nicht mehr erfüllt, dann kann sich ein einzelner Händler durch ein aktives Wettbewerbsverhalten durchaus einen Vorteil verschaffen. Nur solange alle Händler die gleichen Bananensorten anbieten und diese auch überall zu gleichen Kosten produziert werden, und solange die Konsumenten über die Marktpreise informiert sind, haben wir einen idealtypischen Marktwettbewerb, bei dem der Preis für alle Anbieter und Nachfrager einen fixen Parameter darstellt.

Also könnte man – etwas pointiert gesagt – den Produzenten folgenden Ratschlag geben: Verhindern Sie Markttransparenz durch das Angebot einer Vielzahl äußerlich unterschiedlichster, sich kostenmäßig kaum unterscheidender Produkte (1), schnüren Sie komplizierte und verschiedene Dienstleistungs- und Produktpakete (2), ändern Sie laufend Ihr Angebot und verhindern Sie damit Preisvergleiche (3), schaffen Sie möglichst komplizierte und sich laufend verändernde Verkaufsbedingungen (4) – und dann wird Markteffizienz zu einem reinen Mythos – und der frechste Anbieter gewinnt. Und genau das geschieht ja heute laufend: Beispiele für 1) sind etwa der Elektronikmarkt im Bereich PC, Smartphone und Tablets; große Teile des Lebensmittelmarktes; für 2) der Markt der Privatversicherungen; teilweise der private Bildungsmarkt; für 3) viele Banken, die ihre Gebührenordnungen und allgemeinen Geschäftsbedingungen laufend ändern und den Kunden in Form von seitenlangen „Allgemeinen Geschäftsbedingungen" unterjubeln, die kaum jemand liest; für 4) wiederum der Versicherungsmarkt.

2.1   Nahrungsmittel: Produkte und Dienstleistungen

Getreide bildet weltweit immer noch den Kern menschlicher Ernährung. Während 2011– 2013 durchschnittlich 1,05 Mrd. t Getreide verbraucht wurden, schätzen OECD und FAO den zusätzlichen Bedarf an Getreide für 2013 auf weitere 150 Mio. t (vgl. OECD-FAO 2014, S. 30). Der OECD-FAO-Landwirtschaftsausblick 2014–2023 (OECD-FAO 2014, S. 30) geht davon aus, dass die Nachfrage nach grobkörnigen Getreidearten um 20 % zunehmen wird, diejenige nach Weizen um 12 % und Reis um 15 %. Der gleiche Bericht geht davon aus, dass bis 2023 die Welt-Getreideproduktion um fast 370 Mio. t zunehmen wird (vgl. OECD-FAO 2014, S. 33).

In den europäischen Ländern wird unterschiedlich viel für Nahrung und Lebensmittel ausgegeben. Der Anteil am jeweiligen Haushaltsbudget schwankte 2015 von 8,6 % in

Luxemburg und 20,4 % in Griechenland. Abb. 2.2 zeigt die entsprechenden Anteile in den wichtigsten europäischen Ländern

Allerdings differieren die Zahlen je nach Land und Erhebungsart. So gaben etwa die Schweizerinnen und Schweizer 2014 lediglich 6,42 % ihres Haushaltseinkommens für Nahrungsmittel und alkoholfreie Getränke aus, dazu kamen 5,57 % für Gast- und Beherbergungsstätten (vgl. Bundesamt für Statistik 2016). Dabei bezieht sich diese Zahl auf alle Ausgaben, also auch auf die monetären, obligatorischen Transferzahlungen an den Staat und an die Versicherungen, die immerhin 34,94 % der Gesamtausgaben ausmachten.

Ebenfalls wichtig für die Deckung eines Bedürfnisses ist die Preisentwicklung. So nahmen die Nahrungsmittelpreise in der zweiten Hälfte des 20. Jahrhunderts deutlich ab – berechnet unter Zugrundelegung des US-Dollars (1990) pro Tonne, inflationsbereinigt durch G-5 Manufacturing Unit Value (MUV) Index –, wie Tab. 2.1 zeigt.

In den letzten Jahren hat sich jedoch die Entwicklung etwa bei Mais- oder Weizenpreisen zeitweise umgekehrt, unter anderem infolge der Herstellung von Biotreibstoffen aus diesen Grundnahrungsmitteln und infolge der Dürre in den USA 2012.

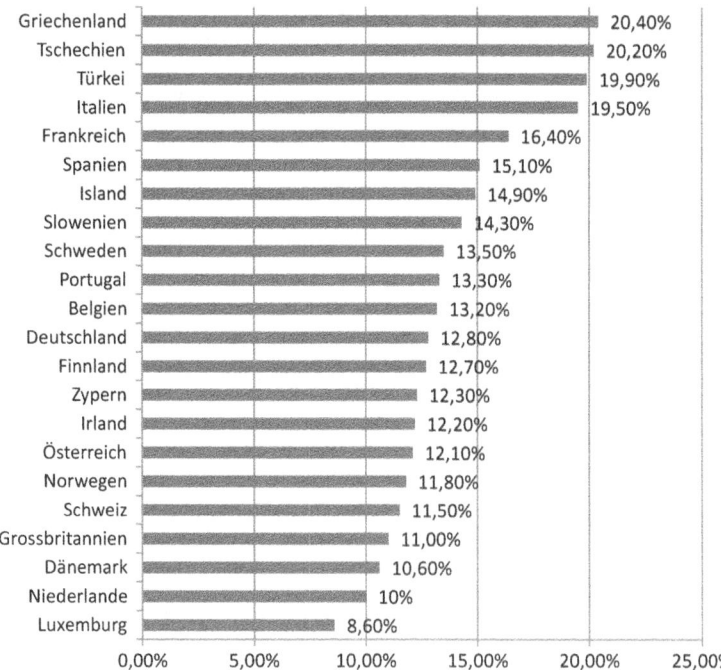

Abb. 2.2 Ausgaben der Europäer für Lebensmittel (Anteil am Haushaltsbudget). (Quelle: de.sputniknews.com 2015; eigene Darstellung)

	Nahrungsmittel	1950–1952	1995–1997	Preisänderung (%)
Tab. 2.1 Preisentwicklung einiger Nahrungsmittel in US$ pro Tonne. (Quelle: Sen 2003, S. 251)	Weizen	427,6	159,3	−62,7
	Reis	789,7	282,3	−64,2
	Hirse	328,7	110,9	−66,2
	Mais	372,0	119,1	−68,0

Leicht und nachhaltig steigende Preise unterstützen langfristig die Nahrungsmittelversorgung. So stieg der Food-Price-Index in den letzten fünfzehn Jahren um 50 % (vgl. Lehmann 2017, S. 12).

Trotz Globalisierungstendenzen in der Landwirtschaft landet aber – je nach Produkt – nur ein kleiner Teil der weltweit produzierten Nahrungsmittel auf dem Weltmarkt. So umfasste etwa der Welthandel mit Molkereiprodukten 2011 gerade mal 7,8 % der Weltmilchproduktion. Mehr als 90 % der erzeugten Milch werden immer noch regional gehandelt oder lokal konsumiert (vgl. Salzer 2014, S. 23). Doch bereits geringe Mengen eines Produkts, die auf den Weltmarkt gelangen, können zu erheblichen Preisschwankungen weltweit führen. So entscheidet bereits eine halbe Million Tonnen mehr oder weniger Milch auf dem Weltmarkt darüber, ob der Weltmarktpreis für die Produzenten erträglich oder bereits ruinös ist (vgl. Salzer 2014, S. 23).

Ob allerdings die Welternährungsindustrie damit vor dem Kollaps steht – wie das Busse (2010, S. 194) meint –, ist doch mehr als fraglich. Volatile Rohstoffpreise werden immer wieder vom Markt aufgefangen, und der Nahrungsmitteloutput der Agrarindustrie ist schon beeindruckend. Selbst wenn man Fehlentwicklungen berücksichtigt – wie z. B. mangelhafte Deklarierung beigefügter Substanzen, Erschöpfung einzelner Ernährungsrohstoffquellen wie etwa die Überfischung einzelner Ozeane oder Hybridisierung von Saatgut: Noch nie war die Landwirtschaft so leistungsfähig wie heute, und noch nie lebten so viele Menschen im Nahrungsüberfluss wie heute.

Kaffee

2016 wurden weltweit gut 154 Mio. Sack Kaffee zu 60 kg produziert. Davon erzeugte Brasilien allein 55 Mio. Sack, von denen allerdings 20 Mio. Sack im Land selbst konsumiert wurden. Insgesamt stammten zwei Drittel der weltweiten Kaffeeproduktion aus Brasilien, Vietnam, Kolumbien und Indonesien, wie Abb. 2.3 zeigt (vgl. Zoll 2017 sowie ICO 2017a).

Abb. 2.3 Kaffeeproduktion in ausgewählten Ländern. (Quelle: ICO 2017a, eigene Darstellung)

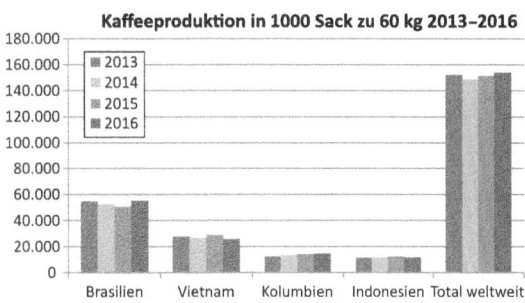

Abb. 2.4 Kaffeekonsum in
einigen ausgewählten Ländern.
(Quelle: ICO 2017b, eigene
Darstellung)

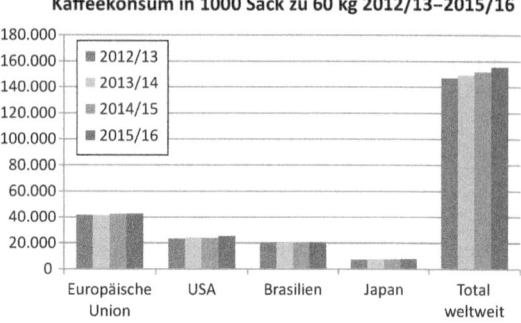

Komplementär dazu sieht die Konsumseite aus. Abgesehen von Brasilien, das mehr als ein Drittel der Kaffeeernte selber konsumiert, geht der Großteil der Kaffeeexporte – nämlich die Hälfte der weltweiten Kaffeeernte – in die USA, Westeuropa und Japan (vgl. Zoll 2017 sowie ICO 2017a, b, c). Abb. 2.4 zeigt den Kaffeekonsum in einigen wichtigen Ländern.

Dabei sind die Verkaufspreise von Kaffee weder weltweit einheitlich noch entwickeln sie sich in den einzelnen Ländern gleich, vgl. Abb. 2.5.

Auf der Produzentenseite sind die Strukturen größtenteils sehr „kleinteilig" (Zoll 2017, S. 35), dagegen dominieren wenige Konzerne den Kaffeeverkauf an die Endkunden. Markführer ist dabei Nestlé, gefolgt von JAB. Im Augenblick (2017) befindet sich die Kaffeebranche in einer Konsolidierungsphase, welche Analytiker von der Rabobank mit

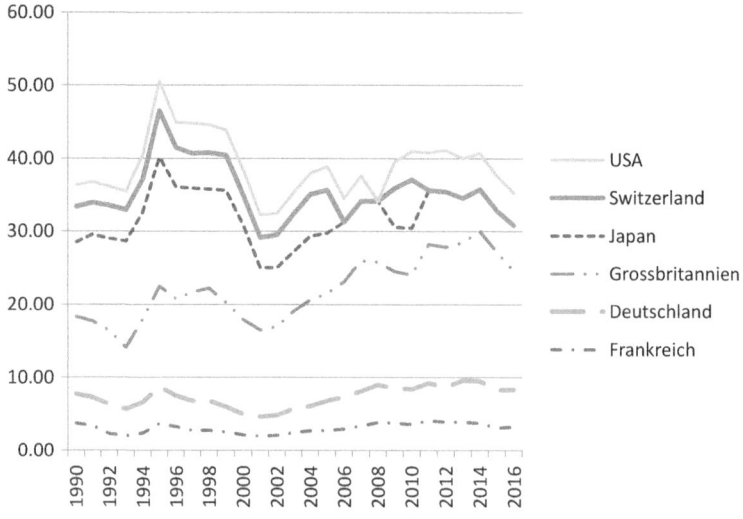

Abb. 2.5 Entwicklung der Kaffee-Detailhandelspreise. (Quelle: ICO 2017c; eigene Darstellung)

der Entwicklung im Biergeschäft vergleichen. Dabei werden insbesondere im Premiumgeschäft die Marken immer globaler und wichtiger. Weltweit wichtigste Kaffeemarken haben im Augenblick Nestlé und Starbucks. Eine klare Nummer drei ist im Moment nicht zu erkennen. Die lokalen Märkte und die Art der von den Kunden gekauften Produkte – geröstete Bohnen, gemahlenes Pulver, lösliches Pulver oder Kapseln – sind noch sehr unterschiedlich. Dabei flacht sich die Nachfrage ab, aber neue Softdrinks auf Kaffeebasis werden entwickelt (vgl. Zoll 2017, S. 35).

2.2 Nahrungsmittelpreise

Marktgerechte Preise entstehen als Folge von Austauschbeziehungen zwischen Anbietern und Nachfragern, wobei der aktuelle Marktpreis jeweils eine Art temporäres Gleichgewicht zwischen beiden darstellt. Mit ethisch-moralischer „Gerechtigkeit" hat die Preisbildung vorerst einmal nichts zu tun, Preise können damit also weder „gerecht" noch „ungerecht" sein. Jedoch können marktgerechte Preise – nicht nur, aber besonders auch – bei landwirtschaftlichen Erzeugnissen in armen Ländern dazu führen, dass sich kaufkraftschwächere Bevölkerungsgruppen lebensnotwenige Nahrungsmittel nicht kaufen können. In diesem Fall ist – ökonomisch gesprochen – der Bedarf geringer als das Bedürfnis nach diesen Produkten. Umgekehrt ergeben marktgerechte Agrarpreise nur für die leistungsstarken Bauern oder Produzenten ein befriedigendes Einkommen (vgl. Anderegg 1999, S. 57).

Allerdings stellt sich die Frage nach sozial „gerechten" Preisen aus ethisch-moralischer und auch aus gesellschaftlicher Sicht schon: Spätestens dann, wenn überlebensnotwendige Produkte für einen Großteil der Bevölkerung unerschwinglich werden – z. B. in Kriegssituationen, in einer Hungersnot usw. –, kann der Staat – sofern er noch besteht oder handlungsfähig ist – gar nicht anders, als einzugreifen und die Grundversorgung mit Nahrungsmitteln sicherzustellen. Die möglichen Maßnahmen sind seit langem bekannt: garantierte Mindestabnahmepreise (Produzenten) und Preisverbilligungen (Konsumenten), Rationierung, Förderung der Selbstversorgung usw.

Jacques Berthelot (2001, S. 85) hat zu Recht darauf hingewiesen, dass es keine freien Weltmarktpreise bei landwirtschaftlichen Produkten und Nahrungsmitteln gibt – selbst in „normalisierten" Märkten: Die „Weltmarktpreise" von Nahrungsmitteln und landwirtschaftlichen Produkten sind – so Berthelot (2001, S. 85) – heute Ausdruck und Ergebnis von Verhandlungen zwischen Käufern und Verkäufern, öffentlichen Einrichtungen, nationalen Regierungen und internationaler Abkommen. Insbesondere spiegeln – so Berthelot (2001, S. 88) – die Agrarpreise in keinem Fall die Arbeitskosten in der Landwirtschaft: Deshalb nennt Berthelot (2001, S. 88) die liberale Vorstellung der optimalen Allokation der Ressourcen „die größte aller Lügen". So kritisiert etwa Berthelot (2001, S. 111) die Exportsubventionen auf Nahrungsmittel der Europäischen Union als „inakzeptable Dumpingpolitik".

Abb. 2.6 zeigt, wie sich die Nahrungsmittelpreise zwischen 2000 und 2017 entwickelt haben.

Seit Jahrzehnten sind Termingeschäfte auf Agrarpreise üblich. So gab es 2015 kaum noch landwirtschaftliche Produkte, auf die nicht Futures abgeschlossen werden. Solche „börsengehandelte Wetten zur zukünftigen Wertentwicklung" (Fuster 2015, S. 23) gibt es für Hauptnahrungsprodukte wie Weizen, Mais oder Ölsaaten, aber auch für frische Hühnereier, tiefgefrorenen Orangensaft oder Gewürze wie Koriander oder Kreuzkümmel.

Allerdings haben sich die Nahrungsmittelpreise in den einzelnen Weltregionen sehr unterschiedlich entwickelt, wie etwa der OECD-FAO-Landwirtschaftsausblick 2014–2023 (OECD-FAO 2014, S. 28) zeigte. So lag gemäß dem FAO Food Price Index (FPI) die Teuerung bei international gehandelten Lebensmitteln im Januar 2008 in Russland und in China bei rund 18 %, um im Januar 2014 auf gut 5 % (Russland) oder gar 3 % (China) zu sinken. In Indien lag die Inflation bei Nahrungsmitteln im Januar 2010 am höchsten, nämlich bei über 20 %, während sie in den USA und in Japan zu dieser Zeit bei ungefähr −2 % lag. Weltweit sank die Nahrungsmittelpreisinflation von über 10 % 2008 auf rund 7 % 2014 (vgl. (OECD-FAO 2014, S. 28).

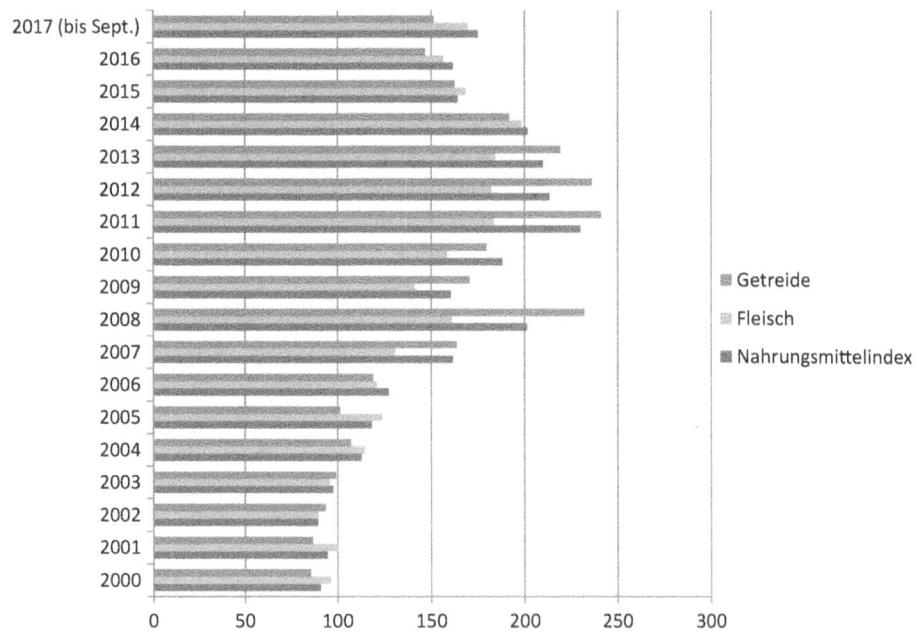

Abb. 2.6 Entwicklung der Nahrungsmittelpreise zwischen 2000 und 2017. (Quelle: FAO 2017; eigene Darstellung)

Es ist umstritten, ob die Spekulationen mit Nahrungsmitteln zu Preissteigerungen der gehandelten Nahrungsmittel führen oder nicht. Eine Metastudie der Universitäten Basel und Luzern, in deren Rahmen rund 100 Arbeiten zu dieser Frage analysiert wurden, ergab, sich dass die Zahl der Untersuchungen, die eher preissteigernde, keine oder preissenkende Auswirkungen feststellten, ungefähr die Waage hielten (vgl. Fuster 2015, S. 23). Außerdem konnte nur rund ein Viertel der einbezogenen Studien einen statistisch signifikanten Einfluss der Spekulation auf die Preise feststellen. Auch Gardner (2013, S. 58) vertritt die Ansicht, dass die Spekulation mit Nahrungsmittel in der Krise von 2008 „keinen größeren Faktor der Nahrungsmittel-Preisinflation darstellte". Auch ein OECD-Papier kam zum gleichen Schluss.

Umgekehrt weist Schäfers (2016, S. 107) darauf hin, dass 2003 erst 13 Mrd. US$ in Agrarrohstofffonds flossen, während es 2008 bereits 300 Mrd. US$ waren (vgl. Pearce 2012, S. 42 sowie Schäfers 2016, S. 107). Dabei würden heute zwei Drittel der Termingeschäfte zu spekulativen Zwecken getätigt.

Fuster (2015, S. 23) meinte, dass die Preisvolatilität bei Nahrungsmitteln „quasi inhärenter Natur" sei. Außerdem sei bei wachsendem Volumen der Nahrungsmittelterminsgeschäfte eher ein abschwächender Effekt festzustellen: „Denn je mehr Spekulanten an einem Markt auftreten, desto liquider wird dieser Markt; und eine hohe Liquidität führt in aller Regel zu weniger Schwankungen und somit zu mehr Konstanz beim Preisniveau" (Fuster 2015, S. 23). Letztlich seien in erster Linie realwirtschaftliche Faktoren für die Preisentwicklung verantwortlich. Allerdings ist zu bedenken, dass größere Märkte grundsätzlich auch stärker für externe Einflüsse empfänglich sind – und dass große Märkte auch für Termingeschäfte interessanter werden. So schlagen etwa Schwankungen in den Transportpreisen bei kleinen, lokalen Märkten viel weniger zu Buche. Umgekehrt können aber lokale Ertragsausfälle durch Lieferungen aus anderen Regionen kompensiert werden.

Allerdings vertritt Gardner (2013, S. 63 f.) die Ansicht, dass man kaum leugnen könne, dass Index-Fund-Aktivitäten und insbesondere Investitionen in Hedgefonds eine inflationäre Wirkung im Nahrungsmittelmarkt haben können und im ersten Jahrzehnt nach der Jahrtausendwende auch hatten.

Auch Hachfeld (2014, S. 197) ist der Ansicht, dass sich die Preisrallye der letzten Jahre im Nahrungsmittelsektor nicht allein durch Missernten, Klimawandel, zunehmenden Fleischkonsum, Förderung von Biosprit und ähnlichen realwirtschaftlichen Faktoren – und auf das Verhältnis von Angebot und Nachfrage – erklären lassen. Ein wesentlicher Grund sei die Zunahme von spekulativen Geschäften mit Nahrungsmitteln.

Deshalb muss die Preisentwicklung der Nahrungsmittel und der landwirtschaftlichen Rohstoffe – zumindest teilweise – vor diesem Hintergrund gesehen werden.

Von Anfang Juni bis Ende August 2010 erhöhten sich die Weizenpreise um 45 % (Neue Zürcher Zeitung vom 24.08.2010). Die Sojapreise legten im gleichen Zeitraum um 10 % zu, und auch die Maispreise stiegen. Auch Kakao, Kaffee und Zucker und sogar Schweinebäuche und Rinder verteuerten sich. Die Neue Zürcher Zeitung kommentierte: „Mit anderen Worten …: Das Rally bei den landwirtschaftlichen Rohwaren beschränkt sich nicht nur auf eine bestimmte Sorte, es ist breit und umfasst mittlerweile fast alles, was in der Nahrungsmittel-Wertschöpfungskette als Input benutzt wird". Doch woher kommen diese Preissteigerungen? Auf der einen Seite verminderten sich die Ernten infolge von klimatischen und meteorologischen Verschlechterungen – so rechnete man etwa in Kolumbien Mitte 2010 mit einem wetterbedingten Rückgang der Kaffeeernte um 20 %. Die großen Brände in Russland vom Sommer 2010 vernichteten große landwirtschaftliche Flächen. In Australien gingen Anfang 2011 18 % der Anbaufläche für Zuckerrohr und 10 Mio. t eingelagerter Weizen wegen des Hochwassers verloren (Koradi 2011). Weitere Ursachen für die steigenden Lebensmittelpreise waren Naturkatastrophen wie z. B. Dürren in China, aber auch der Verlust von landwirtschaftlicher Fläche durch die wachsende Urbanisierung, der zunehmende Fleischkonsum (China) sowie die Produktion von Biotreibstoffen auf Kosten von Nahrungsmitteln.

Anfang 2011 erreichte der FAO-Lebensmittelindex für fünf ausgewählte Lebensmittel, nämlich Milch, Fleisch, Getreide, Öle und Fette den Höchststand seit seiner Einführung 1990. Von Januar 2010 bis Januar 2011 stieg dieser Index von 180 Indexpunkten auf 231 Punkte. Extrem stark stiegen die Preise für Weizen (+100 %), Zucker, Getreide, Öle und Fette (Koradi 2011). Interessant an dieser Entwicklung ist die Tatsache, dass die Preise für Milch relativ stabil blieben. Ein Grund dafür ist wohl in der Tatsache zu suchen, dass die Milchproduktion weitgehend lokal und regional geschieht und darum auf der einen Seite weniger von Naturkatastrophen abhängig und auf der anderen Seite für Finanzinvestoren weniger interessant ist.

Im Frühjahr 2011 kam es weltweit zu einer „alarmierenden Verteuerung von Grundnahrungsmitteln" (Neue Zürcher Zeitung vom 17.02.2011). 2010 stiegen die Lebensmittelpreise laut Angaben der Weltbank um 29 %, und allein zwischen Oktober 2010 und Ende Januar 2011 betrug die Teuerung bei den Lebensmitteln 15 %. Laut Weltbankpräsident Robert Zoellick hatten damit die Lebensmittelpreise ein gefährliches Niveau erreicht. Die Unruhen in Tunesien, Ägypten, Jemen und weiteren nordafrikanischen und arabischen Staaten Anfang 2011 waren durch die massiven Preiserhöhungen zumindest mit verursacht worden. So stiegen etwa in Ägypten die Nahrungsmittelpreise um 20 % (Triebe 2011).

Auch in einer Reihe weiterer Staaten führten die höheren Lebensmittelpreise zu einem hoch explosiven Potenzial, so etwa in Bolivien, Mozambique. Am 31. März 2011 stiegen die Maispreise fast bis zu den Höchstwerten vor dem Kollaps 2008 (Neue Zürcher Zeitung vom 5. April 2011). 2010 sank der Lagerbestand von Mais in den USA um 15 %.

Für fast die Hälfte der Weltbevölkerung ist der Reis ein entscheidendes Grundnahrungsmittel. Als 2008 die Reispreise in die Höhe schnellten, gingen vielerorts die Menschen auf die Straße, so etwa in Haitis Hauptstadt Port-au-Prince (vgl. Gmür 2013, S. 21). Auch in anderen Ländern Lateinamerikas und in afrikanischen und asiatischen Staaten kam es zu Protesten. Von 1960 bis 2012 ist der weltweite Reiskonsum fast stetig gewachsen. Zu den wichtigsten Reisexportländern gehören Indien, Thailand, Vietnam, Pakistan und die USA (vgl. Gmür 2013, S. 21).

2012 wurde geschätzt, dass die Maisernte in den USA um 13 % zurückgehen werde, trotz der Ausweitung der Anbaufläche um mehr als 4 % (vgl. Brüggemann 2012). 60 % des weltweit gehandelten Maises stammten aus den USA, was auf die globalen

Maispreise durchschlug. Zwischen Juli und August erhöhten sich die Maispreise auf den Terminmärkten um 50 %. Neben Ernteausfällen infolge der Jahrhundertdürre in den USA 2012 trug die Tatsache zu dieser Entwicklung bei, dass 40 % der Maisernte in den USA zur Produktion von Ethanol verwendet werden, woran auch die Dürre nichts änderte (vgl. Brüggemann 2012).

Allgemein kam es zwischen 2005 und 2014 bei Hauptnahrungsmitteln wie Weizen, Mais und Soja zu enormen Preisschwankungen (vgl. Leisinger 2014, S. 21). 2013 und 2014 sanken die Preise für Grundnahrungsmittel wieder deutlich (vgl. Leisinger 2014, S. 21).

Über den Jahreswechsel 2014/2015 gingen die Preise für Nahrungsmittel – übrigens analog zum Erdölpreis – stark zurück. Ende Dezember 2014 sank der Preisindex der FAO auf den tiefsten Stand seit 2010 (vgl. Gmür 2015, S. 37). Seit dem Hoch im Juli 2012 brach der Maispreis bis Ende 2014 um fast 50 % auf rund 180 US$/t ein, zwischen Juni und Dezember 2014 fiel der Weizenpreis um 20 % und der Preis für Sojabohnen um 30 % (vgl. Gmür 2015, S. 37). Die Weltbank sah einen Hauptgrund für die steigenden Nahrungsmittelpreise zwischen 1997 und 2004 sowie zwischen 2005 und 2012 in den steigenden Ölpreisen. So sollen sich die damaligen Preiserhöhungen bei Mais zu 52 % und bei Weizen sogar zu 64 % aus dem teureren Erdöl erklären (vgl. Gmür 2015, S. 37). Dies würde auch die Korrelation zwischen den sinkenden Nahrungsmittel- und Erdölpreisen in der zweiten Jahreshälfte 2014 erklären. Dazu kommen in Phasen von Preissteigerungen durch schlechtes Wetter verursachte Missernten und umgekehrt bei sinkenden Nahrungsmittelpreisen große Ernten infolge guter Wetterbedingungen.

Experten erwarten für die nächsten Jahrzehnte weltweit eine steigende Nachfrage nach Nahrungsmitteln und damit steigende Nahrungsmittelpreise. Als Gründe dafür sehen sie drei Faktoren: Erstens benötige die bis 2050 wachsende Weltbevölkerung mehr Lebensmittel. Zweitens werde der für einen erheblichen Bevölkerungsanteil wachsende Lebensstandard dazu führen, dass im Verhältnis mehr Geld für Lebensmittel ausgegeben werden kann. Und drittens dürfe aufgrund veränderter Ernährungsgewohnheiten in vielen Ländern der Fleisch- und Fischkonsum ansteigen (vgl. Müller 2011, S. 57). Allerdings gibt es Faktoren, welche dieser Entwicklung entgegenwirken könnten: Erstens dürfte aufgrund des deutlich höheren Durchschnittsalters auf der Nordhalbkugel die Nachfrage nach Nahrung pro Kopf zurückgehen. Zweitens könnten sich neue Nahrungsgewohnheiten auch dahin gehend auswirken, dass weniger Fleisch konsumiert wird (Vegetarianismus, Veganismus usw.). Drittens ist denkbar, dass auch ein gesteigertes Gesundheitsbewusstsein zu anderen Ernährungsgewohnheiten (z. B. geringerer Zuckerkonsum) oder gar zu einer geringeren Nahrungsmittelnachfrage führen könnte.

2.3   Ernährungssicherheit

In den letzten Jahren ist mehr und mehr die Ernährungssicherheit zu einem international diskutierten Thema geworden. Der Welternährungsgipfel hat 1996 Ernährungssicherheit wie folgt definiert: Ernährungssicherheit besteht, „wenn alle Leute zu allen Zeiten Zugang zu genügender, sicherer und nahrhafter Ernährung zur Sicherung eines gesunden und aktiven Lebens haben" (zitiert nach Robinson und Carson 2015, S. 22, Übersetzung aus dem Englischen durch CJ). In Kombination mit dem zu erwartenden Anstieg der Nachfrage nach Nahrungsmitteln in den nächsten Jahrzehnten dürften die klimabedingten Risiken hinsichtlich Ernährungssicherheit deutlich zunehmen (vgl. IPCC 2013/2014:WGII-18).

Eine besondere Frage ist, inwieweit die Versorgung mit Nahrungsmitteln aus dem eigenen Land erfolgen sollte, um Ernährungssicherheit auch in Krisenzeiten zu erreichen. Dabei variiert das Ausmaß der Selbstversorgung von Land zu Land und von Produkt zu Produkt. Das zeigt etwa Abb. 2.7 am Beispiel der Schweiz.

In den letzten dreißig Jahren hat sich die „Food Governance", also die Standardisierungs- und Regulierungspraxis in der Nahrungsmittelerzeugung und -vermarktung, stark verändert: Während vor 1985 die Nationalstaaten wichtigste und (fast) einzige Regulierungsstellen waren, setzten, implementierten und kontrollierten zwischen 1985 und 1994 mehr und mehr auch die Unternehmen Nahrungsmittelstandards. Ab 1995 kamen außerdem NGO-Standards dazu, sodass heute primär staatliche und unternehmensinterne Standards und sekundär NGO-Vorgaben die Nahrungsmittelproduktion bestimmen (vgl. Havinga 2015, S. 23 f.). Auch Oosterveer (2015, S. 118) weist darauf hin, dass im Rahmen der globalen „food governance" die nationalen Regierungen die Verantwortung für die Sicherheit und Qualität der Nahrungsmittelketten zunehmend

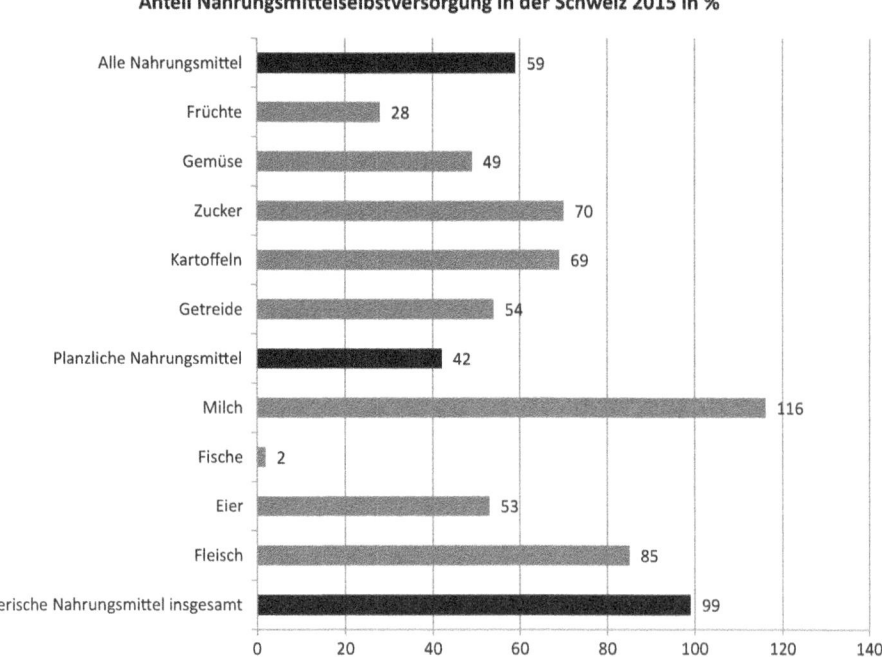

Abb. 2.7 Nahrungsmittelselbstversorgung in der Schweiz. (Quellen: Bader 2017, eigene Recherchen sowie eigene Darstellung)

mit privaten Unternehmen und NGOs teilen müssen. Dabei wird die Verantwortung für die Produkteigenschaften zunehmend an „private, freiwillige Qualitäts- und Sicherheitssysteme" delegiert, wobei die Notwendigkeit globaler Koalitionen für die Standardsetzung wächst und zunehmend globale „business-to-business standards" zur Anwendung kommen (vgl. Oosterveer 2015, S. 118).

Dass die Ernährungssicherheit zunehmend auch in der breiten Öffentlichkeit ein politisches Thema wird, zeigte etwa in der Schweiz die am 08.07.2014 vom Schweizerischen Bauernverband eingereichte Verfassungsinitiative „Für Ernährungssicherheit". Diese verlangte eine bessere „Versorgung der Bevölkerung mit Lebensmitteln aus vielfältiger und nachhaltiger einheimischer Produktion" und Maßnahmen „gegen den Verlust von Kulturland" (Eidgenössische Volksinitiative „Für Ernährungssicherheit" 2014). Die schweizerische Landesregierung hielt das Anliegen für so wichtig, dass sie am 14. März 2017 einen Gegenvorschlag ausarbeitete, der am 24.09.2017 der Volksabstimmung vorgelegt wurde. Der Gegenvorschlag verlangte zur Sicherstellung der Versorgung der Bevölkerung mit Lebensmitteln

a) „die Sicherung der Grundlagen für die landwirtschaftliche Produktion, insbesondere des Kulturlandes;
b) eine standortangepasste und ressourceneffiziente Lebensmittelproduktion;
c) eine auf den Markt ausgerichtete Land- und Ernährungswirtschaft;
d) grenzüberschreitende Handelsbeziehungen, die zur nachhaltigen Entwicklung der Land- und Ernährungswirtschaft beitragen;
e) einen ressourcenschonenden Umgang mit Lebensmitteln" (Schweizerische Eidgenossenschaft 2017, S. 8).

Der Gegenvorschlag der Landesregierung stieß auf grosse Zustimmung bei den Stimmbürgerinnen und Stimmbürgern: 78,7 % der Abstimmenden legten ein Ja in die Urne, und sämtliche Kantone nahmen den Verfassungsartikel an (vgl. Hardegger 2017, S. 13). Der Landwirtschaftsminister kündigte an, den neuen Verfassungsartikel als Richtschnur für die künftige Landwirtschaftspolitik der Schweiz anzuwenden.

Allerdings scheint der ernährungspolitische Konsens doch nicht so breit zu sein, wie gemeinhin vermutet. So polemisierte etwa Peter A. Fischer (2017, S. 1) in einem Leitartikel der wirtschaftsliberalen Neuen Zürcher Zeitung gegen den Kompromissvorschlag des Bundes: Er warf den Bauernvertretern vor, eine „völlig überflüssige" Verfassungsänderung anzustreben, mehr Geld für ihre „fair" hergestellten Produkte zu wollen, und damit unter anderem die Übernutzung von Alpweiden zu fördern. Schon heute koste der Schutz der Schweizerischen Landwirtschaft 1 % ihres Bruttoinlandprodukts, und bereits heute würden 3,3 Mrd. Franken oder 69.000 Franken pro Kopf an die Landwirtschaft ausgeschüttet. Fischer wiederholte demgegenüber – einmal mehr – das alte liberale Postulat der Marktöffnung und neue Freihandelsabkommen, z. B. mit den USA. Diese Kritik verkennt, dass die Landwirtschaft – und insbesondere arbeitsintensive Biobauernhöfe unter großem nationalen (Großverteiler!) und internationalem Druck stehen, gerade weil

Globalisierung und Liberalisierung des Welthandels die Marktmacht der transnationalen Ernährungskonzerne, aber auch der Supermarktketten und der finanzintensiven industriellen Landwirtschaftsbetriebe stärken, während sie umweltverträgliche, kleinräumige und gemischte Landwirtschaftsbetriebe strukturell benachteiligen.

Andere politische Beobachter warfen dem neuen Verfassungsartikel vor, dass darin „für jeden Geschmack etwas" (Hardegger 2017, S. 13) enthalten sei, für die Vertreter des Freihandels ebenso wie für die Landschafts- und Naturschützer, für die Biobauern ebenso wie für die Konsumenten. Doch das ist – genau wie das komfortable Abstimmungsresultat – auch Ausdruck davon, dass über das Thema Ernährungssicherheit ein breiter Konsens besteht. Was dieser Konsens jedoch politisch im Einzelnen bedeutet, ist mehr als umstritten. So hielt etwa die grüne Nationalrätin aus dem Kanton Baselland, Maya Graf, fest, dass damit erstmals der nachhaltige Handel in der schweizerischen Bundesverfassung stehe, und die Völkerrechtsexpertin Elisabeth Bürgi Monanomi meinte, dass damit der Regierung in Bern erstmals Zielsetzungen vorgegeben würden, nach denen die Bundesregierung Handelsabkommen aushandeln müsse. Allerdings droht hier auch ein Konflikt mit der Welthandelsorganisation, weil Billigbananen prinzipiell gleich behandelt werden müssen wie ökologisch produzierte und nach den Prinzipien des Fair Trade vermarktete Bananen (vgl. Dyttrich 2017, S. 7).

Literatur

Anderegg, Ralph (1999): Grundzüge der Agrarpolitik. München/Wien: R. Oldenbourg.
Bader, Urs (2017): Politik um Kartoffel und Kuh. In: Neue Luzerner Zeitung vom 12.9.2017. 11.
Beasley, David (2017): Jahreszeiten des Hungers. In: Le Monde Diplomatique (Ausgabe Schweiz) vom November 2017. 15.
Berthelot, Jacques (2001): L'Agriculture. Talon d'Achille de la mondialisation. Clés pour un accord agricole solidaire à l'OMC. Paris: L'Hamattan.
Binswanger, Mathias (2010): Sinnlose Wettbewerbe. Warum wir immer mehr Unsinn produzieren. Freiburg/Basel/Wien: Herder.
Brüggemann, Gerd (2012): Streit über erneuerbare Energien. In: Neue Zürcher Zeitung vom 16.8.2012.
Bürgi Bonanomi, Elisabeth (2014): Von Ernährungssouveränität zu kooperativer Ernährungssouveränität. Genügend und gesunde Nahrungsmittel für alle Menschen. In: Widerspruch 64/2014. Zürich. 104 ff.
Bundesamt für Statistik BfS (2016): Haushaltseinkommen und -ausgaben. https://www.bfs.admin.ch/bfs/de/home/statistiken/wirtschaftliche-soziale-situation-bevoelkerung/einkommen-verbrauch-vermoegen/haushaltsbudget.html (Zugriff 25.4.2018).
Busse, Tanja (2010): Die Ernährungsdiktatur. Warum wir nicht länger essen dürfen, was uns die Industrie auftischt. München: Blessing.
Defago, Alfred (2017): Mehr als Fast Food. In: Neue Zürcher Zeitung vom 19.10.2017. 40.

De.sputniknews.com (2015): Ausgaben für Lebensmittel: Europäische Länder im Vergleich. 13.1.3015; aktualisiert am 5.10.2015. https://de.sputniknews.com/infographiken/20150113300565729/ (Zugriff 25.4.2018).

Dyttrich, Bettina (2017): Eine Banane ist eine Banane – Details unerwünscht. In: WochenZeitung vom 28.9.2017. 7.

Egloff, Lea/Eichenberger, Ursina/Siegenthaler, Tina (2014): Loconomie. Die Gemüsekooperative ortoloco. In: Widerspruch 64/2014. Zürich. 120 ff.

Eidgenössische Volksinitiative „Für Ernährungssicherheit" (2014): Initiativtext. www.admin.ch/ch/d/pore/vi/vis447t.html (Zugriff 25.4.2018).

FAO (2003): Trade Reforms and Food Security: Conceptualizing the Linkages. Rome: Food and Agricultural Organization.

FAO (2015): The State of Food and Agriculture. Social Protection and Agriculture: Breaking the Cycle of Rural Poverty. Rom. www.fao.org/3/a-i4910e.pdf (Zugriff 25.4.2018).

FAO (2017): World Food Situation. http://www.fao.org/worldfoodsituation/foodpricesindex/en/ (Zugriff 25.4.2018).

Feyder, Jean (2014): Mordshunger. Wer profitiert vom Elend der armen Länder? Frankfurt/Main: Westend Verlag.

Fischer, Peter A. (2017): Rückwärtsgewandt geht's nicht vorwärts. In: Neue Zürcher Zeitung vom 9.9.2017. 1.

Fuster, Thomas (2015): Essen – die verpönte Handelsware. In: Neue Zürcher Zeitung vom 1.9.2015. 23.

Gardner, Brian (2013): Global Food Futures. Feeding the World in 2050. London/New York: Bloomsbury.

Gmür, Heidi (2013): Das tägliche Brot der Armen. In: Neue Zürcher Zeitung vom 7.1.2013. 21.

Gmür, Heidi (2015): Agrargüter werden billiger – Spekulanten haben Ruhe. In: Neue Zürcher Zeitung vom 24.1.2015. 37.

Haas, Rainer/Meindl, Ingrid (2009): Motive, Werte und Produktionsanforderungen zum Verzehr funktioneller Nahrungsmittel – eine Anwendung der Means-End-Chain Analyse. In: Haas, Rainer/Meixner, Oliver/Pöchtrager, Siegfried (Hrsg.): Was wir morgen essen werden. Herausforderungen und Perspektiven für das Agrarmarketing der Zukunft. Festschrift für Walter Schiebel. Wien: facultas.wuv. 159 ff.

Hachfeld, David (2014): Mit Essen spielt man nicht! Nahrungsmittelspekulation und Hungerkrisen. In: Schank, Christoph/Vorbohle, Kristin/Quandt, Jan Hendrik (Hrsg.): Perspektive Nahrungsmittelethik. München: Rainer Hampp. 197 ff.

Halabi, Sam F. (2015): Introduction. In: Halabi, Sam F. (Hrsg.): Food and Drug Regulation in an Era of Globalized Markets. London: Elsevier. XXV ff.

Hardegger, Angelika (2017): Ganz klares Ja zum Artikel über Ernährungssicherheit. In: Neue Zürcher Zeitung vom 23.9.2017. 13.

Havinga, Tetty (2015): Conceptualizing Regulatory Arrangements: Complex Networks and Regulatory Roles. In: Havinga, Tetty/Casey, Donal/van Waarden, Frans (Hrsg.): The Changing Landscape of Food Governance. Public and Private Encounters. Cheltenham/GB: Edward Elgar. 19 ff.

Havinga, Tetty/Casey, Donal/van Waarden, Frans (2015): Changing Regulatory Arrangements in Food Governance. In: Havinga, Tetty/Casey, Donal/van Waarden, Frans (Hrsg.): The Changing Landscape of Food Governance. Public and Private Encounters. Cheltenham/GB: Edward Elgar. 3 ff.

ICO (2017a): Total production by all exporting countries. http://www.ico.org/prices/po-production.
    pdf (Zugriff 25.4.2018).
ICO (2017b): World coffee consumption. http://www.ico.org/prices/new-consumption-table.pdf
    (Zugriff 25.4.2018).
ICO (2017c): Historical Data on the Global Coffee Trade. http://www.ico.org/new_historical.asp
    (Zugriff 25.4.2018).
IPCC (2013/2014): Klimaänderung 2013/2014. Zusammenfassung für politische Entscheidungs-
    träger. Beiträge der Arbeitsgruppen I, II und III zum fünften Sachstandsbericht des zwischen-
    staatlichen Ausschusses für Klimaänderungen (IPCC). Genf: IPCC.
Konefal, Jason/Mascarenhas, Michael/Hatanaka, Maki (2014): Governance in the Global Agro-food
    System: Blacklighting the Role of Transnational Supermarket Chains. In: Pilcher, Jeffrey M.
    (Hrsg.): Food History: Critical and Primary Sources. Contemporary Transitions. Volume 4. 170 ff.
Koradi, Reinhard (2011): Gehen uns die Nahrungsmittel aus? In: Zeit-Fragen vom 8.3.2011.
Lehmann, Bernard (2017): Ernährungssicherheit. Vom Globalen zum Lokalen. In: Neue Zürcher
    Zeitung vom 11.3.2017. 12.
Leisinger, Christof (2014): Nahrungsmittel in Hülle und Fülle. In: Neue Zürcher Zeitung vom
    20.10.2014. 21.
Leitzmann, Claus (2012): Zwischen Mangel und Überfluss. Die globale Ernährungssituation.
    In: Bartmann, Wolfgang (Red.): Not für die Welt. Ernährung im Zeitalter der Globalisierung.
    Gütersloh/München: F. A. Brockhaus. 14 ff.
Müller, Johannes (2011): Ökonomische Zeitenwende. Globaler Systemwettkampf im 21. Jahr-
    hundert. Was kommt nach dem Ende des Neoliberalismus? Marburg: Metropolis.
Neue Zürcher Zeitung (24.8.2010): Wetter und Derivate treiben Rohwarenpreise.
Neue Zürcher Zeitung (17.2.2011): Alarmierende weltweite Verteuerung von Grundnahrungs-
    mitteln.
Neue Zürcher Zeitung (5.4.2011): Hoher Maispreis wird zum Inflationsrisiko.
OECD-FAO (2014): OECD-FAO Agricultural Outlook 2014–2023. OECD Publishing. http://
    dx.doi.org/10.1787/agr_outlook-2014-en (Zugriff 25.4.2018).
Oosterveer, Peter (2015): Authority and Legitimacy in Governing Global Food Chains. In:
    Havinga, Tetty/Casey, Donal/van Waarden, Frans (Hrsg.): The Changing Landscape of Food
    Governance. Public and Private Encounters. Cheltenham/GB: Edward Elgar. 117 ff.
Pearce, Fred (2012): Land Grabbing. Der globale Kampf um Grund und Boden. München: Antje
    Kunstmann.
Pfriem, Reinhard (2016): Sie sind zufrieden, wenn wir es nicht sind. In: Pfriem, Reinhard: Öko-
    nomie als Gemengelage kultureller Praktiken. Marburg: Metropolis. 143 ff.
Robinson, Guy M./Carson, Doris A. (2015): The Globalisation of Agriculture: Introducing the
    Handbook. In: Robinson, Guy M./Carson, Doris A. (Hrsg.): Handbook on the Globalisation of
    Agriculture. Cheltenham, UK/Northhampton, MA, USA: Edward Elgar Publishing. 1 ff.
Salzer, Irmi (2014): TTIP, GAP und die Macht der Konzerne. In: Widerspruch 64/2014. Zürich. 23 ff.
Schäfers, Eduard (2016): Strukturen und Probleme einer globalisierten Welt. Göttingen: Cuvillier.
Schweizerische Eidgenossenschaft (2017): Volksabstimmung vom 24. September 2017.
    Erläuterungen des Bundesrates. Bern: Bundeskanzlei.
Sen, Amartya (2003): Ökonomie für den Menschen. Wege zu Gerechtigkeit und Solidarität in der
    Marktwirtschaft. München: Deutscher Taschenbuch Verlag.

Stein, Margrit/Weingraber, Sophie (2014): Kinder als Kunden der Nahrungsmittelindustrie. Gesund-heitsförderung versus Gewinnmaximierung. In: Schank, Christoph/Vorbohle, Kristin/Quandt, Jan Hendrik (Hrsg.): Perspektive Nahrungsmittelethik. München: Rainer Hampp. 107 ff.

Triebe, Benjamin (2011): Wenn Weizen auf Weltreise geht. Die unzureichende eigene Landwirt-schaft und die Verzerrung der Agrarmärkte gefährden die Versorgungssicherheit in Nordafrika und Nahost. In: Neue Zürcher Zeitung vom 19.2.2011.

Vollborn, Marita/Georgescu, Vlad D. (2014): Food Mafia. Wehren Sie sich gegen die skrupellosen Methoden der Lebensmittelindustrie. Frankfurt/New York: Campus.

Wege aus der Hungerkrise (2014): Die Erkenntnisse und Folgen des Weltagrarberichts. Vorschläge für eine Landwirtschaft von morgen. https://www.misereor.de/fileadmin/publikationen/welt-agrarbericht-2014-wege-aus-der-hungerkrise.pdf (Zugriff 18.8.2017).

Weltagrarbericht IAASTD (2008): http://unesco.de/wissenschaft/biosphaerenreservate/biologische-viel-falt/iaastd.html, vgl. auch http://www.weltagrarbericht.de/ (Zugriff 25.4.2017).

Zoll, Patrick (2017): Kaffee – die Bohne, die die Welt auf Touren bringt. In: Neue Zürcher Zeitung vom 30.9.2017. 35.

Landwirtschaft

3

Die Landwirtschaftspolitik ist für viele Industrieländer wenn auch nicht mehr staatstragend, so doch konstitutiv. Das gilt für die EU als Ganzes, für viele EU-Staaten und auch für die Schweiz. Exemplarisch zeigt sich das etwa in den EU-Verträgen.

Mit Inkrafttreten des Lissabon-Vertrags wurden zwar die einzelnen Artikel des EU-Vertrags umnummeriert, aber die Bedeutung der Agrarpolitik blieb erhalten. Im Art. 33 (vorher: Art. 39) wurden die agrarpolitischen Ziele der Europäischen Union wie folgt formuliert:

Alte Fassung, Art. 33 (ex-Art. 39)

„(1) Ziel der gemeinsamen Agrarpolitik ist es:
(2) Bei der Gestaltung der gemeinsamen Agrarpolitik und der hierfür anzuwendenden besonderen Methoden ist folgendes zu berücksichtigen:
a) die besondere Eigenart der landwirtschaftlichen Tätigkeit, die sich aus dem sozialen Aufbau der Landwirtschaft und den strukturellen und naturbedingten Unterschieden der verschiedenen landwirtschaftlichen Gebiete ergibt;
b) die Notwendigkeit, die geeigneten Anpassungen stufenweise durchzuführen;
c) die Tatsache, dass die Landwirtschaft in den Mitgliedstaaten einen mit der gesamten Volkswirtschaft eng verflochtenen Wirtschaftsbereich darstellt".

(Quelle: EG-Vertrag 2009a; vgl. auch Anderegg 1999, S. 97)

Und im Artikel 110 des alten EG-Vertrags (Art. 131 im Lissaboner Vertrag) wurde mit Blick auf den Welthandel festgehalten:

© Springer Fachmedien Wiesbaden GmbH, ein Teil von Springer Nature 2018
C. J. Jäggi, *Ernährung, Nahrungsmittelmärkte und Landwirtschaft,*
https://doi.org/10.1007/978-3-658-22269-7_3

Artikel 110

„1. Durch die Schaffung einer Zollunion beabsichtigen die Mitgliedstaaten, im gemeinsamen Interesse zur harmonischen Entwicklung des Welthandels, zur schrittweisen Beseitigung der Beschränkungen im internationalen Handelsverkehr und zum Abbau der Zollschranken beizutragen.

2. Bei der gemeinsamen Handelspolitik werden die günstigen Auswirkungen berücksichtigt, welche die Abschaffung der Zölle zwischen den Mitgliedstaaten auf die Steigerung der Wettbewerbsfähigkeit der Unternehmen dieser Staaten haben kann" (EG-Vertrag 2009b; vgl. auch Anderegg 1999, S. 97).

Dabei fällt Folgendes auf: Wohl kaum in einem anderen Bereich werden so komplexe und auch widersprüchliche Ziele formuliert: erhöhte Produktivität, Steigerung des Einkommens, stabile Märkte, Versorgungssicherheit, „angemessene" Verbraucherpreise, harmonische Entwicklung des Welthandels und Beseitigung von Handelsbeschränkungen. Ist das alles überhaupt leistbar? Wie kann ein hohes Einkommen in der Landwirtschaft mit tiefen Verbraucherpreisen einhergehen? Führt der Abbau von Handelsbeschränkungen nicht zu Dumpingpreisen und zu Einkommenssenkungen? Und wo bleibt da die Versorgungssicherheit?

Nicht zu Unrecht moniert Anderegg (1999, S. 98) für die agrarpolitischen Zielvorstellungen der EU und der Bundesrepublik Deutschland einen äußerst „schwache[n] Zusammenhang mit den normativen Zielansätzen aus dem Bereich der gesellschaftlichen Grundwerte und der wirtschaftspolitischen Ziele". So komme etwa der gesellschaftliche Grundwert „Freiheit" an keiner einzigen Stelle zum Ausdruck, und es fehle „ein Bekenntnis zu den übrigen gesellschaftlichen Grundwerten und der sozialen Marktwirtschaft" (Anderegg 1999, S. 98). Dabei ist zu bedenken, dass – so Salzer (2014, S. 29) – mehr als ein Drittel des EU-Haushalts in eine gemeinsame Agrarpolitik gesteckt wird. Bereits 2009 erhielt die Landwirtschaft 73,3 % der für „Natürliche Ressourcen" vorgesehenen EU-Gelder, insgesamt mehr als 41 Mrd. EUR (vgl. Trummer 2010, S. 72). 2009 subventionierte die EU über ihre erste Säule „Marktordnung" durch Direktzahlungen in der Höhe von 39 Mrd. EUR. Weil die ursprünglich an die Produktmengen gekoppelten Beträge zu Überproduktion führten, wurden die Zahlungen in zwei Reformen 1992 und 2000 von der Produktionsmenge entkoppelt. Heute laufen EU-Förderbeiträge für die Landwirtschaft auch über die zweite Säule „Förderung des ländlichen Raumes". Gefördert werden dabei umweltfreundliche Investitionen, der Umstieg auf Biolandbau und Ab-Hof-Vertrieb von Produkten.

Kritiker warfen der EU-Förderpolitik vor, dass mehr als 50 % der Fördergelder an Großbauern gingen, so etwa 2007 an rund 2749 Höfe (vgl. Trummer 2010, S. 77).

Auch die Schweizerische Bundesverfassung umschreibt in Art. 104 den multifunktionellen Charakter der Landwirtschaft. Aufgezählt werden unter anderem die sichere Versorgung der Bevölkerung, die Erhaltung der natürlichen Lebensgrundlagen, die Sicherung der Kulturlandlandschaft, die dezentrale Besiedlung des Landes, die landwirtschaftliche Selbsthilfe und ein angemessenes bäuerliches Einkommen, außerdem wird die Deklarationspflicht für landwirtschaftliche Produkte festgeschrieben und der Schutz der Umwelt garantiert – und all das, wohlverstanden, im gleichen Art. 104 unter dem Stichwort „Landwirtschaft"!

Von wachsender Bedeutung war in den letzten Jahren die Diskussion um die Ernährungssouveränität. So steht etwa im revidierten Landwirtschaftsgesetz der Schweiz in Art. 2, Abs 4: Die Maßnahmenmaßnahmen des Bundes „orientieren sich am Grundsatz der Ernährungssouveränität zur Berücksichtigung der Bedürfnisse der Konsumenten und Konsumentinnen nach qualitativ hochwertigen, vielfältigen und nachhaltigen inländischen Produkten" (Bundesgesetz über die Landwirtschaft 2017).

Alexander et al. (2015, S. 11) haben darauf hingewiesen, dass es kaum je eine ganzheitliche Nahrungsmittelpolitik gibt, sondern dass meist nur einzelne Puzzlesteine vorzufinden sind, wie etwa Etikettierungspflicht, Marketing oder Nahrungsmittelbestandteile usw. Es fehlen meist übergreifende und umfassende Regelungen. Das gilt besonders auch auf Weltebene.

3.1 Landwirtschaftliche Produktion

Matthias Binswanger (2009, S. 30, zitiert nach Rampini Stadelmann 2014, S. 14) hat einmal pointiert gesagt: „Die Landwirtschaft hat im Vergleich zur Industrie und zum Dienstleistungssektor … ein entscheidendes Handicap: Ihr wichtigster Produktionsfaktor, der Boden, lässt sich im Unterschied zum Produktionsfaktor Kapital, der in anderen Branchen wesentlich die Produktionsmöglichkeiten bestimmt, nicht beliebig vermehren". Das gilt nicht nur für den Boden, sondern im Grunde für alle natürlichen Rohstoffe, für das Klima und für das Wasser.

Dabei ist es angebracht, den Produktivitätsbegriff in der Landwirtschaft zu hinterfragen. So kam eine Studie in den USA 1994 zu Ergebnis, dass – gemessen am Verhältnis von Input und Output – in einer traditionellen Mischlandwirtschaft aus 5 Einheiten Input 100 Nahrungsmitteleinheiten erzeugt werden, während in einer industriellen Landwirtschaft dafür 300 Inputeinheiten benötigt werden. So gesehen wäre die traditionelle Mischlandwirtschaft 60-mal produktiver als die moderne Landwirtschaft (vgl. Rampini Stadelmann 2014, S. 15). Allerdings stellt sich die Frage, auf welcher Basis die Produktivität berechnet wird: In diesem Fall war der Nährwert die Berechnungsgrundlage. Nimmt man die aufgewendete Arbeitszeit als Bemessungsgrundlage, sieht die Rechnung völlig anders aus.

In den letzten Jahren hat die Produktivität in der Landwirtschaft enorm zugenommen: Nach Angaben des amerikanischen Landwirtschaftsministeriums USDA ist in den letzten fünfzig Jahren die Menge des weltweit geernteten Weizens von 230 Mio. t auf mehr als 720 Mio. t gestiegen – bei praktisch unveränderter Anbaufläche. Bei Mais lag die aktuelle Ernte 2014 ungefähr viereinhalbfach so hoch wie vor fünfzig Jahren, und bei Soja war sie sogar

11-mal größer. Gleichzeitig nahm die Anbaufläche für Mais um fast 70 % auf 177 Mio. ha zu, und diejenige von Soja um rund 370 % auf 118 Mio. ha (vgl. Leisinger 2014, S. 21).

Während Mais in den 1930er-Jahren einen Ertrag von rund 2 t/ha ergab, lag der durchschnittliche Ertrag 2017 bis 10-mal so hoch (vgl. Lanz 2017, S. 26). Ob die Produktivität auch in Zukunft entsprechend steigen wird, muss offen bleiben – Grenzen scheint es längerfristig bei der Düngerversorgung und bei der Stickstoffproduktion zu geben, die stark energieabhängig ist (vgl. Leisinger 2014, S. 21).

Dass auch eine Verbilligung der Nahrungsmittelpreise nicht unmittelbar den Hunger reduzieren kann, zeigen die neuesten Zahlen. Während zwar sinkende Nahrungsmittelpreise den Zugang der Armen zu Lebensmitteln tendenziell verbessern, leiden die Nahrungsmittelproduzenten, also die in landwirtschaftlichen Betrieben und Genossenschaften Tätigen, unter sinkenden Erträgen.

2017 hatten 795 Mio. Menschen auf der Welt nicht genug zu essen. Zwar ist die Zahl der Hungernden seit 1990 um 216 Mio. zurückgegangen (World Food Programme 2017), aber absolut gesprochen ist sie immer noch sehr hoch, vgl. Abb. 3.1.

Am meisten Menschen hungern in Asien, die zweitgrößte Zahl von Hungernden weist Afrika auf. Während in Asien der Hunger von 1990/1992 bis 1995/1997 zurückging, gab es 2008 wieder fast so viele Unterernährte wie 1990. In Afrika nahm dagegen die Zahl der Hungernden seit 1990/1992 ununterbrochen zu (vgl. 2010, S. 26 f.). In Lateinamerika blieb die Zahl der Hungernden und Unterernährten ungefähr auf dem gleichen Stand wie 1990/1992.

Im Einzelnen verteilten sich die unterernährten und hungernden Personen unterschiedlich auf die einzelnen Weltregionen, wie Abb. 3.2 zeigt.

Gemäß diesen Zahlen nimmt zwar die Zahl der Hungernden weltweit ab, aber die Abnahme war zu gering, um das im ersten Jahrtausendentwicklungsziel formulierte Ziel der Halbierung des Hungers bis 2015 zu erreichen (vgl. Feyder 2010, S. 24).

Hunger betrifft vor allem die Landbevölkerung. Nach einer Schätzung der UNO sind rund 50 % der Unterernährten Kleinbauern, 20 % landlose Bauern und 10 % Hirtennomaden,

Abb. 3.1 Unterernährte Personen weltweit. (Quellen: World Food Programme 2017, eigene Darstellung)

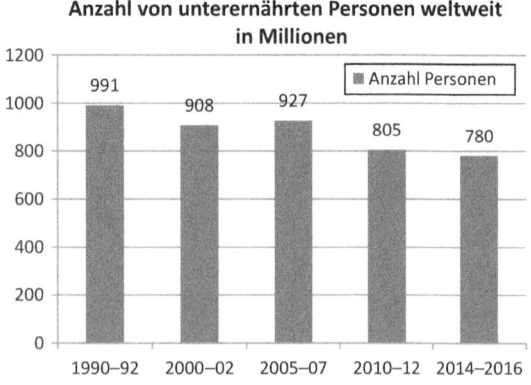

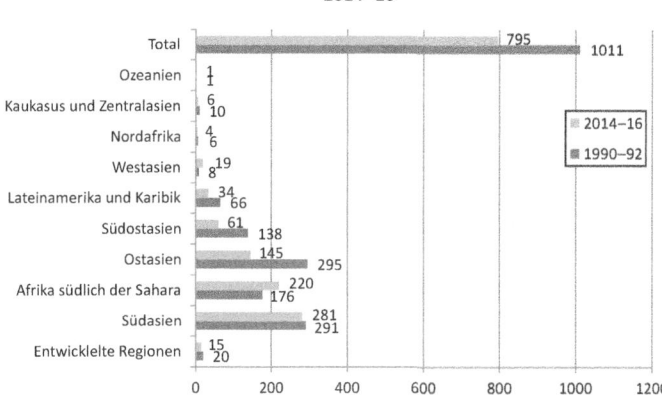

Abb. 3.2 Unterernährte Personen nach Weltregionen. (Quellen: World Food Programme 2017, eigene Darstellung)

Fischer und Waldnutzer (vgl. Feyder 2014, S. 29). Die übrigen 20 % der Unterernährten leben in den Slums der großen Städte.

Studien (vgl. Alexander et al. 2015, S. 109; Esnouf und Bricas 2013, S. 5) rechnen damit, dass bei einer Weltbevölkerung von 9 Mrd. Menschen im Jahr 2050 rund 60 % mehr Nahrungsmittel erforderlich sein werden.

Während die Nachfrage nach Nahrungsmitteln in den USA und in Europa kaum mehr steigt, erleben die aufstrebenden Märkte ein starkes Wachstum. Dabei spielen die wachsende Weltbevölkerung und die zurückgehende Ackerfläche eine zentrale Rolle.

Durch neue Essgewohnheiten – zum Beispiel durch den wachsenden Fleischkonsum in China – und gestiegene Kaufkraft erhöht sich die Nachfrage nach gewissen Nahrungsmitteln sprunghaft. Außerdem benötigt die Produktion von Ethanol Nahrungsmittel wie z. B. Mais. Dazu kommt, dass die Bauern ihre Produkte über Terminkontrakte vorverkaufen und oft die Banken und Hedgefonds durch den Verkauf von Rohwarenkontrakten ein Risiko eingehen. Bei Ernteausfällen stehen die Produzenten vor dem Problem, dass sie nicht liefern können. Dann müssen sie sich an den Terminmärkten mit Ersatz eindecken, was die Preise steigen lässt (vgl. Neue Zürcher Zeitung vom 24.08.2010). Dazu kommt, dass viele Anleger die Rohstoffmärkte als Spekulationsfeld entdeckt haben und die Preise ebenfalls anheizen. Einige Faktoren deuten darauf hin, dass die Nahrungsmittelrohstoffpreise auch längerfristig steigen werden. Ja, Beobachter sehen zum Beispiel in der Preisentwicklung von Hauptnahrungsmitteln – wie Mais – ein erhebliches Inflationsrisiko (vgl. Neue Zürcher Zeitung vom 05.04.2011).

Von daher ist es mehr als fraglich, ob die Einschätzung Andereggs (1999, S. 174), dass Terminmärkte als „die höchstentwickelte Form marktlicher Effizienz" angesehen werden können, zutrifft. Vielmehr führen etwa Derivate zu extremen Pendelausschlägen bei den landwirtschaftlichen Rohprodukten, worunter nicht nur die Versorgungssicherheit, sondern auch die Marktstabilität leidet – die ja eines der Ziele der Landwirtschaftspolitik der Europäischen Union ist, wie wir gesehen haben (vgl. oben).

Eine besondere Rolle im liberalisierten Welthandel spielt die Landwirtschaft:

> Misst man den **Agrarvertrag der WTO,** dem Hauptpfeiler der derzeitigen Ordnung des Weltagrarhandels an den ... Gerechtigkeitskriterien, so fällt die Bilanz mehr als ernüchternd aus. Auf Drängen der Entwicklungsländer wurde der Agrarsektor bei der Gründung der WTO in 1995 zwar erstmals in die multilaterale Ordnung des Welthandels einbezogen und der Handel mit Agrargütern allgemeinen Regeln unterworfen. Damit konnten einige Verzerrungen des weltweiten Agrarhandels reduziert werden, von einem substanziellen Abbau von Handelshindernissen zugunsten der Landwirtschaft in den Entwicklungsländern ist man jedoch immer noch weit entfernt. So haben die reichen Länder faktisch nach wie vor hohe Barrieren, die den Marktzugang für Agrarprodukte der Entwicklungsländer erschweren. Ein besonderes Problem sind die mit jeder Verarbeitungsstufe entstehenden Zollsätze (Zolleskalation), die Importe von verarbeiteten Agrarprodukten aus den Entwicklungsländern erschweren. Außerdem findet weltweit ein massiver „Exportwettbewerb" statt, um die Absatzchancen der jeweils eigenen Landwirtschaft zu sichern bzw. zu vergrößern. Dazu setzen die Industrieländer erhebliche Exportsubventionen ein, teilweise auch in Form von Exportkrediten oder kommerziellen Nahrungsmittelhilfen. Als Enddatum für solche Subventionen konnte man sich erst auf das Jahr 2013 verständigen. Sehr viel umfangreicher sind noch die Beihilfen für die einheimische Landwirtschaft, vor allem in den Industrieländern, seit kurzem auch in einigen Schwellenländern (Wallacher 2009, S. 115).

Allerdings haben laut Robinson und Carson (2015, S. 4) in den vergangenen Jahrzehnten die Subventionen in der Landwirtschaft in den meisten Ländern abgenommen.

Zwischen 2008 und 2010 stammten in den EU-Ländern im Schnitt 20 % des Einkommens der europäischen Landwirte aus EU-Subventionen (vgl. Buntzel 2012, S. 85). In vielen Ländern – und insbesondere in den meisten Übergangsländern – wachsen die Einkommensunterschiede zwischen städtischer und ländlicher Bevölkerung (vgl. Weltentwicklungsbericht 2008, S. 25). Das ist auch in vielen Industrieländern der Fall. Abb. 3.3 zeigt die unterschiedlichen Einkommensanteile der Landwirte aus staatlichen Subventionen in den einzelnen Ländern.

Zwar ist das landwirtschaftliche Einkommen in den letzten Jahren in vielen Ländern gewachsen. So stieg etwa in der Schweiz das landwirtschaftliche Einkommen 2016 im Vergleich zum Vorjahr um 4,7 % und betrug 64.000 Franken pro Betrieb (vgl. WBF 2017, S. 1). Allerdings sind die Einkommen je nach Höhenregion und Gebiet sehr unterschiedlich, wie Abb. 3.4 zeigt.

Viele Industrieländer subventionieren landwirtschaftliche Produkte, welche sie dann zu Dumpingpreisen in die armen Länder liefern. So protestierten etwa kenianische Milchbauern gegen die Lieferung von subventioniertem Milchpulver aus der EU in ihr Land, worauf die Regierung in Nairobi die Einfuhrzölle von 35 % auf 60 % erhöhte und damit ihre Bauern vor den EU-Importen schützte. In einem Memorandum an die EU-Kommission wehrten sich die kenianischen Kleinbauern am 27. September 2006 „gegen die gängige Praxis der EU, mit Dumpingpreisen die ‚landwirtschaftlichen Lebensgrundlagen' in Afrika zu zerstören" (Schäfers 2016, S. 109).

**Anteil der Einkommen der Landwirte aus staatlichen
Subventionen in %**

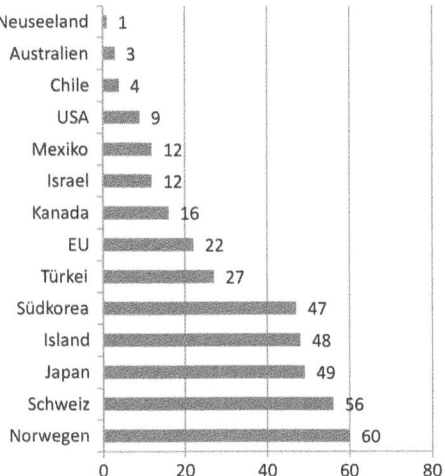

Abb. 3.3 Einkommensanteile der Landwirte aus staatlichen Subventionen. (Quellen: Buntzel 2012, S. 85, div. OECD-Statistiken, eigene Recherchen und Darstellung)

Abb. 3.4 Arbeitsverdienst in der schweizerischen Landwirtschaft nach Höhenregion. (Quelle WBF 2017, S. 3; Agroscope 2017b, eigene Darstellung)

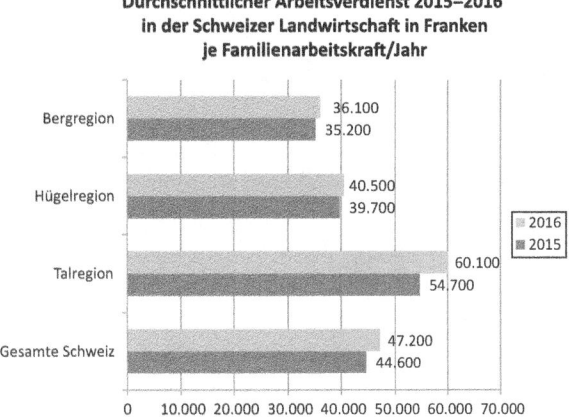

In einzelnen Bereichen – so etwa bei Milchprodukten – ist die EU zu einem der größten Exporteure landwirtschaftlicher Produkte geworden. So nahmen von 2005 bis 2008 die Milchexporte nach Afrika, in die Karibik und in den pazifischen Raum (AKP-Länder) um 39,3 %, in die westafrikanischen Länder um 47,8 % und in die am wenigsten entwickelten Länder um 45,1 % zu (vgl. Schäfers 2016, S. 109) – und das, obwohl gerade die einfache Milchproduktion sich ausgezeichnet mit der kleinbäuerlichen Landwirtschaft verbinden lässt. Auch die Getreideexporte der EU-Staaten stiegen in diesem Zeitraum

um 191,7 % in die AKP-Länder, um 155,6 % in die ostafrikanischen Staaten und ins
südliche Afrika, um 98,2 % nach Westafrika und sogar um 265,2 % in die am wenigsten
entwickelten Länder. Ähnliche Anstiege gab es seit 1995 bei den verarbeiteten Lebensmitteln und im Fleischexport (vgl. Schäfers 2016, S. 109).

Zu welch grotesken Auswirkungen die Kombination eines global liberalisierten Nahrungsmittelhandels in Verbindung mit Agrarsubventionen führen kann, zeigt
die Nahrungsmittelhilfe. Während auf der einen Seite in vielen Ländern Afrikas das
fruchtbarste landwirtschaftliche Land von Agrokonzernen aufgekauft wird und die einheimische Produktion an Grundnahrungsmitteln – z. B. Maniok – laufend abnimmt,
unterstützen die gleichen Nahrungsmittelmultis die lokale Bevölkerung durch Nahrungs-
mittelhilfe. Günter Hannich (2002, S. 91) stellte diesen Zusammenhang wie folgt dar:

> So werden Nahrungsmittelhilfen gewährt, durch welche beispielsweise die einheimische
> Landwirtschaft ruiniert wird. Weil die „Hilfen" kostenlos verteilt werden, können die ein-
> heimischen Produzenten nichts mehr verkaufen und müssen den Betrieb einstellen. Oftmals
> entsteht dadurch erst eine richtige Not, weil das Land die Fähigkeit verliert, sich selbst zu
> versorgen. Experten schätzen, dass über 90 Prozent der Nahrungsmittelhilfen nicht zur Über-
> brückung einer vorübergehenden Not, sondern als Entsorgung für die Überschussproduktion
> der Industriestaaten dienen. Deutlich werden die Folgen dieser „Hilfen" am Beispiel Afrika:
> Die Getreideimporte verdoppelten sich dabei von 1975 bis 1995. Die Nahrungsmittelhilfe
> wurde gar von 1975 bis 1999 um das 90fache ausgeweitet und geht heute zum großen Teil in
> Länder, die einst als Brotkorb Afrikas galten (Hannich 2002, S. 91).

Während etwa das jährliche Nahrungsmitteldefizit in Westafrika zwischen 2000 und
2004 in Durchschnitt 144 Mio. EUR betrug, stieg es zwischen 2013 und 2016 auf
2,1 Mrd. EUR. Sieht man nur den Grundnahrungsmittelbedarf an – also rechnet man den
Kakao ab – so erhöht sich der Fehlbetrag auf 8,5 Mrd. EUR (vgl. Berthelot 2017, S. 1).
Gründe für diese Entwicklung sind einerseits das Bevölkerungswachstum, aber anderseits auch Klimaveränderungsfolgen und der liberalisierte Agrarhandel.

Diese Entwicklung zeigt sich sogar auch bei Nahrungsmittelexporteuren. So ist etwa
Indien seit 1995 Nettoexporteur von Nahrungsmitteln, mit einem Außenhandelsüberschuss bei landwirtschaftlichen Produkten in Milliardenhöhe. 2006 lag der Außenhandelsüberschuss Indiens für landwirtschaftliche Güter bei 5 Mrd. US$ (vgl. Feyer 2010,
S. 45). Gleichzeitig gibt es in Indien immer noch Unterernährung und Hunger.

Ein anderes Beispiel ist Kambodscha: So bauten im ersten Jahrzehnt nach der Jahr-
tausendwende Kuwait und Katar Reis in Kambodscha an – und gleichzeitig ließen die
Vereinten Nationen Nahrungsmittelhilfen im Wert von 353 Mio. US$ an hungernde
Kambodschaner verteilen (vgl. Busse 2010, S. 207). Und Tadco, ein saudi-arabisches
Unternehmen und eines der größten Agrarunternehmen im Nahen Osten, investierte in
Ägypten, Äthiopien und im Sudan zusammen mit Partnerunternehmen 40 Mio. US$
in den exportorientierten Getreideanbau, während in allen drei Ländern Millionen von
Menschen unternährt waren oder hungerten (vgl. Busse 2010, S. 207).

In Madagaskar stand der südkoreanische Konzern Daewoo kurz davor, 1,3 Mio. ha
landwirtschaftlichen Boden zu pachten – die Hälfte der nutzbaren Agrarfläche auf der

Insel (vgl. Busse 2010, S. 207). Zwar scheiterte das Vorhaben nach dem Putsch der Opposition im März 2009, doch die Fremdnutzung des Bodens ging weiter.

In einigen Ländern der Dritten Welt ist heute der Import von billigen Nahrungsmitteln aus dem Ausland günstiger als die eigene Produktion. So war 2010 in Mali, Burkina Faso und Niger Importreis aus Thailand und China billiger als der einheimische Reis. Und die massive Einfuhr von hoch subventioniertem Geflügelfleisch aus der EU zwang bis zum Jahr 1999 in der Elfenbeinküste die Hälfte der einheimischen Geflügelzüchter zur Aufgabe (vgl. Feyder 2010, S. 97). Eine ähnliche Entwicklung zeigte sich bei den Maisproduzenten in Schwarzafrika. Und in Sri Lanka wurden 2010 70 % der verbrauchten Milch vom Ausland eingeführt (vgl. Feyder 2010, S. 98).

Als einziges Industrieland hat Neuseeland in den 1990er-Jahre sämtliche Subventionen für die Landwirtschaft abgeschafft – mit dem voraussehbaren Effekt, dass sich auf der örtlichen Ebene ausschließlich betriebswirtschaftlich-landwirtschaftliche Interessen durchsetzten, und andere gemeinnützige Anliegen wie z. B. Natur- und Landschaftsschutz zurücktraten (vgl. Primdahl und Swaffield 2004; Swaffield 2005 sowie Haber 2014, S. 240). Haber (2014, S. 240) zieht daraus den Schluss: „Subventionen und andere staatliche Förderungen werden also notwendig bleiben". Doch dabei bestehe immer die Frage nach der Subventionshöhe, dem Subventionsumfang, der Subventionsdauer sowie an welche Bedingungen die Subventionen geknüpft werden müssten.

Wie problematisch die Liberalisierung der Landwirtschaft und der Verzicht auf staatliche Unterstützung oder auch schon der Abbau von Subventionen für die Landwirte sein können, zeigt sich auch in Staaten, die immer noch Subventionen ausschütten. So schätzte etwa die italienische Bauernvereinigung Coldiretti 2017 die Zahl der allein in der süditalienischen Landwirtschaft arbeitenden Migranten und Flüchtlinge auf rund 120.000 (vgl. Tschinderle 2017, S. 9). Laut der italienischen Gewerkschaft Flai CGIL soll aber die Dunkelziffer derjenigen, die schwarz in der Landwirtschaft arbeiten, um ein Vielfaches höher sein. So schätzt die Gewerkschaft allein in Foggia die Zahl der illegal Arbeitenden in der Landwirtschaft auf 50.000 Personen. Obwohl der italienische Mindestlohn 2017 bei 7,50 EUR in der Stunde lag, erhielten viele Erntehelfer in Foggia gerade mal 3,50 EUR in der Stunde für das Füllen eine Kiste von 300 kg Kirschtomaten (vgl. Tschinderle 2017, S. 9). Landarbeiter aus Nigeria, Gambia, dem Senegal oder Ghana füllen rund 10 Kisten pro Tag und verdien damit rund 35 EUR, und das oft bei Temperaturen von 45 °C (vgl. Tschinderle 2017, S. 9).

Doch selbst dort, wo keine ausländischen Mitarbeiter zu Billiglöhnen angestellt werden, kann die Arbeitssituation in der Landwirtschaft belastend sein. So ergab etwa eine Studie von Agroscope und der Zürcher Hochschule für Angewandte Wissenschaften in der Schweiz, dass Landwirte häufiger von Burn-out betroffen sind als Menschen mit anderen Berufen. Eine repräsentative Befragung von 1358 (antwortenden) Landwirten und ihren Partnerinnen ergab im Sommer 2016 eine Burn-out-Gefährdung von 12 % in der Landwirtschaft, während die entsprechende Gefährdung in der Gesamtbevölkerung der Schweiz nur bei 6,1 % lag. Lange Arbeitszeiten, angespannte finanzielle Situation, Konflikte durch die enge Verflechtung von Arbeit und Familie sind dabei oft Stress auslösende Faktoren (vgl. Agroscope 2017a). Auch in Deutschland ergab 2013 eine ähnliche Studie mit einem standardisierten psychologischen Burn-out-Fragebogen eine ähnlich hohe Burn-out-Gefährdungsrate in der Landwirtschaft (vgl. Agroscope 2017a).

Sarah D. Wald (2014, S. 190) hat das Bild der „sichtbaren Farmer und der unsichtbaren Landarbeiter" geprägt. So waren etwa in den USA nach Angaben des National Agricultural Workers Survey 2005 75 % der landwirtschaftlichen Arbeiter in Mexiko geboren (Wald 2014, S. 191). Sogenannte „Sans Papiers" – also Immigrantinnen und Immigranten ohne gültige Aufenthaltsbewilligungen – sind in den landwirtschaftlichen Sektoren vieler Länder deutlich übervertreten. Auch arbeiten in landwirtschaftlichen Betrieben vieler Länder – so in der Schweiz – überdurchschnittlich viele Immigranten mit schlechtem Aufenthaltsstatus, z. B. Saisonniers, Jahresaufenthalter ohne Niederlassungsbewilligung usw. Teilweise gibt es große Unterschiede zwischen kleinen und mittleren Familienbetrieben, in denen Familienangehörige und Nachbarn arbeiten, und Großbetrieben mit einem hohen Anteil an ausländischen – und oft schlecht bezahlten – Arbeitnehmern. Das gilt sowohl für die USA (vgl. Wald 2014, S. 193) als auch für viele europäische Länder. Allerdings sind heute auch mehr und mehr kleinere Betriebe gezwungen, aufgrund der geringen Ertragsspanne auf Billigarbeitskräfte auszuweichen.

Überhaupt zerfällt die weltweite Landwirtschaft in zwei völlig unterschiedliche Betriebstypen: Auf der einen Seite gibt es vor allem in den Industriestaaten und in Schwellenländern wie Brasilien, Argentinien, Chile und Thailand, aber zunehmend auch in anderen Entwicklungsländern hochproduktive landwirtschaftliche Unternehmen, die hoch mechanisiert sind und auf dem neuestens Stand der Technik produzieren. Dieser Teil der Landwirtschaft wächst schnell. Auf der anderen Seite gibt es oft sehr kleine und kleinste Familienwirtschaftsbetriebe – insbesondere in Entwicklungsländern –, wo die Produktion vorwiegend mit Handarbeit oder allenfalls unter Einsatz von Tieren geschieht. Dabei reicht die Produktionsweise von Subsistenzwirtschaft über den Verkauf landwirtschaftlicher Produkte auf lokalen Märkten bis hin zu Exporten. Der Weltentwicklungsbericht (2008, S. 6) sprach in diesem Zusammenhang von „ökonomischer und sozialer Heterogenität" als „Hauptcharakteristik ländlicher Gebiete". Die große Mehrheit der Bauern in Entwicklungsländern sind Kleinbauern.

2014 bebauten laut Schätzungen 85 % der Bauern in Entwicklungsländern Flächen von weniger als 2 ha (vgl. Feyder 2014, S. 29). In diesen Betrieben fehlen meist landwirtschaftliche Maschinen. 2005 verfügten von 1,3 Mrd. Bauern auf der Welt nur gerade 28 Mio., also gut 2 %, über einen Traktor und nur 250 Mio., also rund 19 %, über Arbeitstiere. Rund eine Milliarde Bauern (!) arbeiteten nur mit Handwerkzeugen wie Hacken, Spaten, Sicheln und Macheten (vgl. Feyder 2014, S. 31). Laut Woertz (2015, S. 21) gingen die Produktivitätssteigerungen in der Landwirtschaft weitgehend an den Kleinbauern vorbei oder diese waren sogar die Verlierer dieser Entwicklung.

Laut Weltentwicklungsbericht 2008 wurden vor zehn Jahren zwei Drittel des weltweiten agrarischen Mehrwerts in Entwicklungsländern generiert. In den agrarischen Ländern trug die Landwirtschaft 29 % zum Bruttoinlandprodukt bei und bot 65 % der Erwerbstätigen Beschäftigung. In Ländern mit Übergangswirtschaft und in urbanisierten Ländern erzeugten die mit der Agrarwirtschaft verbundenen Branchen und Dienstleistungsbereiche oft mehr als 30 % des BIP (vgl. Weltentwicklungsbericht 2008, S. 3).

Den äußerst unterschiedlichen Mechanisierungsgrad zeigen auch die folgenden Zahlen: 1998 kamen auf 1000 Einwohner in den USA 1578 Traktoren, in Frankreich 1355 Traktoren, in Deutschland 1005 Traktoren. In Indien zählte man im gleichen Jahr auf 1000 Einwohner nur gerade 5,9 Traktoren, in Brasilien 4, in China 1,4, in Ghana 0,7 und in Haiti sogar nur 0,1 Traktoren pro 1000 Einwohner (vgl. Feyder 2010, S. 35). Das bedeutet zweierlei: Auf der einen Seite treibt die Liberalisierung der Landwirtschaft die Konzentration und Automation der Betriebe und der Produktion voran, auf der anderen Seite werden immer mehr kleine Bauern aus der landwirtschaftlichen Produktion verdrängt oder werden zu reinen Subsistenzbetrieben mit vorwiegender oder ausschließlicher Handarbeit. Dabei sollte man nicht vergessen, dass landwirtschaftliche Kleinbetriebe auch Vorteile haben: So sind Kleinbetriebe in der Regel flexibler und können schneller auf veränderte Bedingungen reagieren als finanzgesteuerte, hochtechnologisierte Agro-Business-Systeme (vgl. Taylor und Entwistle 2015, S. 32).

Allerdings gerät die mechanisierte, industrielle Landwirtschaft noch von einer anderen Seite unter Druck. Breitbandherbizide und andere Gifte geraten mehr und mehr unter Beschuss. So klassifizierte etwa der Staat Kalifornien am 7. Juli 2017 das Totalherbizid Glyphosat als Krebs erzeugend und verbot dessen Anwendung. Für das Unternehmen Monsanto, das den Stoff vor rund vierzig Jahren auf den Markt brachte, bedeutete dies einen herben Rückschlag. Dies gilt umso mehr, als die Europäische Union das Produkt nur provisorisch zugelassen hatte und Ende 2017 über eine Zulassungsverlängerung entscheiden sollte. Im Gegensatz zur kalifornischen Gesundheits- und Umweltbehörde empfahl die EU-Kommission 2017 ursprünglich eine weitere Zulassung von Glyphosat um weitere zehn Jahre, weil angeblich das Produkt nicht krebserregend sei. Demgegenüber forderten Umwelt- und Ernährungsorganisationen auch in Europa ein Verbot des Stoffs (vgl. AHA – biorespect 2017, S. 3). Im Oktober verlangte das EU-Parlament in einer – rechtlich nicht verbindlichen – Entschließung, Herbizide auf Glyphosat-Basis ab Dezember 2022 zu verbieten. Ende November 2017 beschlossen die EU-Staaten mit einer knapp erreichten qualifizierten Mehrheit von 18 zu 9 Stimmen bei einer Enthaltung im zuständigen Vermittlungsausschuss eine Verlängerung der Zulassung von Glyphosat um weitere fünf Jahre (vgl. Höltschi 2017, S. 27). Hätten sich die EU-Mitgliedstaaten nicht über eine Zulassung einigen können, wäre der Entscheid darüber bei den einzelnen EU-Mitgliedstaaten gelegen (vgl. Monsanto Tribunal 2017, S. 26). Es ist nicht ohne Pikanz, dass die Zustimmung Deutschlands zur Verlängerung der Glyphosatzulassung in der EU bis 2022 vom CSU-Landwirtschaftsminister Christian Schmidt in eigener Regie gegeben wurde, obwohl sich die SPD gegen die Zulassung ausgesprochen hatte und Deutschland sich gemäß üblichen Gepflogenheiten damit der Stimme hätte enthalten müssen, was eine qualifizierte Mehrheit im EU-Vermittlungsausschuss wohl verhindert hätte (vgl. Hess 2017, S. 7). Ob da wohl die Drohung des Glyphosat-Herstellers Monsanto mit Schadensersatzforderungen von – laut Juristen – bis 15 Mrd. EUR im Falle einer Nicht-Zulassung einigen Regierungen und Ministern weiche Knie beschert haben mag? Dabei ist es schon erstaunlich, dass sowohl die EU-Lebensmittelbehörde Efsa als auch die Agentur für Chemikalien Echa zum Schluss kamen, dass die Anwendung von Glyphosat „bei korrekter Anwendung" unbedenklich sei (vgl. Hess 2017, S. 7).

Denn die Zeugenaussagen von Glyphosat-Betroffenen beim sogenannten Monsanto Tribunal 2016 waren eindrücklich: Dort wurden Hunderte von Fällen von Missbildungen und schweren Krankheiten wie Nierenversagen und Krebs unter Menschen, Tieren und Schäden bei Pflanzen dokumentiert, und zwar weltweit: So etwa in Argentinien, Sri Lanka, den USA, in Deutschland und anderswo. Das aus internationalen Experten zusammengesetzte Gericht hatte zwar – als zivilgesellschaftliche Initiative – keine rechtliche Verbindlichkeit, aber seine Ergebnisse waren eindeutig: Das am 18.04.2017 veröffentlichte Rechtsgutachten (vgl. Monsanto Tribunal 2016) verlangte unter anderem die Anerkennung und Verankerung von Ökozid im Römerstatut als Grundlage für den Internationalen Strafgerichtshof in Den Haag. Ökozid – so die Rechtsexperten – sollte auf die gleiche Ebene gestellt werden wie Genozid, Verbrechen gegen die Menschlichkeit und Kriegsverbrechen. Die dokumentierten Fälle der durch das Monsanto-Produkt Round-up auf der Basis von Glyphosat verursachten Schäden sind erschreckend und weltweit dokumentiert. Aufgrund der großen Verbreitung von Glyphosat erstaunt es kaum, dass Monsanto eine Teilnahme am Monsanto-Gericht verweigerte und nach wie vor auf der Unschädlichkeit des Produkts besteht – trotz gegenteiligen Beweisen auch ihrer eigenen Forschungen.

In der Schweiz ergab eine vom Bundesamt für Lebensmittelsicherheit und Veterinärwesen im Jahr 2016 aufgrund einer Anfrage im Parlament durchgeführte Studie über Glyphosat, dass von über 230 untersuchten Lebensmittelproben – darunter Honig, Wein, Brot, Kartoffeln und Gemüse – 40 % messbare Spuren von Glyphosat enthielten. Die höchsten Konzentrationen wiesen Teigwaren, Frühstücksflocken und Hülsenfrüchte auf (vgl. Luzerner Zeitung vom 20.11.2017, S. 4). Zwar betonten die Forscher, dass die gemessenen Werte unter den gesetzlichen Grenzwerten lagen – doch das vermag nicht wirklich zu beruhigen, wenn man bedenkt, wie solche Grenzwerte zustande kommen.

Eine weitere Folge der Liberalisierung des globalen Nahrungsmittelmarktes ist der Verkauf der besten Landwirtschaftsflächen an Nahrungsmittelmultis oder andere ausländische Investoren. Für finanzkräftige Investoren ist es ein Leichtes, das beste Landwirtschaftsland zusammenzukaufen – in der Regel auf Kosten der einheimischen Bevölkerung. Diese neue Form der „Landnahme" – auch „land grabbing" genannt (vgl. Pearce 2012) – zeigt sich in vielen Ländern Afrikas. So waren 2011 in Senegal bereits mehr als 16 % des landwirtschaftlichen Bodens in den Händen weniger nationaler und ausländischer Eigentümer konzentriert (Berger 2011). So sprach etwa Diana Senghor, Direktorin der westafrikanischen Sektion von Pano, einem Mediennetzwerk nichtstaatlicher Organisationen, und Großnichte des ersten senegalesischen Staatspräsidenten Leopold Senghor, von einer neuen Form des Kolonialismus. Länder wie China, verschiedene Golfstaaten oder Südafrika kauften und kaufen gezielt den landwirtschaftlichen Boden auf (vgl. Berger 2011). Damit geht immer mehr landwirtschaftlich nutzbare Fläche den lokalen Kleinbauern verloren – und meist sind das gerade die furchtbarsten Böden.

In vielen großen, von ausländischen Investoren finanzierten Nahrungsmittelbetrieben sind außerdem die Arbeitsbedingungen katastrophal.

Beispiel: Tomaten

In der chinesischen Hafenstadt Tianjin produziert die Jintudi Foodstuff Co pro Jahr 2000 Container von Tomatenmark-Dosen. Die Fabrik arbeitet im Dreischichten-Betrieb. Die Arbeiter verdienen bei einer 56-Stunden-Woche rund 500 EUR im Monat, bei großer klebriger Hitze und ohrenbetäubendem Lärm. Obwohl laut Dosen-Etikett lediglich Tomaten und Salz in den Konserven enthalten sind, mischen die Mitarbeiter Zusatzstoffe wie Sojafasern, Stärke und Dextrose hinzu. Beobachter stellten fest, dass die Arbeiter mit Schutzmasken und Handschuhen arbeiten – möglicherweise gibt es weitere Zusatzstoffe (vgl. Malet 2017a, S. 12). Malet (2017a, S. 12) spricht sogar von „Produktfälschung".

Mit der Erfindung aseptischer Verpackungen in den 1980er-Jahren zur Verhinderung von Mikroorganismen trat die Tomatenverarbeitung in eine neue Phase ein: Der interkontinentale Handel mit Lebensmitteln wurde möglich. So stammte 2017 das gesamte Tomatenmark, das nach Deutschland oder den Niederlanden exportiert wurde, aus Ländern der ganzen Welt, unter anderem den USA, Europa oder China – je nach Jahreszeit, Wechselkurs, Lagerbeständen und Ernteerträgen (vgl. Malet 2017b, S. 12).

3.2 Landwirtschaftlicher Boden

2017 gab es über 5 Mrd. ha Agrarland. Dieses setzte sich aus 3,5 Mrd. ha Grasland, 1,4 Mrd. ha Ackerland und 0,1 Mrd. ha Dauerkulturen wie Obstanbau oder Reben zusammen (vgl. Lehmann 2017, S. 12). In den vergangenen Jahren ging der Ausbau von

Abb. 3.5 Ackerflächen nach Kontinent und Region. (Quellen: Diverse Statistiken FAO, Bundesministerium für Land- und Forstwirtschaft, Umwelt und Wasserwirtschaft 2016; eigene Darstellung)

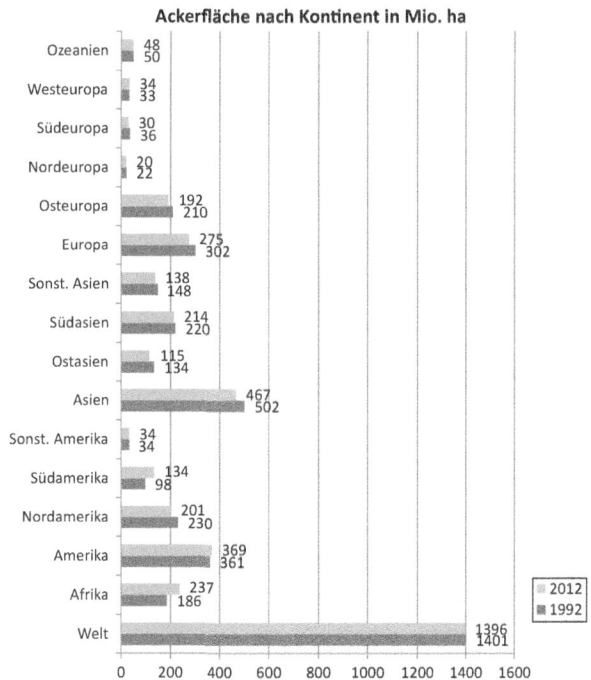

Ackerflächen vor allem auf Kosten ökologisch wertvoller Flächen wie etwa des Regenwaldes. Allerdings werden viele Flächen nicht optimal genutzt.

Differenzierte Erhebungen deuten darauf hin, dass weltweit das Ackerland zwischen 1992 und 2012 ziemlich konstant blieb, dass es jedoch eine Verschiebung von Ackerland von Asien, Europa und Nordamerika nach Afrika und Lateinamerika gab, vgl. Abb. 3.5.

Abb. 3.6 zeigt die Aufteilung und Entwicklung der Ackerflächen nach Ländertypen zwischen 1961 und 2007.

Es stellt sich auch die Frage nach den vorhandenen Landreserven, die bisher nicht landwirtschaftlich genutzt werden. Die Weltbank unterschied vier Typen von Ländern mit Landreserven:

- Länder mit großen Landreserven und mehr als 70 % ungenutztem landwirtschaftlichem Boden finden sich vor allem in Afrika, aber auch in Lateinamerika (Bolivien und Peru).
- Länder mit erheblichen Landreserven, aber wenig ungenutztem Agrarland, gibt es in Lateinamerika (Basilien, Argentinien und Uruguay) sowie in Osteuropa.
- Länder mit viel ungenutztem landwirtschaftlichem Boden, aber wenig Landreserven, sind Entwicklungsländer wie Ruanda, das äthiopische Hochland, Malawi, Kenia, die Philippinen, Kambodscha, die zentralamerikanischen Länder und die Ukraine. Ebenfalls in diese Kategorie fallen aufgrund des beschränkten Wassers viele Länder des Nahen Ostens.
- Zu den Ländern mit kleinen Landreserven und geringen Anteilen ungenutzten Agrarlandes gehören die dicht besiedelten Länder Westeuropas und Asiens, so etwa China, Vietnam, Malaysia, Südkorea und Japan. Außerdem fallen Länder im Nahen Osten wie Jordanien und Ägypten mit einem hohen Anteil an künstlich bewässertem Boden in diese Kategorie (vgl. Woertz 2015, S. 148).

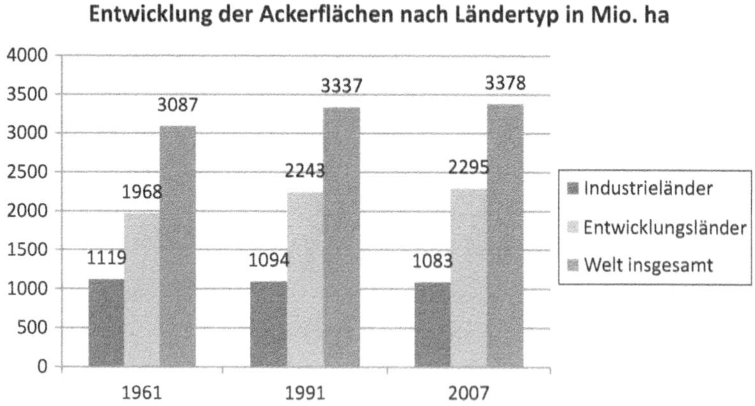

Abb. 3.6 Entwicklung der Ackerflächen nach Ländertyp. (Quellen: Statista 2016, eigene Recherchen und Darstellung)

Entsprechend rechnen Experten damit, dass die Landwirtschaft bis 2030 vor allem in afrikanischen und lateinamerikanischen Ländern aufgrund ihrer Land- und Wasserreserven expandieren wird. Deshalb kaufen dort auch viele ausländische Investoren – teilweise zu sehr günstigen Bedingungen – Land. Dagegen wird es in Ländern mit geringen Landreserven und viel ungenutztem Land voraussichtlich – wie z. B. den Philippinen oder Kambodscha – vor allem zu Investitionen in die Produktivität kommen (vgl. Woertz 2015, S. 148).

Allerdings wird das landwirtschaftliche Land sehr unterschiedlich genutzt. Abb. 3.7 zeigt den Anteil der verschiedenen Anbauprodukte in Deutschland. Die Zahlen beziehen sich auf die Aufteilung der landwirtschaftlichen Nutzflächen in Deutschland im Jahr 2013.

Von entscheidender Bedeutung für die landwirtschaftliche Produktion sind die Besitzverhältnisse des Bodens.

Bereits in historischen Zeiten – etwa im Römischen Reich – stellten die Besitzverhältnisse an Boden ein Politikum dar – und führten zum Zerfall ganzer Imperien. So kannte etwa das römisch Agrarrecht drei Formen von Pachtverträgen:

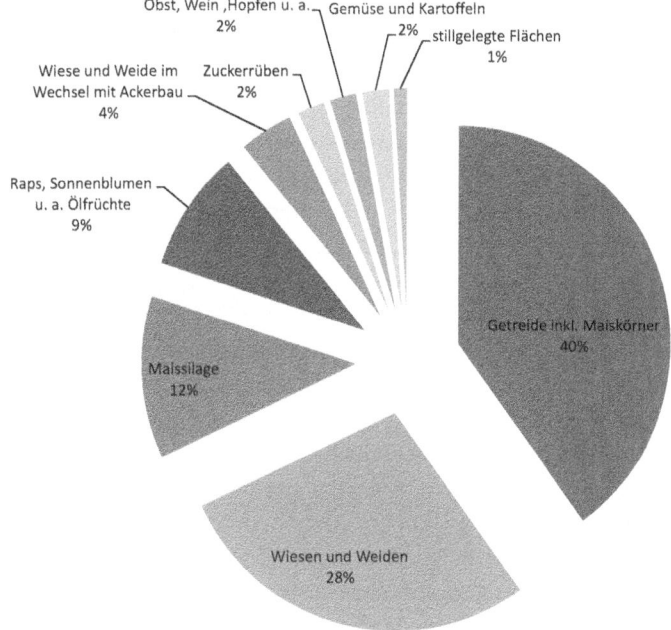

Landwirtschaftliche Nutzflächen 2013 in Deutschland in %

Abb. 3.7 Nutzungsart der landwirtschaftlichen Fläche in Deutschland. (Quelle: Pollmer et al. 2015, S. 37, eigene Darstellung)

- Die **Zeitpacht** mit einer beschränkten Laufzeit, z. B. fünf Jahre. Dabei musste der Pachtzins in Form von Geld, Naturalien oder Arbeitstagen auf dem Gut des Eigentümers geleistet werden. Nicht selten entstanden aus der Zeitpacht langfristige Bindungen (vgl. Anderegg 1999, S. 15).
- Die **Erbpacht** band Generationen von Pächtern an den Grundbesitzer, was die Pächter auf der einen Seite in eine eigentumsähnliche Position brachte, aber auf der anderen Seite auch eine generationenlange Abhängigkeit bedeuten konnte.
- Die **Zwangspacht** wurde Grundbesitzern auferlegt, um die Bewirtschaftung des Bodens zu erzwingen. Laut Anderegg (1999, S. 15) war das oft auf minderwertigem Land der Fall und zwang den Pächter oft zu bleiben, um die geschuldeten Pachtzinsen bezahlen zu können.

In den USA erhielt 1862 nach dem Homestead Act jeder Siedler Anspruch auf ein Landstück von 65 ha, das er billig erwerben konnte. Bei günstigen Witterungsverhältnissen und einigermaßen fruchtbarem Land konnte damit der Siedler so viele Güter erzeugen, dass er eine Familie ernähren konnte. Es gab jedoch auch Gebiete, wo dies ohne Bewässerung nicht möglich war, etwa in den Great Plains. Deshalb waren viele Farmer vom Bewässerungswasser abhängig und unterstanden dem sogenannten „Flussanliegerrecht" („riparian principle"). Dieses Rechtsprinzip knüpfte die Verfügung über Wasser an den Besitz des Wasser führenden Landes, was sich für viele Bauern als Desaster erwies. Es bevorzugte Grundeigentümer mit unter- oder oberirdischen Wasservorkommen oder Landbesitzer an Gewässern, und von diesen wiederum die Oberlieger. Sie konnten nach Belieben Dämme erstellen und Wasser abzweigen, während die Unterlieger das Nachsehen hatten (vgl. Dobner 2010, S. 39 f.). Das führte zu Konflikten. John Wesley Powel, einer der ersten Pioniere in den Great Plains, schlug deshalb vor, das gesamte Gebiet als Allmenden zu bewirtschaften und die Expansion nach Westen zu verlangsamen. Er blieb ungehört – und die von ihm vorausgesagten Katastrophen traten ein: Ende des 19. Jahrhunderts, Anfang der 1930er-Jahre, in den 1950er-Jahren und wieder in den späten 1980er-Jahren kam es in den Great Plains zu jahrelanger Wasserknappheit, Trockenheit und Dürreperioden. Insbesondere in den 1930er-Jahren litten die Farmer stark unter Dürre und Sandstürmen, unter anderem auch deshalb, weil sie die Verluste der großen Wirtschaftsdepression kompensieren wollten und die Produktion erhöht hatten. Dabei ergab sich folgender Teufelskreis: Die größere Produktion und die kleinere Kaufkraft ließen die Preise in den Keller fallen. Dies veranlasste die Farmer zu einer Ausdehnung der Produktion, was wiederum zu erhöhten Kosten (Saatgut, Ausrüstung usw.) führte. Schließlich zerstörte oder schmälerte die Trockenheit die Ernte und zwang viele Bauern dazu, ihr Land zu verlassen (vgl. Dobner 2010, S. 40 f.)

Nicht wenige Beobachter in Afrika sind der Meinung, dass Hungersnöte wie etwa 2011 im Nordosten Afrikas, aber auch 2016 und 2017 in Teilen Nigerias, in Äthiopien, Somalia sowie im Südsudan nicht zuletzt eine Konsequenz des großflächigen Aufkaufs qualitativ hochwertigen landwirtschaftlichen Bodens durch ausländische Investoren waren (vgl. dazu auch Jäggi 2016, S. 42). Weitere Ursachen sind natürlich auch ökologische und klimatische Veränderungen (Trockenheit) sowie kriegerische Auseinandersetzungen wie etwa in Syrien, in Nordnigeria (Boko Haram) und Somalia, die übrigens ihrerseits ebenfalls durch die verschlechterten ökologischen Bedingungen und die damit verbundene Binnenmigration mit verursacht wurden.

2011 gaben im Rahmen der Berichterstattung der wirtschaftlichen, sozialen und kulturellen Menschenrechtssituation nur gerade 14 % der berichtenden Staaten an, dass sie die Nutzungsrechte an zur Nahrungsmittelproduktion genutzten Bodenflächen rechtlich sicherten (vgl. Buschmann 2013, S. 85).

Weltweit wurden zwischen den Jahren 2000 und 2012 insgesamt 56 Mio. ha Land verkauft. Dabei konzentrierten sich rund 90 % der an Investoren verkauften Flächen auf 24 Länder (vgl. Michler und Ginten 2016). Die International Land Coalition schätzte die zwischen 2000 und 2010 abgeschlossenen und laufenden Landgeschäfte sogar auf 203 Mio. ha (vgl. Henkel 2013, S. 35).

Abb. 3.8 zeigt den Anteil ausländischen Besitzes an Ackerland in einigen ausgewählten Ländern.

Das im Besitz ausländischer Investoren befindliche Land ist in der Regel überdurchschnittlich fruchtbar, besitzt eine höhere Wasserverfügbarkeit und ist besser an die internationalen Märkte angeschlossen als das Land von kleinen und mittleren Landeigentümern. Außerdem fußen Großinvestitionen meist auf eingetragenen Eigentums- oder Nutzungsrechten, während ein Großteil des von Einheimischen bewirtschafteten Landes oft den Gemeinschaften gehört, die keine Eigentumstitel besitzen und das Land seit

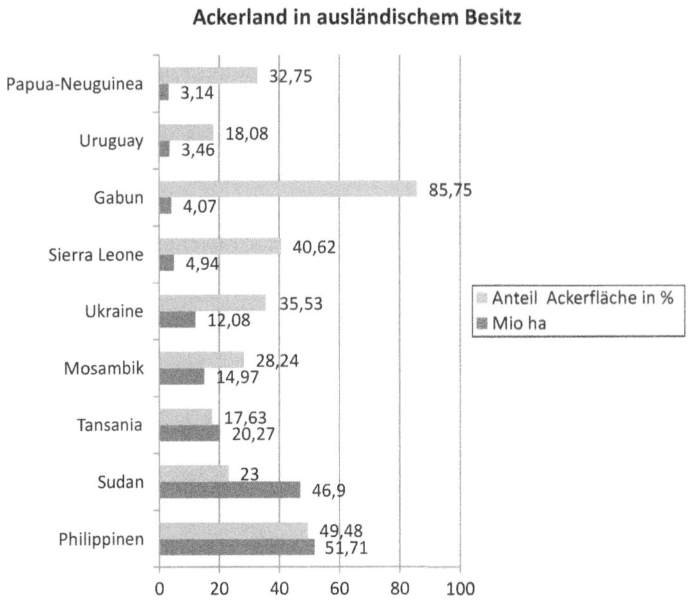

Ackerland in ausländischem Besitz

Abb. 3.8 Ackerland in ausländischem Besitz in ausgewählten Ländern. (Quelle: Michler und Ginten 2016; eigene Darstellung)

Generationen ohne verbriefte Eigentumsrechte nutzen (vgl. Henkel 2013, S. 35). Groß-investoren produzieren in der Regel für den internationalen Markt, die kleinen Bauern meist für den einheimischen Verbrauch. Das bedeutet: „Wo es keine vertraglich ver-einbarte Quote an Nahrungsmitteln gibt, die im Gastland verbleiben, ist dessen eigene Nahrungssicherheit gefährdet. So kommt es vor, dass die Ernten der ausländischen Investoren ausgeführt werden, während das Land gleichzeitig internationale Nahrungs-mittelhilfe erhält – so etwa im Sudan" (Henkel 2013, S. 36; vgl. auch Misereor 2010, S. 5 sowie The Economist 2009).

Auch in Europa hat sich die Eigentumsstruktur des landwirtschaftlich nutzbaren Bodens verändert. So gehörten 2016 rund 70 % der landwirtschaftlichen Nutzflächen nicht mehr den Bauern, die sie bewirtschafteten (vgl. Michler und Ginten 2016).

Aufgrund der überbordenden Aufkaufswelle verabschiedeten die Weltbank, die Welt-ernährungsorganisation FAO und die Unctad im Januar 2010 sieben Grundsätze für ver-antwortliches Agrarinvestment:

1. Land- und Ressourcenrechte: Anerkennung und Respektierung bestehender Rechte auf Grundbesitz und Zugang zu natürlichen Ressourcen.
2. Ernährungssicherheit: Nur Investitionen, welche die Ernährungssicherheit stärken, nicht gefährden.
3. Transparenz und „Good Governance": Transparente Verfahren der Land- und Ressourcenvergabe und damit verbundener Investitionen mit Rechenschaftspflicht aller Beteiligten.
4. Anhörung: Anhörung aller unmittelbar Beteiligten und schriftliche Protokollierung der Ergebnisse.
5. Wirtschaftliche Tragfähigkeit und verantwortungsvolles Investitionsverhalten: Beachtung der Rechtsstaatlichkeit und des Grundsatzes der Tragfähigkeit, Befolgung der Prinzipien der „best practice" und Aufteilung der Gewinne.
6. Soziale Nachhaltigkeit: Positive soziale Wirkungen und Umverteilungseffekte ohne Erhöhung sozialer Verletzlichkeit.
7. Ökologische Nachhaltigkeit: Quantifizierung der Umweltauswirkungen, Maßnahmen zur Förderung nachhaltiger Ressourcenverwendung sowie Vermeidung, bzw. Ver-ringerung oder Abschwächung negativer Auswirkungen (vgl. Weltbank 2010; Lallau 2011, S. 12 sowie Henkel 2013, S. 39).

Doch nach Meinung von Kritikern sind diese Grundsätze lediglich freiwillige Empfeh-lungen, und vielerorts sind der schwache Staat und die Einwohner nicht imstande, sie durchzusetzen – ganz abgesehen davon, dass sie die großflächige Investition und den Aufkauf landwirtschaftlichen Bodens in keiner Weise infrage stellen. NGOs monierten, dass diese sieben Grundsätze das Problem des „land grabbings" eher verschleiern als verbessern. Entsprechend wurden und werden die sieben Prinzipien der Weltbank zum Landerwerb von vielen NGOs und Vertretern der Kleinbauern abgelehnt (vgl. Henkel 2013, S. 40).

Mehr Akzeptanz erfuhren die 2012 verabschiedeten „Freiwilligen Leitlinien zur verantwortlichen Governance von Landrechten" der Welternährungsorganisation FAO. Diese sehen in Großinvestitionen in die Landwirtschaft und in Märkten für Landrechte zwar eine Möglichkeit zur Förderung ländlicher Entwicklung, doch sie empfehlen eine Größenbeschränkung der einzelnen Projekte. Gleichzeitig betonen sie den Beitrag kleinbäuerlicher Strukturen für die Ernährungssicherheit, die Armutsbekämpfung und den Ressourcenerhalt (vgl. Henkel 2013, S. 40).

Der UN-Sonderbeauftragte für das Menschenrecht auf Nahrung, Olivier De Schutter, hat 2009 elf Prinzipien formuliert, die bei Landkäufen und Leasingverträgen beachtet werden sollten:

1. Volle Transparenz in den Verhandlungen;
2. Änderung von Landnutzungsrechten und Übertragung von Landrechten nur auf freiwilliger Basis und mit vorheriger Zustimmung und bei voller Informiertheit („free, prior and informed consent");
3. Wahrung der Rechtsstaatlichkeit und Anerkennung individueller und kollektiver Landrechte;
4. Nutzen für die lokale Bevölkerung; Bevorzugung von Vertragsanbaumodellen gegenüber Landverkäufen oder Leasingverträgen:
5. Schaffung von Arbeitsplätzen und Priorität für arbeitsintensive Produktionsweisen;
6. Vermeidung von Umweltschäden z. B. durch Treibhausgasemissionen, Bodendegradierungen oder Übernutzung von Wasserressourcen;
7. klare, schriftlich formulierte Vereinbarungen und regelmäßige Überprüfung ihrer Einhaltung z. B. hinsichtlich der zu schaffenden Arbeitsplätze, Einbezug der lokalen Bevölkerung an der Wertschöpfung;
8. Garantierung der lokalen Nahrungssicherheit durch Verbleib eines angemessenen Teils der Ernte im Herstellungsland sowie Unterstützung der ansässigen Kleinbauern;
9. Durchführung von Ex-Ante-Wirkungsanalysen auf die Ernährungssicherheit, auf das Einkommen und andere Faktoren;
10. Konsultation indigener Gruppen und Achtung ihrer Rechte;
11. Achtung und Einhalten der Menschenrechte und Arbeitsrechte der im Landwirtschaftsbetrieb angestellten Mitarbeitenden (vgl. De Schutter 2009, S. 12 ff. sowie Henkel 2013, S. 41).

Viele Landverkäufe erfolgen ausgerechnet in Gebieten und Ländern, in denen Armut und Hunger oder Unterernährung besteht.

Dazu kommt, dass die Produktion von Biotreibstoffen immer mehr Land erfordert. Eine Berechnung auf der Basis der Biotreibstoffproduktionsziele von 2015 mit 8 % des für Transportzwecke erzeugten Treibstoffs ergab, dass bis 2030 für die Erzeugung eines entsprechenden Anteils von Biotreibstoffen rund 20 bis 50 Mio. ha an bereits kultiviertem Landwirtschaftsland und weitere 50 Mio. ha noch nicht bebautem Land eingesetzt werden müsste (vgl. Bringezu et al. 2015, S. 108).

Überhaupt ist – gemessen am weltweit zur Verfügung stehenden landwirtschaftlichen Boden pro Kopf – der landwirtschaftliche Fußabdruck gerade der hoch entwickelten Länder enorm. So benötigte etwa 2007 die EU-27 0,31 ha pro Kopf an Ackerland für Getreideanbau, das heißt ein Viertel mehr, als sie in ihrem eigenen Gebiet besaß, und ein Drittel mehr, als 2007 weltweit pro Kopf zur Verfügung stand (vgl. Bringezu et al. 2015, S. 111).

Ob allerdings eine Enteignung der Großgrundbesitzer und eine Landumverteilung an die Kleinbauern und Landlosen die ideale oder gar einzige Maßnahme sein kann, um das Problem zu lösen, wie das etwa Ueli Gähler (2015, S. 12) meint, darf angesichts vieler misslungener Verstaatlichungsmaßnahmen in den letzten hundert Jahren mit Fug und Recht bezweifelt werden.

Doch auch unabhängig von Staatseingriffen spielte sich im landwirtschaftlichen Sektor vieler Länder in den letzten Jahrzehnten ein eindrücklicher Konzentrationsprozess ab. So nahm etwa in der Schweiz zwischen 1990 und 2013 die Zahl der landwirtschaftlichen Betriebe um fast 40 % ab, bei praktisch gleich bleibender Nutzfläche (vgl. Sauvin 2014, S. 43). Im gleichen Zeitraum verringerte sich die Zahl der in der Landwirtschaft beschäftigten Personen in der Schweiz – inkl. Familienangehörige – um gut 36 %. Während die Zahl der in landwirtschaftlichen Betrieben angestellten Migrantinnen und Migranten zwischen 1990 und 2012 um 1 % stieg, ging die der Schweizerinnen und Schweizer um 38 % zurück. Diese Zahlen drücken eine Entwicklung weg vom familieneigenen, selbstständigen Kleinbetrieb zur industriellen Landwirtschaft aus, entsprechend stieg die Zahl der in der Landwirtschaft beschäftigten Personen im Lohnarbeitsverhältnis von 14,2 auf 19,2 % (vgl. Sauvin 2014, S. 42 f.).

3.3   Der Wettlauf um Wasser

Unser Planet ist zu rund drei Vierteln mit Wasser bedeckt. Das sind insgesamt rund $1,4 \times 10^6$ Kubikmeter Wasser. Täglich verdunsten weltweit 1200 m^3 Wasser, weitere 13.000 m^3 sind permanent in der Atmosphäre enthalten (vgl. Grambow 2013, S. 1). Von den weltweit vorhandenen Wasservorräten sind rund 97,5 % Salzwasser. Von den verbleibenden 2,5 % Süßwasser sind 68,9 % in den Polkappen und in den Gletschern gebunden, weitere 29,9 % entfallen auf Grundwasser. Weitere 0,9 % sind als Bodenfeuchtigkeit und in Sümpfen und Mooren gebunden, lediglich 0,3 % sind leicht zugängliche Oberflächengewässer, also Flüsse und Seen (vgl. Dobner 2010, S. 47).

Dabei kann ohne Schaden für die Ökosysteme lediglich derjenige Teil des Süßwassers verbraucht werden, der in einem hydrologischen Wasserkreislauf während eines Jahres erneuert wird. So braucht das Wasser im Ozean 2500 Jahre, bis er komplett regeneriert wird, und in Permafrostgebieten dauert die Erneuerung rund 10.000 Jahre, während tiefes Grundwasser und Gletscher für die Regeneration immerhin noch 1500 Jahre brauchen (vgl. Dobner 2010, S. 47 f.). Insgesamt eine sichere Frischwasserquelle ist dabei der sogenannte „base-flow runoff", also das Gesamtvolumen des Süßwassers, das über die Jahre nur geringfügig schwankt und das ohne künstliche Regulation verbraucht werden kann. Der „base-flow runoff" beträgt rund 37 % des Oberflächenabflusses, also etwa 16.000 km³ pro Jahr (vgl. Dobner 2010, S. 48 f. sowie Shiklomanov 1998, S. 10).

Auch aufgrund der Menschenrechte besteht ein Anspruch aller Menschen auf genügend Wasser.

Laut Luise Buschmann (2013, S. 68) ergibt sich aus dem Artikel Art. 11 des Internationalen Pakts über wirtschaftliche, soziale und kulturelle Rechte (International Covenant on Economic, Social and Cultural Rights, vgl. ICESCR 1966), der einen universellen Anspruch auf einen angemessenen Lebensstandard („adequate standard of living for himself and his family") in Form von angemessener Nahrung, Kleidung und Wohnraum („adequate food, clothing and housing") formuliert, zwingend ein Recht für jeden Menschen darauf, Wasser zu nutzen. Dieses Recht auf Wassernutzung ist multi-dimensional: Es gilt für das Trinken von Wasser, für das Kochen von Nahrungsmitteln, zum Waschen, für die persönliche Hygiene und im landwirtschaftlichen Bereich (vgl. Buschmann 2013, S. 68).

2013 wurde in den einzelnen Ländern pro Kopf sehr unterschiedlich viel Wasser verbraucht, je nach Klima, Wirtschaftsstruktur, Größe der Landwirtschaft usw.

Abb. 3.9 zeigt den Pro-Kopf-Verbrauch in einer Reihe von ausgewählten Ländern weltweit.

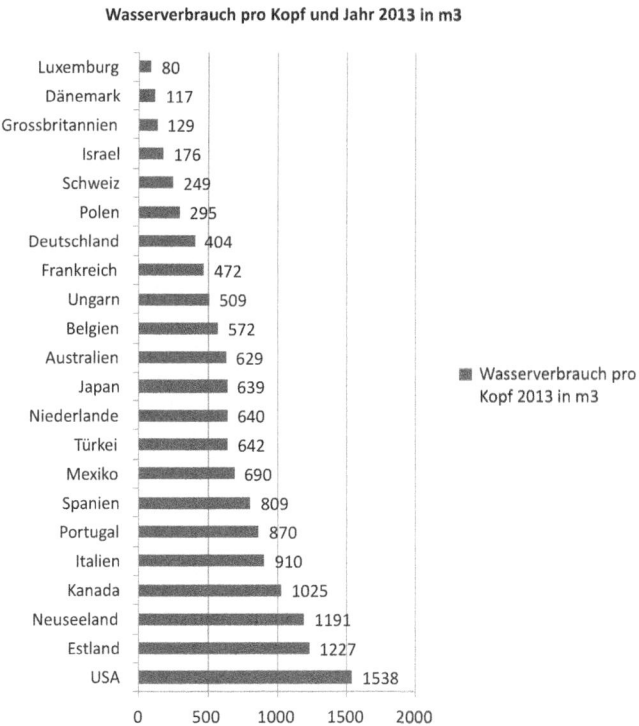

Abb. 3.9 Wasserverbrauch pro Kopf in einigen ausgewählten Ländern. (Quelle: statista 2017, eigene Darstellung)

Berechnungen gehen davon aus, dass im Durchschnitt 1700 m^3 Wasser pro Einwohner und Jahr ausreichen, um alle Wasserbedürfnisse (Haushalt, Industrie, Landwirtschaft und Energieproduktion) zu befriedigen. Unter dieser Grenze erleiden die betreffenden Länder einen regelmäßigen oder periodischen Wassermangel („water stress"). Sinkt das zur Verfügung stehende Wasser auf unter 1000 m^3 pro Person und Jahr, dann leidet das Land unter chronischem Wassermangel, der sich negativ auf die menschliche Gesundheit und die industrielle Entwicklung auswirkt (vgl. Dobner 2010, S. 50). Bei weniger als 500 m^3 pro Person und Jahr spricht man von absoluter Wasserknappheit.

2017 hatte mehr als 1 Mrd. Menschen – insbesondere in Afrika, Südasien und Lateinamerika – keinen Zugang zu sauberem Trinkwasser (vgl. Zeier 2017, S. 7). Die deutsche Bundesregierung rechnete 2006 damit, dass im Jahr 2025 2,7 Mrd. Menschen in Regionen mit extremem Wassermangel leben würden (vgl. Bundesministerium für wirtschaftliche Zusammenarbeit 2006, S. 5).

Werden Einkommen und Wasserknappheit miteinander in Bezug gesetzt, ergibt sich daraus die sogenannte „freshwater vulnerability", also die Frischwasserverwundbarkeit. Am stärksten verletzbar ist dabei natürlich diejenige Bevölkerungsgruppe mit dem geringsten Einkommen und der größten Wasserknappheit, während schlechter Zugang zu Trinkwasser mit einem hohen Einkommen kompensiert werden kann und umgekehrt ein guter Zugang zu Wasser auch bei kleinem Einkommen die Verwundbarkeit reduziert. Wenn man die Menschen in vier Einkommensklassen und in vier Kategorien des Wasserstresses unterteilt, ergibt sich folgendes Bild: Mitte der 1990er-Jahre gehörten zur ersten Gruppe – also zu den Menschen mit geringstem Einkommen und schlechtester Wasserversorgung – rund 4 % der Menschen auf unserem Globus, zur einkommensstärksten und am besten mit Wasser versorgten Gruppe rund 2 % der Menschheit. Alle anderen befanden sich irgendwo im Mittelfeld (vgl. Dobner 2010, S. 58).

Dabei ist zu berücksichtigen, dass in Gebieten mit großer Wasserknappheit die arme Bevölkerung häufig unter zusätzlichen Problemen leidet. So liegt etwa in einigen Teilen Afrikas die Nitratbelastung von Brunnen sechs- bis achtmal höher als von der WHO empfohlen, was unter anderem zu Hirnschäden und bei Kindern sogar zum Tod führen kann (vgl. Dobner 2010, S. 60). Wer nicht auf teureres Flaschenwasser ausweichen kann – also Familien mit geringem Einkommen – ist besonders gefährdet.

Außerdem leiden einkommensschwache Bevölkerungsgruppen stärker unter klimatisch bedingten Umweltveränderungen und Naturkatastrophen. So starben weltweit zwischen 1991 und 2000 über 665.000 Menschen durch Naturkatastrophen, die zu 90 % wasserbezogen waren. Von den Opfern lebten 97 % in Entwicklungsländern (vgl. UNESCO 2003 sowie Dobner 2010, S. 61).

Rund 69 % des Wassers werden weltweit in der Landwirtschaft verbraucht, 21 % des verbrauchten Wassers gehen auf Kosten der Industrie – direkt für die Produktion und für die Herstellung ihrer Rohstoffe – und rund 10 % des Wassers gehen in die Haushalte (vgl. Dobner 2010, S. 66).

In den verschiedenen Ländern Europas war und ist nicht nur die Höhe des Wasserverbrauchs sehr unterschiedlich, er veränderte sich zwischen 2003 und 2013 auch recht stark, vgl. Abb. 3.10.

Wasserverbrauch pro Jahr von Haushalten und Dienstleistern in m³ 2003-2013

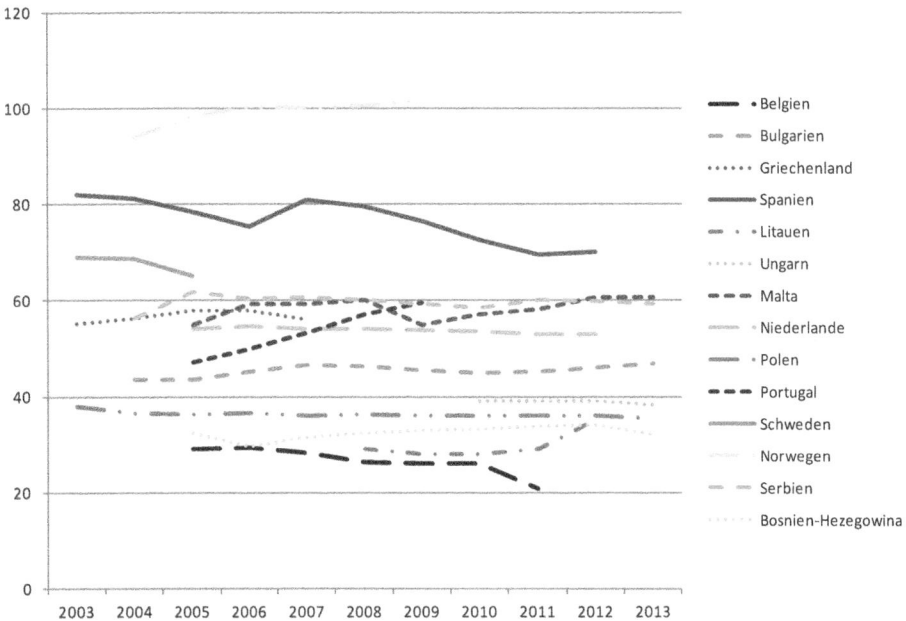

Abb. 3.10 Wasserverbrauch von Haushalten und Dienstleistern nach Ländern. (Quelle: Eurostat 2016, eigene Darstellung)

Allerdings ist die Verfügbarkeit von (Trink-)Wasser und dessen Verbrauch von den landesspezifischen Gegebenheiten abhängig (vgl. Buschmann 2013, S. 79) – also vom Klima, vom Anteil der Landwirtschaft und der Industrie sowie vom Lebensstandard –, was sich natürlich auch auf die Standards der Wasserversorgung auswirkt.

Wichtig ist auch das Verhältnis des natürlich vorhandenen Wassers (Grundwasser, Regen) zum Wasserverbrauch. So fällt etwa heute im Nahen Osten weniger Regen als früher, und diese schon geringe Niederschlagsmenge ist in den vergangenen Jahren um weitere 25 % zurückgegangen, und über Jahre gab es gar keinen Regen (vgl. Schäfer 2016, S. 103). Gleichzeitig ist die Bevölkerung stark gewachsen – und damit auch das benötigte Wasser. Während etwa die Stadt Sana'a im Jemen 1980 noch 80.000 Einwohner hatte, sind es heute 1,5 Mio. (vgl. Schäfers 2016, S. 104). Ähnlich sieht es in vielen Städten des Nahen und Mittleren Ostens aus – und in vielen anderen Ländern in den 20 bis 30 Breitengraden nördlich und südlich des Äquators. Gleichzeitig gehen große Wassermengen verloren durch veraltete Bewässerungsmethoden (intensive Bewässerung statt mit der Tröpfchenmethode; marode Wasserleitungen, Übernutzung der Grundwasservorräte usw.). Auch unsinnige landwirtschaftliche Projekte haben die Wasserknappheit weiter verschärft. So investierte Saudi-Arabien in den 1990er-Jahren 85 Mrd. US$ in den Anbau von Weizen. Das Land war damals einer der größten Weizenexporteure der Welt. Aber durch die Weizenproduktion wurde das Wasser des unter der Wüste liegenden Grundwassersees von rund 500 km^3 – also zehnmal so groß wie der Bodensee – praktisch aufgebraucht (vgl. Schäfers 2016, S. 105). Mit dem Resultat, dass das Projekt gestoppt wurde.

Eines der Länder mit dem größten Wasserverbrauch pro Kopf sind heute die Vereinigten Arabischen Emirate, das sich den Luxus von Golfanlagen in der Wüste, überdachten Skipisten, großen Aquarien und großen Wasserspielen im Freien leistet (vgl. Schäfers 2016, S. 105 sowie Barlow 2014, S. 117 ff.).

Damit stehen Länder mit massiver Wasserverschwendung Ländern gegenüber, welche unter großem Wassermangel leiden. Und oftmals bestehen auch innerhalb der einzelnen Länder große Unterschiede zwischen Regionen und Bevölkerungsgruppen mit hohem Wasserverbrauch und solchen, die zu wenig Wasser oder nur Zugang zu qualitativ schlechtem Wasser haben.

Das für die Umsetzung des Internationalen Pakts über wirtschaftliche, soziale und kulturelle Rechte (ICESCR) verantwortliche UN-Gremium, das Committee on Economic, Social und Cultural Rights (CESCR) fordert von allen Staaten die Gewährleistung einer kostengünstigen oder kostenlosen Wasserversorgung (vgl. Buschmann 2013, S. 93).

Laut Feyder (2014, S. 98) droht der Welt ein „gigantisches Defizit an Süßwasser". Diese Entwicklung, die erst vor kurzem und kaum merklich eingesetzt habe, schreite rasant voran. Ursachen sind vor allem das Absinken der Grundwasserspiegel in vielen Ländern, unter anderem durch die Bohrung Tausender von Brunnen und der damit verbundenen Wasserentnahme. In Millionen von Brunnen wird mehr Wasser entnommen, als durch den natürlichen Wasserkreislauf nachgeliefert werden kann. So fällt etwa in Indien zurzeit der Grundwasserspiegel um mehr als einen Meter pro Jahr, und in vielen Gebieten Asiens steigt die Gefahr der Grundwasserverschmutzung etwa durch Arsen. An anderen Orten versalzt das Grundwasser durch nachsickerndes Meerwasser, nicht zuletzt aufgrund übermäßiger Nutzung des Grundwassers (vgl. Dobner 2010, S. 79).

Aber noch von einer anderen Seite her ist die Wasserversorgung bedroht.

Viele Flüsse sind in den letzten Jahren zu Kloaken geworden. Sie leiden unter permanenten Einleitungen von Schadstoffen und Havarien, wie in den vergangenen Jahren in Ungarn, China, Rumänien und Peru. Viele Meeresgegenden sind durch Erdöl verseucht, und die Meere leiden immer mehr unter gigantischen Plastikablagerungen. Bereits 2011 haben UN-Meeresexperten den Zustand der Meere als „bedenklich" eingestuft (vgl. Grambow 2013, S. 2). Insbesondere in den Megastädten ist die Versorgung mit Trinkwasser prekär geworden, immer wieder fallen Wasserversorgungssysteme aus – sofern sie überhaupt existieren. Laut Schätzungen der UNEP sterben weltweit jede Minute sechs Kinder an den Folgen von Wasserproblemen wie Wassermangel, Wasserverunreinigung usw. (vgl. Grambow 2013, S. 3).

Nach der Jahrtausendwende waren weltweit 70 % des Süßwassers durch die Landwirtschaft verbraucht worden, 20 % flossen in die Industrie und 10 % in die Haushalte (vgl. Feyder 2014, S. 98).

2016 wurden weltweit rund 86 % des verfügbaren Wassers für die Produktion von Nahrungsmitteln verwendet. Dabei wurden jedoch nur gerade 19 % der landwirtschaftlichen Fläche künstlich bewässert. Allerdings waren die künstlich bewässerten Gebiete produktiver als andere Flächen (vgl. Michler und Ginten 2016).

Dabei ist zu bedenken, dass in den Entwicklungsländern rund 80 % des Wassers in die Landwirtschaft gehen, während es in den hoch industrialisierten Ländern immerhin noch 40 % sind (vgl. Feyder 2014, S. 98). Übermäßig viel Grundwasser wird in China, Indien, den USA, im Iran, in Mexiko, Jordanien, Israel, Spanien, Marokko, Pakistan, Saudi-Arabien, Südkorea, Syrien, Tunesien und im Jemen entnommen. In diesen Ländern lebten nach der Jahrtausendwende rund 3,2 Mrd. Menschen (Feyden 2014, S. 99).

Vielerorts verlanden Seen oder versiegen Flüsse. So ist der Tschadsee seit den 1960er-Jahren um 95 % geschrumpft, der Aralsee hat 90 % seines Volumens verloren (vgl. Feyder 2010, S. 154).

Ein besonderes Problem der Wasserversorgung in der Landwirtschaft ist – nach Taylor und Entwistle (2015, S. 44) – die Versalzung der Böden. Insbesondere die Nutzung von Grundwasser anstelle von Regenwasser für die Bewässerung führt oft zu einer Versalzung der Böden, wodurch diese langfristig unfruchtbar werden können.

So kam es in verschiedenen Gebieten Australiens zu einer völligen Versalzung der Böden, weil die Bauern ein antiquiertes System zur Bewässerung nutzten, indem sie die Felder überschwemmten und damit das Salz aus den Böden lösten, das nach Verdunstung des Wassers auf den Feldern liegen blieb. Und im Delta des Senegalflusses wurden auf ehemaligen Weideflächen von Kleinbauern mit Geldern der Weltbank und eines japanischen Investors eine 100.000 ha große Reisplantage errichtet, die jedoch nur wenige Jahre funktionierte. Dies deshalb, weil die Böden falsch bewässert wurden und sich so das Salz an der Oberfläche sammelte, was das gesamte Land unfruchtbar machte (vgl. Busse 2010, S. 206). Und bekannt sind auch die Abholzungen in vielen Gebieten Amazoniens in Peru und Brasilien entlang der Straßen. Dabei konnte auf den urbar gemachten Böden nur wenige Jahre Landwirtschaft betrieben werden, bis diese so ausgelaugt waren, dass sie zu harten Lateritböden wurden, auf denen nichts mehr wuchs.

2010 wurden erst 1 % der bewässerten Landfläche mit der besonders effektiven Tropfenmethode („drip irrigation") bewässert, welche das Wasser direkt und in kleinsten Mengen an die Pflanze liefert, was im optimalen Fall elektronisch gesteuert wird (vgl. Dobner 2010, S. 68).

Dabei ist auch das Klima des Landes ein entscheidender Faktor für den Wasserverbrauch beim Anbau von Nutzpflanzen. So braucht man etwa in Frankreich zur Produktion eines Kilogramm Mais im Bewässerungsfeldbau 530 l Wasser, während dazu in Ägypten 1100 l erforderlich sind (vgl. Dobner 2010, S. 72). Von daher macht es durchaus auch Sinn, den Anbau einzelner Nutzpflanzen regional zu optimieren, sie also dort anzupflanzen, wo ihr Ressourcenverbrauch am geringsten ist.

Leider tun nicht wenige Länder genau das Umgekehrte: Sie subventionieren den Anbau von Produkten, welche den Wasserhaushalt zusätzlich belasten. So nahm etwa in Südeuropa die Wasserknappheit zu, weil in der Landwirtschaft Produkte angebaut wurden und werden, die weitgehend auf künstliche Bewässerung angewiesen sind. So subventioniert etwa die EU in Spanien den großflächigen Olivenanbau mit 2,25 Mrd. EUR im Jahr. In Spanien, Griechenland und Portugal führte die Politik der EU dazu, in alten – wenig bewirtschafteten – Wäldern und auf naturbelassenen Flächen Olivenplantagen anzulegen, deren Wasserbedarf gerade bei Monokulturanbau sehr groß ist: Auf diese Weise wird gerade solchen Regionen Wasser entzogen, die bereits heute an Wassermangel leiden. Das gilt zum Beispiel für Kreta, Apulien und Andalusien (vgl. Laskowski 2010, S. 27).

In anderen Ländern Europas – so in Deutschland – ging in den letzten Jahren der Wasserverbrauch zurück, wobei es allerdings regional zu Übernutzung oder gar Absenkungen des Grundwasservorrats kam (vgl. Laskowski 2010, S. 29). Das Thema „Wasserknappheit" hat vor allem nach der Wiedervereinigung an Bedeutung zugenommen, weil die Niederschläge in Ostdeutschland vielerorts erheblich geringer ausfallen als in Westdeutschland. So rechnet etwa das Umweltbundesamt damit, dass das Land Brandenburg bis zum Jahr 2055 verglichen mit 2001 mit einer Temperaturerhöhung von 1,4 Grad und mit einer Abnahme der Jahresniederschlagssumme um 16 % rechnen muss (vgl. Laskowski 2010, S. 31).

Wie kaum ein anderes Gebiet wird auch die Landwirtschaft vom Klimawandel beeinflusst – und in Zukunft beeinflusst werden. Laut IPCC 2013/2014 (:WGI-21) werden die klimatisch verursachten Änderungen im globalen Wasserkreislauf nicht einheitlich sein. Die Unterschiede zwischen trockenen und feuchten Regionen, aber auch zwischen feuchten und trockenen Jahreszeiten werden zunehmen. Der zwischenstaatliche Ausschuss für Klimaänderungen IPCC rechnet damit, dass sich im 21. Jahrhundert „die erneuerbaren Oberflächen- und Grundwasserressourcen in den meisten trockenen subtropischen Regionen signifikant verringern wird, … was zu einer Verstärkung des Wettbewerbs um Wasser zwischen verschiedenen Sektoren führt" (ICPP 2013/2014:WGII-14).

Doch auch in gemäßigten Gebieten und in Ländern mit großen Wasservorräten – wie etwa der Schweiz – sind klimabedingte Veränderungen im Wasserhaushalt zu erwarten. So werden etwa die Wasserstände der Seen und die Wasserabflüsse im Sommer aufgrund sinkender Niederschläge und des geringeren Anteils an Schmelzwasser abnehmen. Dagegen werden die Wasser- und Abflussmengen im Winter eher zunehmen, weil im Winter eher Regen als Schnee fallen wird (vgl. Swiss Academies Factsheets 2017).

Eine wichtige Dimension für die Sicherstellung der Trinkwasserversorgung stellt die rechtliche Seite dar. So drückte etwa die Harmon-Doktrin von 1895 in den USA einen uneingeschränkten Anspruch auf Souveränität in Wasserfragen für den Oberanrainer auf Kosten des Unteranrainers aus. In einem Rechtsstreit um die Nutzung des Wassers des Rio Grande zwischen den USA und Mexiko forderte der Attorney General Harmon die absolute Souveränität auch für Wasser im eigenen Gebiet. Nach mehrjährigen Verhandlungen gestanden die USA Mexiko jährlich 74 Mio. m^3 Wasser zu, wobei diese Menge später vierfünfundzwanzigfacht wurde. Die Harmon-Doktrin wurde erst Anfang der 1940er-Jahre offiziell zurückgezogen (vgl. Dobner 2010, S. 11; Fußnote 4). Erste übergeordnete Regulierungsversuche zwischen verschiedenen Staaten, worin einseitige Veränderungen der Wasserwege abgelehnt wurden, stammen aus dem Jahr 1911. Doch blieben auch in den 1966 verabschiedeten „Helsinki Rules on the Uses of the Waters of International Rivers" und im Übereinkommen über das Recht der nichtschifffahrtlichen Nutzung internationaler Wasserläufe von 1997 enthaltenen Empfehlungen

„insgesamt zwar wohlmeinend, aber vage" (Dobner 2010, S. 11). Daran hat auch die
mit der UNO-Weltkonferenz von 1972 über menschliche Umwelt einsetzende globale
Wasserpolitik kaum etwas ändern können – die Wasserfrage wurde und wird immer noch
„innerhalb des klassischen Paradigmas staatlich zentrierter Politik" (Dobner 2010, S. 12)
geregelt.

Das Beispiel Israel/Palästina und Jordanien

Das Einzugsgebiet des Jordanflusses umfasst 18.300 km². Sowohl Israel und Jorda-
nien verfolgten seit den 1950er-Jahren konkurrierende Wasserentwicklungsprojekte.
Israel wollte größere Wassermengen aus dem See Genezareth und aus dem oberen
Jordan an die Meeresküste umleiten, während Jordanien plante, die Bewässerungs-
wirtschaft im unteren Jordantal auszubauen. Im Zusammenhang mit israelischen
Bauarbeiten im oberen Jordantal kam es zu militärischen Scharmützeln mit Syrien.
Erst der Versuch der USA im Jahr 1953, in der Wasserfrage zu vermitteln, führte zwei
Jahre später auf technischer Ebene zu einer Einigung und Aufteilung der Wasserressourcen im Rahmen des sogenannten Johnston- Plans. Zwar ratifizierte die Ara-
bische Liga den Johnston-Plan nicht, weil sie sich auf den Standpunkt stellte, eine
Ratifizierung würde die Anerkennung des Staates Israel implizieren. Trotzdem wurden in der Folge die geplanten Projekte verwirklicht, unter anderem weil die Vereinigten Staaten die Vergabe ihrer Fördermittel von der Einhaltung des Johnston-Plans
abhängig machten. Anfänglich wurde die Vereinbarung eingehalten. Doch im Laufe
der Zeit verschob sich die Wassernutzung immer mehr zugunsten Israels. Das zeigte
sich u. a. auch im Pro-Kopf-Wasserverbrauch: 1994 lag dieser in Israel bei 360 m³
in Israel und bei 220 m³ in Jordanien. Bei den Friedensverhandlungen 1990 verlangte Jordanien eine Umverteilung der Wassernutzungsrechte des Jordans, was
Israel ablehnte. Israel war aber bereit, über Maßnahmen eines verbesserten Wasser-
managements zu sprechen. Im Rahmen des israelisch-jordanischen Friedensvertrages
von 1994 wurde im Wesentlichen die israelische Position der Wassernutzung festgelegt. Gleichzeitig wurden gemeinsame Wasserprojekte identifiziert, die besonders
Jordanien zugute kamen. Allerdings blieb der Vertrag hinsichtlich der genauen
Projektausgestaltung vage. So war unter anderem vorgesehen, dass Israel Jordanien
50 Mio. m³ Wasser pro Jahr aus noch zu identifizierenden Quellen zur Verfügung
stellen sollte. Dagegen wurde in der Leseweise Jordaniens der Vertrag so verstanden,
dass Israel bis zu 215 Mio. m³ pro Jahr an Jordanien zugestehe. Diese widersprüchliche Sichtweise hat dazu geführt, dass sich die Umsetzung extrem schwierig erwies
und bis heute nur ein kleiner Teil der Maßnahmen verwirklicht wurden. Während
der Dürrephase von 1997 kam es zu einer Krisensituation, bei der Jordanien mit dem
Abbruch der diplomatischen Beziehungen drohte. Um die Situation zu retten, erklärte
sich Israel bereit, für drei Jahre 25 Mio. m³ Wasser aus dem See Genezareth zur Verfügung zu stellen, um danach das Wasser auf andere Art zu beschaffen. Weil dies
aber bisher nicht möglich war, wurde dieser Transfer darüber hinaus fortgeführt (vgl.
Dombrowski 2007/2008, S. 59 ff.).

Das Beispiel der Jordan-Wassernutzung zeigt – wie viele andere Fälle grenzüberschreitender Wasserressourcen – eines klar: Erstens braucht es nicht nur technische Lösungen, sondern die politische Bereitschaft, eine Lösung zu erzielen. Zweitens fehlt im Rahmen des nationalstaatlichen Systems in der Regel eine übergeordnete, von allen Seiten anerkannte Institution, welche die Einigung erreichen und die Umsetzung der Vereinbarungen durchsetzen und kontrollieren sowie Verstöße dagegen sanktionieren kann.

Aus ökonomischer Sicht lässt sich das Oberlieger-Unterlieger-Nutzungsproblem an grenzüberschreitenden Flüssen als einseitig gerichtete Externalisierung von Kosten charakterisieren (vgl. Dombrowski 2007/2008, S. 54). Denn „eine Ressourcenaneignung im Oberlauf, wie die Wasserentnahme oder die Abwassereinleitung, geht in der Regel mit negativen externen Effekten (bzw. Externalitäten) im Unterlauf einher. Im Gegensatz dazu kann die Bereitstellung von wasserbezogener Infrastruktur im Oberlauf auch positive externe Effekte im Unterlauf verursachen" (Dombrowski 2007/2008, S. 54).

Dabei lassen sich die negativen Externalisierungsfolgen mit dem berühmten Coase-Theorem analysieren. Dieses besagt, dass über bilaterale Verhandlungen mit Seiten- bzw. Kompensationszahlungen eine effektive Allokation erreicht und damit Kooperationsgewinne erzielt werden können. Dazu müssen die Verfügungsrechte wohl definiert und die Transaktionskosten hinreichend klein sein. Die Verfügungsrechte sind nach Coase dann wohl definiert, wenn entweder die Laissez-Faire-Regel oder die Verursacherregel gilt. Im Falle der Laissez-Faire-Regel liegen alle Rechte beim Schadenerzeuger, in diesem Fall beim Oberanrainer, bei der Verursacherregel liegen die Rechte beim Geschädigten (hier: Unteranrainer). Die Transaktionskosten bestehen aus den Kosten eines Vertragsabschlusses (Informations- und Verhandlungskosten) und den Kosten für die Vertragsdurchsetzung (Überwachungs- und Durchsetzungskosten). Mit der Laissez-Faire-Regel erzielen die Akteure Kooperationsgewinne, wenn der Oberanrainer die Schaden erzeugenden Aktivitäten auf ein effizientes Niveau reduziert (Entsprechung des marginalen Nutzens des Oberanrainers = den marginale Kosten des Unteranrainers) und wenn der Unteranrainer den Oberanrainer für den entgangenen Nutzen entschädigt, z. B. über eine Kompensationszahlung (vgl. Dombrowski 2007/2008, S. 55). Das Problem besteht jedoch darin, dass bei internationalen Flusskonflikten keine der für die Gültigkeit des Coase-Theorems notwendigen Voraussetzungen erfüllt sind: Erstens besteht meist keine übergeordnete Instanz, welche die Verfügungsregeln definiert und durchsetzt, zweitens braucht es für die Festlegung der Verfügungsrechte freiwillige Vereinbarungen, die oft nicht möglich sind, drittens machen unvollständige Informiertheit vielfach die Identifizierung von Kooperationsgewinnen schwierig, und viertens sind oft langwierige Verhandlungen notwendig, vor allem, wenn mehr als zwei Staaten betroffen sind.

Christian Zeier (2017, S. 8) hat darauf hingewiesen, dass Länder, die sich aktiv an einer Wasserkooperation beteiligen, weniger oder keine Kriege gegeneinander führen. So unterzeichneten etwa im Jahr 2015 Äthiopien, Ägypten und der Sudan ein Abkommen über den Renaissance-Staudamm am Blauen Nil in Äthiopien, welches das Einverständnis der beiden Anrainerstaaten mit diesem Staudammprojekt ausdrückte, solange daraus den betroffenen Ländern kein „erheblicher Schaden" entstand.

Weltweit gibt es 286 grenzüberschreitende Flussbecken, die in fast 150 Ländern liegen (vgl. Zeier 2017, S. 8). Entsprechend häufig sind – besonders in Zeiten sich verknappender Wasserressourcen – die Konflikte um Wasser.

Nicht zufällig liegen politische und militärische Konfliktgebiete in geografischen Regionen, in denen es auch Wassernutzungskonflikte gibt. Beispiele dafür sind etwa der Nahe Osten (Türkei/Syrien/Irak sowie Israel/Palästina), die südlichen Einzugsgebiete des Nils (Sudan/Südsudan und angrenzende Staaten), und Zentral- und Südasien (Kaschmir/ Indien/Pakistan und angrenzende Staaten).

Deshalb gehört die grenzüberschreitende Wasserkooperation zu den Förderschwerpunkten der deutschen Bundesregierung (vgl. Bundesministerium für wirtschaftliche Zusammenarbeit 2006, S. 3). Dabei ist das Bundesministerium in vier Handlungsfeldern tätig: Im multilateralen Politikdialog will die deutsche Regierung die „Normund Regelbildung auf internationaler Ebene" (Bundesministerium für wirtschaftliche Zusammenarbeit 2006, S. 3) verstärken, die Förderung regionaler Zusammenarbeit soll die Kooperationspartner besser untereinander vernetzen, die institutionelle und fachliche Beratung bezweckt die Stärkung „Effektivität und Effizienz von Einzugsgebietsorganisationen bei der Erfüllung ihrer Aufgaben" (Bundesministerium für wirtschaftliche Zusammenarbeit 2006, S. 3), und durch finanzielle Unterstützung sollen lokale investive Maßnahmen gefördert werden.

Seit den 1990er-Jahren wird die globale Wasserwirtschaft und werden die Wasserressourcen – trotz heftiger Proteste – vor allem von Forderungen nach Ökonomisierung und Privatisierung dominiert: „Wasser, einst reines öffentliches Gut, gilt heute als privateigentumsfähig, als ökonomisches Gut, als Ware" (Dobner 2010, S. 15). Gleichzeitig verlagert sich heute die Trinkwasserpolitik von den kommunalen und nationalen politischen Institutionen zunehmend auf globale Akteure und Institutionen. Das gilt insbesondere für die Kommerzialisierung der Trinkwasserherstellung durch Nahrungsmittelkonzerne.

Chile ist wohl das Land, das bei der Kommerzialisierung seines Wassers am weitesten gegangen ist. Unter dem Militärregime Pinochet wurde 1981 ein Gesetz erlassen, das erstmals eine Trennung von Land und Wasser vornahm. Wasser wurde zwar als nationales öffentliches Gut bezeichnet, aber ein solches mit Marktwert. Damit wurde die Privatisierung uneingeschränkter und dauerhafter Wassernutzungsrechte an Private ermöglicht (vgl. Barlow 2014, S. 130). Hatte der Staat die Rechte einmal veräußert, hatte er keine Möglichkeit mehr, in die Zuteilung der Ressourcen einzugreifen: „Der Prozess der Privatisierung war eine absolute Katastrophe für das chilenische Volk und die Ökosysteme des Landes. Das Eigentum am Wasser konzentriert sich inzwischen auf eine Handvoll Unternehmen meist ausländischer Herkunft, die vor allem für den Export produzieren. … Drei Unternehmen besitzen 90 % der Wasserrechte für die landesweite Energieerzeugung" (Barlow 2014, S. 131). Zwischen 1990 und 2002 stieg der Wasserverbrauch durch die großen Unternehmen um 160 % und nahm danach weiter zu. So schätzte die chilenische Statistik eine exponentielle Zunahme des Wasserverbrauchs in den nächsten zehn Jahren (vgl. Barlow 2014, S. 131). Barlow (2014, S. 72) verlangt deshalb, industrielle und kommerzielle Verbraucher zu Kasse zu bitten. So solle ein Teil der Gewinne privatwirtschaftlicher Wassernutzer an die Öffentlichkeit zurückfließen. Weiter forderte Barlow (2014, S. 135) die „Rückeroberung der Wasserallmenden" und einen Stopp zur Spekulation mit Wasser (vgl. Barlow 2014, S. 262).

Insgesamt gibt es in der Trinkwasserpolitik heute drei Überschreitungen der Zuständigkeit der Nationalstaaten: Erstens die ökologische Interdependenz jenseits nationaler politischer Institutionen, zweitens Tendenzen zu einer globalisierten Wasserbewirtschaftung als Teil und Folge ökonomischer Globalisierung, und drittens eine zunehmende supranationale Regelungspraxis über nationale und territoriale Bezüge hinaus (vgl. Dobner 2010, S. 18).

3.4   Gentechnik und Saatgutkontrolle

Art. 4 der EU-Richtlinie zum Rechtlichen Schutz biotechnologischer Erfindungen 98/44/ EG (1998:L213/18) sowie Art. 53b des Europäischen Patentübereinkommens (EPÜ 1973) verbieten Patente auf Pflanzensorten und Tierrassen ebenso wie „im wesentlichen biologische" Pflanzen- und Tierzucht.

EU-Richtlinie 98/44/EG, Art 4

(1) Nicht patentierbar sind
a) Pflanzensorten und Tierrassen,
b) im Wesentlichen biologische Verfahren zur Züchtung von Pflanzen oder Tieren (EU-Richtlinie 98/44/EG 1998:L213/18, vgl. auch Then und Tippe 2013, S. 75).

Europäisches Patentübereinkommen (EPÜ), Art .53

Europäische Patente werden **nicht** erteilt für:

…

b) Pflanzensorten oder Tierrassen sowie im Wesentlichen biologische Verfahren zur Züchtung von Pflanzen oder Tieren. Dies gilt nicht für mikrobiologische Verfahren und die mithilfe dieser Verfahren gewonnenen Erzeugnisse; …

(EPÜ 1973)

Allerdings scheint dieses Verbot in der Praxis kaum und immer weniger zu greifen. So waren 2012 bereits rund 1000 Patente angemeldet – und von diesen rund 100 schon erteilt – die sich auf konventionelle Pflanzenzüchtungen bezogen (vgl. Then und Tippe 2013, S. 76). Bis Ende 2011 waren fast 2000 Patente auf Pflanzen und rund 1200

Patente auf Tiere mit und ohne Einsatz von Gentechnik erteilt. Unter den Patenten für konventionelle Pflanzenzucht waren unter anderem Melonen, Sonnenblumen, Gurken, Reis und Weizen (vgl. Then und Tippe 2013, S. 77). So erhielt etwa Monsanto das Europäische Patent EP 1962578 für Melonen, deren natürliche Resistenz gegen bestimmte Pflanzenviren mittels konventioneller Züchtungsmethoden auf andere Melonenarten überführt wurde – was als „Erfindung" Monsantos patentiert ist (vgl. Then und Tippe 2013, S. 77). Ähnlich erhielt Monsanto ein Patent PI313970 für die natürliche Resistenz der indischen Melone gegen die Pflanzenkrankheit „Cucurbit yellow stunting disorder virus" (CYSDV). Der Clou ist, dass dieses Patent es Monsanto erlaubt, „den Zugang zu jeglichem Züchtungsmaterial zu beschränken, in dem die Resistenz der indischen Melone enthalten ist. Damit hat dieses Patent eine abschreckende Wirkung auf andere Züchter und kann die Entwicklung neuer Melonensorten behindern" (Then und Tippe 2013, S. 77).

2011 erteilte das Europäische Patentamt EPA der deutschen Firma Bayer ein Patent (EP1616013), das sich auf die Züchtung von Pflanzen mit erhöhter Stressresistenz bezieht (vgl. Then und Tippe 2013, S. 77). Die beiden Autoren halten dazu fest: „Durch dieses weitreichende Patent erhält Bayer die Monopolrechte über wichtige Nutzpflanzen, die sowohl die gentechnisch veränderten Pflanzen als auch die konventionellen Züchtungsmethoden und daraus hervorgehenden Pflanzen beinhalten" (Then und Tippe 2013, S. 77). Immer wieder hat das Europäische Patentamt entschieden, dass Pflanzen, Tiere und sogar menschliche Spermazellen als „Erfindungen" patentiert werden können, obwohl Züchtungen im Prinzip nicht patentierbar sind (vgl. Then und Tippe 2013, S. 78 ff.). Da stellt sich denn doch die Frage, wie kohärent die Entscheidungspraxis des EPA ist und warum sie sich in ihrer Patentvergabepraxis nicht an die für sie geltenden Vorschriften hält.

Fallbeispiel

„In einer … Studie (Gelinsky 2012) wird auf einen Fall aufmerksam gemacht, der einen deutschen Sonnenblumenzüchter betrifft. Dieser Fall zeigt, wie Eigentumsansprüche dazu missbraucht werden können, weitere Züchtungen zu verhindern und wie alarmierend die Situation tatsächlich bereits ist: Der Züchter hatte bei Syngenta und Pioneer Saatgut für Sonnenblumen bestellt, welches er benötigte, um seine eigenen Sorten zu entwickeln. Entgegen den Bestimmungen des Sortenschutzes, der unbeschränkten Zugang zu Züchtungsmaterial zum Zwecke der weiteren Züchtung ermöglicht, ist die Verwendung dieses Saatguts laut Beipackzettel aber extrem eingeschränkt. Das führt dazu, dass die weitere unabhängige, züchterische Bearbeitung dieser Sonnenblumen, die nach dem Sortenschutz garantiert ist, behindert oder gar verhindert wird" (Then und Tippe 2013, S. 81).

Das europäische Sortenschutzrecht, das auch für Deutschland gilt, sieht – gestützt auf die UPOV von 1991 – seit Ende der 1990er-Jahre Gebühren für den Nachbau von geschützten Sorten vor. Das Patentrecht erlaubt es dem Patentinhaber, den Nachbau von

geschützten Sorten grundsätzlich zu untersagen, eben so die Weitergabe von Saatgut –
etwa in Form des traditionellen Saatguttausches – (vgl Gelinsky 2015, S. 7). Gleichzeitig wird die weitere Züchtung mit geschützten Sorten – trotz besehenden „Züchter-"
oder „Forschungsprivilegien" – immer schwieriger, weil einige der biotechnologisch
hergestellten Pflanzen aus biologischen Gründen nicht mehr weiterentwickelt werden
können. In den USA haben Unternehmen sogar durchgesetzt, dass das Saatgut, welches
von Bauern genutzt wird, diesen zu keinem Zeitpunkt mehr gehört. Die Hersteller lizen-
zieren nur noch den Gebrauch für eine Anbausaison (vgl Gelinsky 2015, S. 7). Die fünf
Saatgutkonzerne – Monsanto, DuPont Pionieer, Syngenta, Bayer, Dow – kontrollieren
den Markt weitgehend. Die drei Erstgenannten kontrollieren weltweit 54 % des Saatgut-
handels (vgl. Schilling 2015, S. 4).

Seit Jahren arbeiten diese Konzerne darauf hin, Pflanzen und Tiere patentieren zu lassen (vgl. Vollborn und Georgescu 2014, S. 56). So wurden allein im zweiten Halbjahr
2012 beim Deutschen Patent- und Markenamt (DPMA) und beim Europäischen Patentamt (EPA) 176 für die Landwirtschaft wichtige Biopatente beantragt, und im gleichen
Zeitraum erteilten die beiden Ämter 82 Patente, u. a. für spezielle Zuchtmethoden für
Tiere und Pflanzen wie z. B. insektenresistente Paprika oder besonders widerstands-
fähige Tomaten (vgl. Vollborn und Georgescu 2014, S. 56). Laut Vollborn und Georgescu
(2014, S. 57) beantragen die Agromultis in zunehmender Zahl auch Patente auf Pflanzen klassischer Züchtungen, wie Gurken, Tomaten, Kürbisse und Melonen. Ziel der
Agrokonzerne ist es, die gesamte Wertschöpfungskette zu kontrollieren, also Pflanzen,
Futtermittel und die mit ihnen erzeugten Fleischprodukte, Milch und Eier. So habe
2010 Monsanto sogar Schutzrechte für Kekse und Margarine angemeldet, in denen gentechnisch verändertes Soja verarbeitet wurde (vgl. Vollborn und Georgescu 2014, S. 57).
Wenn solche Patente vergeben werden, gefährdet das die gesamte freie Produktion und
letztlich auch die freie Marktwirtschaft im Nahrungsmittelbereich. Ja, letztlich verhindert die extensive Gewährung von Patenten auf gentechnisch veränderte Pflanzen und
Tiere und auf Neuzüchtungen langfristig den wissenschaftlich-technischen Fortschritt –
die großen Nahrungsmittelkonzerne täten gut daran, ihre globale Verantwortung ernst zu
nehmen und auf monopolistische Einschränkungen in der Züchtung zu verzichten.

> Sollte den Konzernen kein Riegel vorgeschoben werden, droht der Welt eine Katastrophe:
> Die Herstellung von Lebensmitteln liegt dann in den Händen einiger weniger Megakonzerne.
> Lokale Pflanzenarten und -sorten werden verdrängt, und die Landwirte haben keine
> Möglichkeit, nicht patentiertes Saatgut zu erwerben – sie werden restlos abhängig von den
> Multis der Branche. Eine Wahl bleibt dann auch den Konsumenten nicht mehr… (Vollborn
> und Georgescu 2014, S. 57).

Diese Horrorvision mag übertrieben erscheinen – aber es gibt zwei grundlegende Prob-
leme: Erstens ist mit der Erteilung von Patenten auf Lebewesen und Genome eine wichtige
Grenze gefallen und zweitens braucht es dringend Regelmechanismen zum Schutz tradi-
tionellen Saatguts und konventioneller Züchtungsmethoden. Auf jeden Fall müssen die
Landwirte das uneingeschränkte Recht behalten können, traditionelles, frei zugängliches
Saatgut zu verwenden und weiter zu züchten. Gerade im Bereich des Saatgutes sollten die

Staaten alles daran setzen, Monopole zu verhindern. Auf der anderen Seite müssen die Landwirte wieder lernen, nicht ausschließlich betriebswirtschaftliche Kriterien für das verwendete Saatgut – z. B. die deutlich höhere Ertragskraft gentechnisch veränderter Hybridprodukte – einzusetzen, sondern Aspekte des Natur- und Landschaftsschutzes und die Bewahrung der Biodiversität in ihre Strategie einzubeziehen. Und genau darauf müssten landwirtschaftliche Subventionen abzielen.

Abgesehen von den rechtlichen Problemen (Patent) stehen die Züchter vor dem Problem, dass biotechnologisch erzeugte Pflanzen aus biologischen Gründen nicht mehr durch Zucht weiterentwickelt werden können (vgl. Gelinsky 2014, S. 64).

Ein besonderes Problem der globalisierten Nahrungsmittelindustrie besteht darin, dass große Nahrungsmittelkonzerne wie Monsanto gezielt neues Saatgut züchten, das sich nur einmal ansäen lässt und aus dem Hybridpflanzen wachsen, deren Früchte nicht als Saatgut verwendet werden können. Damit machen die Agromultis die Bauern von sich abhängig, diktieren ihnen ihre Preise und zwingen ihnen den Anbau ihrer genveränderten Produkte auf. So kontrollierte etwa der US-Konzern Monsanto 2011 bereits über 50 % des auf dem chinesischen Markt erhältlichen Saatguts (vgl. Ming 2011, S. 17).

> **Italien muss Anbau von genverändertem Mais zulassen**
>
> „Der Europäische Gerichtshof (EuGH) hat ein Urteil gefällt, in dem es um ‚Genmais‘ geht. Ein irreführendes Wort, denn Gene hat jede Pflanze, auch ohne dass man ihr Erbgut künstlich verändert hätte. Trotzdem hat sich der Begriff eingebürgert. Er steht für genetisch veränderten Mais, den viele Menschen weder selbst essen noch an Nutztiere verfüttert sehen wollen – aus Sorge um ihre Gesundheit und die möglichen Auswirkungen auf die Umwelt.
>
> Jetzt hat der Europäische Gerichtshof nach jahrelangem Rechtsstreit entschieden: Italien darf Landwirten den Anbau der weitgehend schädlingsresistenten Maissorte MON 810 nicht verbieten (Aktenzeichen C-111/16 …). Das Urteil hat generelle Folgen für die Rechtslage zum Anbau gentechnisch veränderter Lebens- und Futtermittel in Europa. Denn die Richter entschieden in höchster Instanz: Staaten dürfen diesen nur dann untersagen, wenn sie nachgewiesen haben, dass das Produkt ein ‚ernstes Risiko für Mensch oder Tier oder die Umwelt darstellt‘. Diese strengen Voraussetzungen würden sowohl für die Mitgliedstaaten als auch für die EU-Kommission gelten. Derzeit sind in 19 von 28 Staaten der EU Verbote und Beschränkungen zum Anbau von MON 810 in Kraft" (Zeit-online vom 13.09.2017).

Dazu kommt, dass in der Gentechnik immer wieder gepfuscht wird. So schrieb etwa Rémi Carayol (2017, S. 15), dass Monsanto und Inera bei transgenen Baumwollarten statt der üblichen sechs bis sieben Rückkreuzungen nur zwei durchgeführt hatten. Bei den Rückkreuzungen werden hybride Sorten mit der Ausgangspflanze gekreuzt, damit sich das Produkt nicht allzu weit von der Ausgangspflanze entfernt (vgl. Carayol 2017, S. 15).

Befürworter von Hybridsorten – etwa von Hybridweisen – argumentieren damit, dass diese Sorten rund 10 bis 15 % mehr Ertrag erbringen, bei gleichbleibendem oder gar geringerem Einsatz von Düngemitteln und Pestiziden (vgl. Aiolfi 2017b, S. 34). Der große Nachteil von Hybridsorten aus Sicht der Bauern lieg darin, dass sich die meisten Sorten nicht dazu eignen, Saatgut zu erzeugen, weshalb die Bauern stark von den großen Lieferanten abhängig sind – und außerdem aufgrund entsprechender Lizenzabkommen nur noch mit großen Schwierigkeiten zu einem anderen Hersteller wechseln können, geschweige denn zu einem anderen Saatgutlieferanten, der keine Hybridsorten anbietet. Das Geschäftsmodell der gleichzeitigen Erzeugung und Vertreibung von Saatgut und nicht mehr fortpflanzungsfähigen Hybridpflanzen ist auch für die Agromultis nicht ohne Gefahren: In Staaten mit mangelhafter Rechtsstaatlichkeit ist das Eintreiben von Lizenzen schwierig, und die Erzeugung und Lagerung von Saatgut bindet viel Kapital. Außerdem – und das ist wohl die größte Gefahr – droht der Genpool, der über Jahrzehnte und Jahrhunderte über lokal und dezentral weitergegebenes Saatgut verbreitet und sicher gestellt wurde, schmaler zu werden oder ganz verloren zu gehen.

Kritiker der Nahrungsmittelkonzerne – wie z. B. René Lehner (2017, S. 16) – vertreten die Ansicht, dass Monsanto und andere Nahrungsmittelmultis mit ihren Techniken und Produkten nicht die Welternährungssicherheit verbessern, sondern diese im Gegenteil verringern: „…wenn man alle Schäden, die Monsanto an Mensch und Umwelt anrichten, berechnen würde, wäre das Unternehmen pleite. Die Zahl würde sich auf hunderte Milliarden Dollar belaufen. Das Gleiche gilt für Bayer oder andere Konzerne".

In den letzten Jahren haben genveränderte Nahrungsmittel in vielen Regionen der Welt Einzug gehalten. In verschiedenen Ländern hat der Gesetzgeber auf die neue Situation regiert. Im Wesentlichen gibt es drei Haltungen zu genveränderten Nahrungsmitteln: Einige Länder verbieten sowohl den Anbau als auch den Import – z. B. Russland –, eine Reihe von Ländern – insbesondere in Europa sowie Türkei und Saudi-Arabien – verbieten den Anbau, erlauben aber Importe, und viele Länder erlauben sowohl Anbau als Import und Export – so die meisten Länder Nord- und Südamerikas, China, Indien, Australien und ein paar Länder Afrikas wie Südafrika und Sudan (vgl. Hoffmann 2016, S. 12).

2015 wurden weltweit auf 12 % der Ackerbaufläche genveränderte Pflanzen angebaut (vgl. Informationsdienst Gentechnik 2016). Der Anbau von gentechnisch veränderten Pflanzen konzentriert sich auf einige wenige Länder, wie Abb. 3.11 zeigt.

Abb. 3.11 Anteil am weltweiten Gentech-Anbau der einzelnen Länder. (Quelle: Informationsdienst Gentechnik 2016; eigene Darstellung)

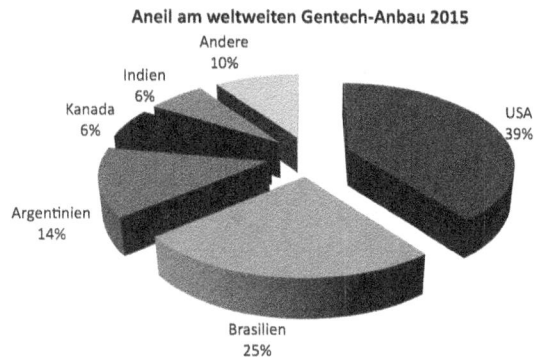

Dabei veränderte sich der Anbau von gentechnisch veränderten Pflanzen zwischen 2009 und 2015 weniger stark, als man annehmen sollte (Abb. 3.12).

Besonders widersprüchlich ist die Situation in China. So hat dieses Land ein gespaltenes Verhältnis zu gentechnisch veränderten Organismen (GVO). So werden etwa beim Anbau der Baumwolle – deren Anbaufläche in China 2,92 Mio. ha umfasst – zu 95 % GVO-Pflanzen gezüchtet (vgl. Aiolfi 2017a, S. 27). Dagegen betrieb China bei Soja und Mais, die etwa in Südamerika weitgehend in Form von genveränderten Pflanzen angebaut werden, während Jahren eine sehr restriktive GVO-Politik, weshalb westlichen Saatgutherstellern der chinesische Markt lange Zeit verschlossen blieb. Mitte 2017 waren von sechs Anträgen für Einfuhren von GVO-Lizenzen für den chinesischen Markt nur gerade zwei positiv beantwortet worden: diejenige des US-Konzerns Monsanto und die des in der Zwischenzeit in chinesischen Besitz übergegangenen Basler Konzerns Syngenta (vgl. Aiolfi 2017a, S. 27).

Der Streit um den Anbau und die Vermarktung von gentechnisch veränderten Pflanzen hatte inzwischen Auswirkungen bis in die großen Nahrungsmittelkonzerne hinein – mit gravierenden ökonomischen Folgen. So warnte bereits im Frühling 2017 Standard und Poors angesichts der geplanten Übernahme von Syngenta durch Chem China, dass Syngenta zusätzliche finanzielle Unterstützung durch die chinesische Agentur für Staatsbeteiligungen (State-Owned Assets Supervision and Administration Commission, kurz

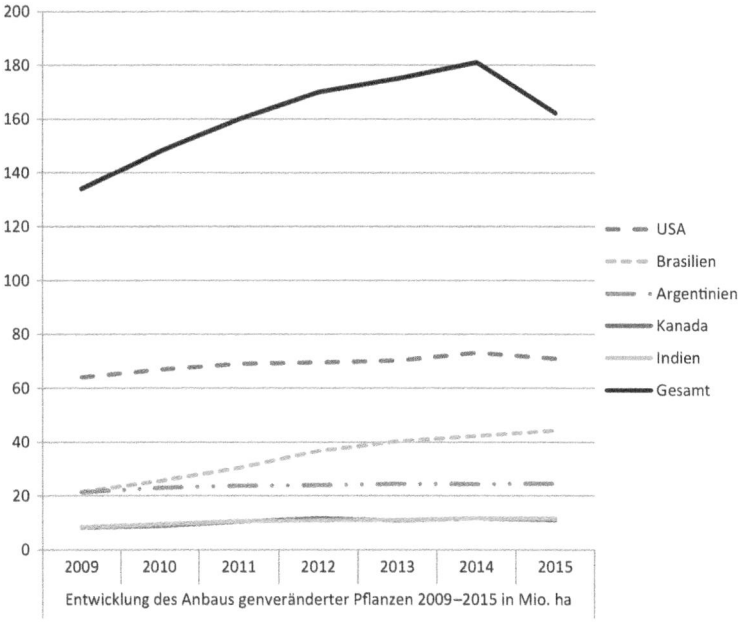

Entwicklung des Anbaus genveränderter Pflanzen 2009–2015 in Mio. ha

Abb. 3.12 Entwicklung des Anbaus genveränderter Pflanzen 2009 bis 2015 in Mio. ha. (Quelle: Informationsdienst Gentechnik 2016; eigene Darstellung)

SASAC) benötigen werde, um die Folgen von Rechtsstreitigkeiten und Haftungsansprüchen aufgrund verfrühter Genmaisvermarktung in Nordamerika 2013 zu bezahlen. Ein erster Vergleich mit 440.000 amerikanischen Bauern könnte laut einer Verlautbarung im September 2017 den Konzern 1,5 Mrd. US$ oder mehr als einen Jahresgewinn kosten (vgl. Zulauf 2017, S. 9). Außerdem drohen Syngenta hohe Bußen, weshalb die geplante Kapitalaufnahme von 7 Mrd. US$ mit einer zusätzlichen Risikoprämie zwischen 0,5 und 2,5 % belastet sein dürfte, was Syngenta eine zusätzliche Zinslast von 140 Mio. US$ bringen wird, also 10 % des Jahresgewinns. Ende 2016 standen bei Syngenta nur gerade 113 Mio. an Rückstellungen für die Rechtsstreitigkeiten bereit (vgl. Zulauf 2017, S. 9).

Viele europäische Länder haben ihre eigenen Regelungen. So steht in Art. 120, Abs. 1 der Schweizerischen Bundesverfassung: „Der Mensch und seine Umwelt sind vor Missbräuchen der Gentechnologie geschützt". Gleichzeitig wird im nächsten Absatz präzisiert: „Der Bund erlässt Vorschriften über den Umgang mit Keim- und Erbgut von Tieren, Pflanzen und anderen Organismen. Er trägt dabei der Würde der Kreatur sowie der Sicherheit von Mensch, Tier und Umwelt Rechnung und schützt die genetische Vielfalt der Tier- und Pflanzenarten" (Art 120 Abs. 2 BV).

Umstritten ist allerdings, wo die Grenzen des Umgangs mit dem Keim- und Erbgut liegen, wo genau „die Würde der Kreatur" beginnt und welcher Umgang mit gentechnisch veränderten Tieren und Pflanzen erlaubt ist und was nicht. So wurde in der Schweiz 2005 ein Moratorium für den Anbau gentechnisch veränderter Pflanzen erlassen und 2014 durch das Parlament für drei Jahre verlängert (vgl. Scherer 2015, S. 8). In der Schweiz hat der Bundesrat das seit 2005 bestehende Moratorium für den Anbau von gentechnisch veränderten Pflanzen nochmals verlängert. Es gilt nunmehr bis zum Jahr 2021 (vgl. Hoffmann 2016, S. 12). Ausgenommen sind nur Freilandexperimente in der Forschung. Solche laufen mit veränderten Kartoffeln, Weizen und Apfelbaumkulturen. 2017 schickte die schweizerische Landesregierung – der Bundesrat – das revidierte Gentechnikgesetz und die „Gentechnik-Koexistenz-Verordnung" in die Vernehmlassung, welche ergab, dass der Anbau von gentechnisch veränderten Pflanzen von vielen abgelehnt wird: Mehr als 70 Stellungnahmen lehnten den Anbau grundsätzlich ab (vgl. Scherer 2015, S. 8).

In der Praxis besteht ein Problem darin, dass die meisten Gesetze und Verordnungen geringe Verunreinigungen durch genveränderte Organismen (GVO) zulassen: So ist etwa in Art. 12 Abs. 2 Verordnung (EG) Nr. 1829/2003 festgelegt, dass Verunreinigungen mit genverändertem Material bis zu einem Anteil von 0,9 % zulässig sind, ohne dass deshalb das betreffende Nahrungsmittel besonders gekennzeichnet werden muss (vgl. Girnau 2014, S. 176). Dabei schreibt der folgende Absatz 3 der gleichen Verordnung vor, dass „die Unternehmer den zuständigen Behörden nachweisen können müssen, dass sie geeignete Schritte unternommen haben, um das Vorhandensein derartiger Materialien zu vermeiden" (zitiert nach Girnau 2014, S. 176). Die Beweislast liegt demnach beim Unternehmer. Die alles entscheidende Frage ist dabei natürlich, welche Maßnahmen vom Unternehmer erwartet werden können. Dazu kommt, dass bereits eine gentechnische Verunreinigung im Promillebereich entscheidend sein bzw. gravierende Auswirkungen haben kann. Auf jeden Fall ist diese Regelung alles andere als befriedigend.

Auch ein „gentechfreies" Lebensmittel ist heute kaum mehr gentechfrei: So muss ein Lebensmittel mit einem Anteil von weniger als 0,5 % einer gentechnisch veränderten Pflanze in der Schweiz nicht deklariert werden, Hilfs- und Zusatzstoffe müssen nicht gekennzeichnet werden und Fleisch, Milch und Eier aus dem Ausland – auch aus der EU – stammen zum größten Teil von Tieren, die mit genveränderten Pflanzen gefüttert werden (vgl. Hoffmann 2016, S. 12).

3.5 Zur Globalisierung der Landwirtschaft

Die Globalisierung der Landwirtschaft zeigt sich auf der einen Seite bei der Produktion und in der Wertschöpfungskette, auf der anderen Seite aber auch im Konsumverhalten. Dabei gibt es sowohl eine objektive Entwicklung in Richtung Globalisierung als auch eine subjektive Wahrnehmung verstärkter Globalisierung.

In ihrem Handbuch über die Globalisierung der Landwirtschaft nennen und diskutieren Robinson und Carson (2015, S. 22) vier Schlüsselthemen: Erstens die physikalische Abstützung der weltumfassenden Landwirtschaft in ökologischer bzw. umweltspezifischer Hinsicht, zweitens politische Strategien zur Förderung oder Verhinderung der fortschreitenden Globalisierung, drittens die Schlüsselrolle transnationaler Unternehmen im Prozess der Globalisierung und viertens verschiedene Herausforderungen in Bezug auf die Globalisierung der Landwirtschaft. Alle vier Bereiche sind bedeutsam für die aktuelle Landwirtschaft.

Auernheimer (2015, S. 73) hat darauf hingewiesen, dass mit der Globalisierung in der Landwirtschaft nicht nur die Interdependenz der einzelnen Akteure, sondern vor allem auch die Abhängigkeit der Landwirte von den Agrokonzernen zugenommen hat. Die Landwirte müssen sich Saatgut, Düngemittel, Pestizide, Herbizide, Antibiotika und veterinärmedizinische Versorgung im Wesentlichen aus der Hand von sechs Weltkonzernen besorgen, was sie zu teuren Investitionen und großen finanziellen Inputs zwingt.

Ein Beispiel für die Globalisierung der Nahrungsmittelindustrie – unter anderen – ist die Global Partnership for Good Agricultual Practices (GLOBALG.A.P), ursprünglich 1997 durch die Euro-Retailer Produce Working Groue (EUREP) gegründet (vgl. Oosterveer 2015, S. 124). GLOBALG.A.P. vereinigt Audits für Ernährungssicherheitsstandards und spezifische Protokolle für nachhaltige Nahrungsmittelproduktion. Damit sollte unter anderem die Konfusion von Sicherheits- und Qualitätsstandards bei den einzelnen Detailhandelsgeschäften überwunden werden. Zur gleichen Zeit entwickelte die EU einheitliche Standards für die maximale Belastung von Frischprodukten durch Pestizide. Wenige Jahre nach ihrer Einführung wurden die GLOBALG.A.P.-Standards von fast allen führenden europäischen Detailhandelsgeschäften übernommen (vgl. Oosterveer 2015, S. 125). 2017 war GLOBALG.A.P. in mehr als 120 Ländern aktiv (vgl. GLOBALG.A.P. 2017), mit gegen 100.000 zertifizierten Unternehmen (vgl. Oosterveer 2015, S. 125).

Zurzeit bestehen drei Formen solcher privater „Governance-Initiativen" im landwirtschaftlichen Bereich: Erstens sogenannte Initiativen für **Corporate Social Responsibility** (CSR; vgl. dazu ausführlich Jäggi 2017, S. 107 ff.), zweitens **„Codes of Conduct"** (CoC) und drittens **private Management- und Processing-Standards** (vgl. Kalfagianni und Fuchs 2015, S. 136). Während CSR-Aktivitäten vor allem auf eine Erhöhung des Verantwortungsbewusstseins im Unternehmen und die Beachtung sozialer und humanitärer Rechte sowie von Umweltstandards abzielen, können „Codes of Conduct" als eine Art schriftlicher Leitlinien verstanden werden, die für den Umgang der Unternehmen mit ihren Mitarbeitern, Kunden, Lieferanten, staatlichen Behörden und externen Stakeholdern gelten. Private Management- und Processingstandards kommen als verbindliche technisch-organisatorische Managementkriterien in der Herstellung von Produkten oder Dienstleistungen zur Anwendung. Nach Meinung von Kalfagianni und Fuchs (2015, S. 136) können private Standards als „strikteste Form von privater governance" angesehen werden und beinhalten interne und externe Prozessaudits mit entsprechenden Sanktionen.

Private Governancebemühungen erhöhen auf der einen Seite den Gewinn. Sie reduzieren die Transaktionskosten und andere Kosten, sie steigern die Reputation des Unternehmens und führen zu finanziellen Zusatzgewinnen. Auf der anderen Seite führen private Governanceaktivitäten auch zu Kosten: Sie reduzieren Informationsasymmetrien und Unsicherheit bei den Nachfragern, erhöhen die Verhandlungs- und Koordinationskosten und führen zu zusätzlichem Aufwand in Bezug auf die Schaffung von Instrumenten zur Durchsetzung der Standards und Sanktionierung bei Nichteinhalten der Vorgaben (vgl. Kalfagianni und Fuchs 2015, S. 137). Alles in allem ist die Wirksamkeit der privaten „Food-Governance" eine Funktion von externem Druck, der Wahrnehmung eines Problems und der äußeren Sichtbarkeit der Initiative und der Akteure (vgl. Kalfagianni und Fuchs 2015, S. 138). Entscheidende Kriterien für den Erfolg sind die Größe der Initiative (z. B. Anzahl der teilnehmenden Unternehmen, Marktabdeckung, Umsatz oder Arbeitskräfte), das Bestehen und die Wahrnehmung vorgängiger Nahrungsmittelskandale und die Nähe zu den Detailhandelsgeschäften und den Kunden (vgl. Kalfagianni und Fuchs 2015, S. 138 f.). Die beiden Autorinnen bringen den Erfolg auf folgende Formel: *„Stringency = External pressure + internal collaboration + availability of solutions + size and heterogeneity of membership"* (Kalfagianni und Fuchs 2015, S. 139).

Eine besondere Form von Zusammenarbeit zwischen Einzelfirmen auf internationaler und globaler Ebene sind Inter-Firmen-Netzwerke. Sie führen – im positiven Fall – zu verstärktem gegenseitigem Lernen, zur Implementierung kollektiver Praktiken und zu zunehmendem Peer Monitoring. Außerdem stärken sie die Autonomie und bewahren die Unabhängigkeit der Partner. Im Gegensatz zu vertikaler Integration ganzer Produktketten bewahren sie Flexibilität und schließen auch den Wettbewerb nicht aus (vgl. Casarosa und Gobbato 2015, S. 157).

Ein weiterer Aspekt der Globalisierung ist die sogenannte „Finanzialisierung" (englisch: „financialisation") der Landwirtschaft und der Nahrungsmittelproduktion. Nach Epstein (2005, S. 3) bedeutet „financialisation … the increasing role of financial motives, financial markets, financial actors and financial institutions in the operation of the domestic and international economies". Dabei werden Profite nicht mehr – wie in der Vergangenheit – durch Handel und Warenproduktion gemacht, sondern durch Finanzaktivitäten (vgl. Lawrence et al. 2015, S. 209). Grundlagen für Finanzialisierungsaktivitäten sind laut Lawrence et al. (2015, S. 310) entsprechende Finanzprodukte wie Derivate – z. B. Futures, Optionen und Swaps –, Kommunikationstechnologien, die Existenz transnationaler Finanzfirmen, das Verschwinden virtueller Kapitalflusskontrollen und die zunehmende Verwischung der Unterschiede verschiedener Typen von Finanzinstitutionen. Erleichtert wurde die Finanzialisierung der globalen Landwirtschaft durch neoliberale Deregulierungen, neue Informationstechnologien und den freien Kapitalfluss.

Finanzinvestitionen in die zunehmend globalisierte Landwirtschaft sind aus folgenden Gründen interessant (vgl. Lawrence et al. 2015, S. 312 f.):

- Die Abnahme des pro Kopf zur Verfügung stehenden Farmlands wird längerfristig die Landpreise und damit auch die Preise für landwirtschaftliche Güter anheizen.
- Das ausgehende Erdöl wird landwirtschaftliches Land interessant für den Anbau von Biotreibstoffen machen – so gab es bereits zwischen 2004 und 2007 eine Verachtfachung des in Biotreibstoff investierten Kapitals (vgl. Lawrence et al. 2015, S. 312).
- Die wachsenden Mittelschichten in Ländern wie China, Indien und Indonesien werden die Nachfrage nach Nahrungsmitteln und landwirtschaftlichen Produkten ansteigen lassen.
- Der Klimawandel bringt neue Investitionsmöglichkeiten.
- In ölreichen, aber land- und wasserarmen Ländern wie Libyen, Qatar und Saudi-Arabien wird die Nachfrage nach Nahrungsmitteln zunehmen und die Investitionstätigkeit dieser Staaten in der Landwirtschaft anderer Länder anheizen.
- Die Möglichkeiten für Risikoinvestitionen und Spekulationen in Landwirtschaft und Nahrungsmittelproduktion werden weiter zunehmen.

Literatur

Agroscope (2017a): Schweizerische Eidgenossenschaft – Der Bundesrat: Burn-out: Landwirtinnen und Landwirte sind häufiger betroffen. https://www.admin.ch/gov/de/start/dokumentation/medienmitteilungen.msg-id-68356.html (Zugriff 25.4.2018).

Agroscope (2017b): Gesetzliche und methodische Grundlagen. Information zur Stichprobe. https://www.agroscope.admin.ch/agroscope/de/home/themen/wirtschaft-technik/betriebswirtschaft/za-bh/einkommenssituation.html (Zugriff 22.3.2018).

AHA (2017): Kalifornien ächtet Glyphosat. In: AHA – biorespect 4/2017. Basel. 3.

Aiolfi, Sergio (2017a): Syngenta hat noch Altlasten ausstehend. In: Neue Zürcher Zeitung vom 12.8.2017. 27.

Aiolfi, Sergio (2017b): Für eine Handvoll Weizen mehr. In: Neue Zürcher Zeitung vom 9.12.2017. 34.

Auernheimer, Georg (2015): Dimensionen der Globalisierung. Eine Einführung. Schwalbach/Ts.: Wochenschau Verlag.

Alexander, Eleanore/Yach, Derek/Selwyn, Adriana (2015): The Balance Between Regulation and Private Sector Initiative in Securing Healthy and Sutainable Food. In: Halabi, Sam F. (Hrsg.): Food and Drug Regulation in an Era of Globalized Markets. London: Elsevier. 109 ff.

Anderegg, Ralph (1999): Grundzüge der Agrarpolitik. München/Wien: R. Oldenbourg.

Barlow, Maude (2014): Blaue Zukunft. Das Recht auf Wasser und wie wir es schützen können. München: Verlag Ante Kunstmann.

Berger, Roman (2011): Medien in Afrika. Afrikas Kampf um immaterielle Güter. In: WochenZeitung vom 5.5.2011.

Berthelot, Jacques (2017): Geplündert. Die neuen Freihandelsverträge schaden Afrika. In: Le Monde Diplomatique (Ausgabe Schweiz) vom November 2017. 1 ff.

Binswanger, Mathias (2009): Globalisierung und Landwirtschaft. Mehr Wohlstand durch weniger Freihandel. Wien.

Bringezu, Stefan/Schütz, Helmut/O'Brien, Meghan (2015): Measuring and Managing the Global Agriculture Footprint of Countries' Consumption. In: Robinson, Guy M./Carson, Doris A. (Hrsg.): Handbook on the Globalisation of Agriculture. Cheltenham, UK/Northhampton, MA, USA: Edward Elgar Publishing. 106 ff.

Bundesgesetz über die Landwirtschaft (2017): Landwirtschaftsgesetz LwG vom 29.4.1998, Stand 1. Mai 2017. Bern. https://www.admin.ch/opc/de/classified-compilation/19983407/2017050100 00/910.1.pdf (Zugriff 25.4.2018).

Bundesministerium für Land- und Forstwirtschaft, Umwelt und Wasserwirtschaft (2016): Ackerland weltweit. Wien. http://duz.bmlfuw.gv.at/at.lfrz.duz/pdf.do?id=1999976&lang=de&fromList=true (Zugriff 25.4.2018).

Bundesministerium für wirtschaftliche Zusammenarbeit (2006): Grenzüberschreitende Wasserkooperation. Ein Positionspapier des BMZ. BMZ Spezial 135. Berlin: Bundesministerium für wirtschaftliche Zusammenarbeit und Entwicklung.

Buntzel, Rudolf (2012): Dringend Reformbedürftig! Herausforderungen der Landwirtschaftspolitik der Europäischen Union. In: Bartmann, Wolfgang (Red.): Not für die Welt. Ernährung im Zeitalter der Globalisierung. Gütersloh/München: F. A. Brockhaus. 64 ff.

Buschmann, Luise (2013): Das Menschenrecht auf soziale Grundsicherung aus Art. 9 und Art. 11 ICESCR. Dissertation. Münster: Agenda Verlag.

Busse, Tanja (2010): Die Ernährungsdiktatur. Warum wir nicht länger essen dürfen, was uns die Industrie auftischt. München: Blessing.

Carayol, Rémi (2017): Transgener Maniok für Afrika? Die Saatgutindustrie gibt trotz vieler Misserfolge nicht auf. In: Le Monde Diplomatique (Ausgabe Schweiz) vom Oktober 2017. 15.

Casarosa, Federica/Gobbato, Marco (2015): Food Quality though Networks in the European Wine Industry. In: Havinga, Tetty/Casey, Donal/van Waarden, Frans (Hrsg.): The Changing Landscape of Food Governance. Public and Private Encounters. Cheltenham/GB: Edward Elgar. 153 ff.

De Schutter, Olivier (2009): Promotion and Protection of all Human Rights, Civil, Political, Economic, Social and Cultural Rights, Including the Right to Development. Report of the Special Rapporteur on the Right to Food, Olivier De Schutter. A/HCR/12/31/Add.2. http://www.ohchr. org/_layouts/15/WopiFrame.aspx?sourcedoc=/Documents/Issues/Food/A-HRC-12-31.pdf&action=default&DefaultItemOpen=1 (Zugriff 25.4.2018).

Dobner, Petra (2010): Wasserpolitik. Zur politischen Theorie, Praxis und Kritik globaler Governance. Berlin: Suhrkamp.

Dombrowski, Ines (2007/2008): Konflikt und Kooperation an grenzüberschreitenden Flüssen. In: WeltTrends 57 (Winter). 15. Jahrgang. 2007/2008. 53 ff.

EU-Richtlinie 98/44/EG (1998): des Europäischen Parlaments und des Rates vom 6. Juli 1998 über den rechtlichen Schutz biotechnologischer Erfindungen. In: Amtsblatt der Europäischen Gemeinschaften vom 30.7.98/L 213/13 ff. http://www.upc.documents.eu.com/PDFs/1998-07-06_Richtlinie_98-44-EG_rechtlichen_Schutz_biotechnologischer_Erfindungen.pdf (Zugriff 25.4.2018).

EG-Vertrag (2009a): Alte Version. https://dejure.org/gesetze/EG/33.html (Zugriff 25.4.2018).

EG-Vertrag (2009b): Alte Version. https://dejure.org/gesetze/EG/131.html (Zugriff 25.4.2018).

Epstein, G. A. (2005): Introduction: Financialization and the World Economy. In: Epstein, G. A. (Hrsg.): Financialization and the World Economy. Cheltenham: Edward Elgar Publishing Ltd. 3 ff.

Esnouf, Catherine/Bricas, Nicolas (2013): Context: New Challenges for Food Systems. In: Esnouf, Catherine/Russel, Marie/Bricas, Nicolas (Hrsg.): Food System Sustainability. Insights from duALIne. Cambridge: Cambridge University Press. 5 ff.

Europäisches Patentübereinkommen (EPÜ) (1973): Übereinkommen über die Erteilung europäischer Patente vom 5. Oktober 1973 in der Fassung der Akte zur Revision von Artikel 63 EPÜ vom 17. Dezember 1991 und der Akte zur Revision des EPÜ vom 29. November 2000. https://www.epo.org/law-practice/legal-texts/html/epc/2016/d/ar53.html (Zugriff 25.4.2018).

Eurostat (2016): Use of water by the domestic sector (households and services). All sources, 2003–13 (^{1}) (m^3 per inhabitant). YB16-de.png. http://ec.europa.eu/eurostat/statistics-explained/images/2/24/Use_of_water_by_the_domestic_sector_%28households_and_services%29_%E2%80%94_all_sources%2C_2003%E2%80%9313_%28%C2%B9%29_%28m%C2%B3_per_inhabitant%29_YB16-de.png (Zugriff 25.4.2018)

Feyder, Jean (2010): Mordshunger. Wer profitiert vom Elend der armen Länder? Frankfurt/Main: Westend Verlag.

Feyder, Jean (2014): Mordshunger. Wer profitiert vom Elend der armen Länder? 2. Auflage. Frankfurt/Main: Westend Verlag.

Gähler, Ueli (2015): Die Macht der Konzerne brechen. In: Antidot 20/2015. 11 f.

Gelinsky, Eva (2012): Biopatente & Agrarmodernisierung – Wie sich Patente auf die gentechnikfreie Saatgutarbeit auswirken. http://www.gentechnikfreie-saat.de/informationen/positionen/europa/patente-studie.html (Zugriff 25.4.2018).

Gelinsky, Eva (2014): Saatgut im liberalisierten Weltmarkt. Von der mittelständischen Pflanzenzüchtung zur Saatgutindustrie. In: Widerspruch 64/2014. Zürich. 61 ff.

Gelinsky, Eva (2015): Keine Ernährungssouveränität ohne Saatgutsouveränität! In: Antidot 20/2015. 7.

GLOBALG.A.P. History (2017): http://www.globalgap.org/uk_en/who-we-are/about-us/history/ (Zugriff 25.4.2018).

Girnau, Marcus (2014): „Bio" und Gentechnik. In: Leible, Stefan (Hrsg.): Lebensmittel zwischen Illusion und Wirklichkeit. Bayreuth: Verlag P.C.O.171 ff.

Grambow, Martin (2013): Bestandsaufnahme. In: Grambow, Martin (Hrsg.): Nachhaltige Wasserbewirtschaftung. Konzept und Umsetzung eines vernünftigen Umgangs mit dem Gemeingut Wasser. Wiesbaden: Springer Vieweg. 1 ff.

Haber, Wolfgang (2014): Landwirtschaft und Naturschutz. Weinheim: Wiley-VCH.

Hannich, Günter (2002): Börsenkrach und Weltwirtschaftskrise. Der Weg in den Dritten Weltkrieg. Rottenburg: Kopp Verlag.

Henkel, Marianne (2013): „Land-grabbing" – Großinvestitionen in Agrarland zwischen Verhaltenskodex und der Frage nach der Zukunft der Landwirtschaft. Ethische Dimensionen der steigenden Nachfrage nach Land. In: Gottwald, Franz-Theo/Boergen, Isabel (Hrsg.): Essen und Moral. Beiträge zur Ethik der Ernährung. Marburg: Metropolis. 33 ff.

Hess, Remo (2017): Fünf Jahre länger Glyphosat. In: Neue Luzerner Zeitung vom 28.11.2017. 7.

Hoffmann, Claudia (2016): Die grüne Gentechnik erobert die Welt. In: Luzerner Zeitung vom 4.11.2016. 12.

Höltschi, René (2017): Die EU verlängert die Glyphosat-Zulassung. In: Neue Zürcher Zeitung vom 28.11.2017. 27.

ICESCR (1966): International Covenant on Economic, Social and Cultural Rights. Adopted and opened for signature, ratification and accession by General Assembly resolution 2200A (XXI) of 16 December 1966. Entry into force 3 January 1976, in accordance with article 27. http://www.ohchr.org/EN/ProfessionalInterest/Pages/CESCR.aspx (Zugriff 25.4.2018).

Informationsdienst Gentechnik (2016): Dossier: Gentechnik-Statistiken. Was wächst wo? Stand Juli 2016. http://www.keine-gentechnik.de/dossiers/anbaustatistiken/#c194 (Zugriff 25.4.2018).

IPCC (2013/2014): Klimaänderung 2013/2014. Zusammenfassung für politische Entscheidungsträger. Beiträge der Arbeitsgruppen I, II und III zum fünften Sachstandsbericht des zwischenstaatlichen Ausschusses für Klimaänderungen (IPCC). Genf: IPCC.

Jäggi, Christian J. (2016): Migration und Flucht. Wirtschaftliche Aspekte – regionale Hot Spots – Dynamiken – Lösungsansätze. Wiesbaden: Springer Gabler.

Jäggi, Christian J. (2017): Ökologische Baustellen aus Sicht der Ökonomie. Verlierer – Gewinner – Alternativen. Wiesbaden: Springer Gabler.

Kalfagianni, Agni/Fuchs, Doris (2015): The Effectiveness of Private Food Governance in Fostering Sustainable Development. In: Havinga, Tetty/Casey, Donal/van Waarden, Frans (Hrsg.): The Changing Landscape of Food Governance. Public and Private Encounters. Cheltenham/GB: Edward Elgar. 134 ff.

Lallau, Benoît (2011): Schöne neue Worte. Appelle von Weltbank und UNO stoppen den Landraub in Afrika nicht. In: Le Monde Diplomatique (deutsche Ausgabe) vom September 2011. 12 f.

Lanz, Martin (2017): „Saatgut ist wie ein Rennwagen". In: Neue Zürcher Zeitung vom 4.8.2017. 26.

Laskowski, Silke Ruth (2010): Das Menschenrecht auf Wasser. Tübingen: Mohr Siebeck.

Lawrence, Geoffrey/Sippel, Sarah Ruth/Burch, David (2015): The Financialisation of Food and Farming. In: Robinson, Guy M./Carson, Doris A. (Hrsg.): Handbook on the Globalisation of Agriculture. Cheltenham, UK/Northhampton, MA, USA: Edward Elgar Publishing. 309 ff.

Lehmann, Bernard (2017): Ernährungssicherheit. Vom Globalen zum Lokalen. In: Neue Zürcher Zeitung vom 11.3.2017. 12.

Lehner, René (2017): Die Idee. Auszüge aus einem Interview mit René Lehnherr, Organisationskomitee Monsanto Tribunal. In: L'Évènement Syndical. 13.-29.3.2017. Mit Antworten auf Zusatzfragen von Michael Rössler (EBF) im Juli 2017. In: Europäisches BürgerInnen Forum (Hrsg.): Ökozid. Konzerne unter Anklage. Internationales Monsanto Tribunal, Den Haag 2016. Basel: Europäisches BürgerInnen Forum (EBF)/CEDRI. 14 ff.

Leisinger, Christof (2014): Nahrungsmittel in Hülle und Fülle. In: Neue Zürcher Zeitung vom 20.10.2014. 21.

Malet, Jean-Baptiste (2017a): In der roten Kammer von Jintudi Foodstuff. In Le Monde Diplomatique (Ausgabe Schweiz) vom Juli 2017. 12 f.

Malet, Jean-Baptiste (2017b): Tägliche Tomate. Globaler Einheitsbrei in Dosen. In Le Monde Diplomatique (Ausgabe Schweiz) vom Juli 2017. 1 ff.

Michler, Inga/Ginten, Ernst August (2016): Rücksichtslose Jagd auf den neuen, alten Bodenschatz. In: Welt N24 online vom 19.1.2016. https://www.welt.de/wirtschaft/article151170043/Ruecksichtslose-Jagd-auf-den-neuen-alten-Bodenschatz.html (Zugriff 25.4.2018).

Ming, Shi (2011): Pekingente mit Clenbuterol. In China werden bezahlbare Nahrungsmittel knapp. In: Le Monde Diplomatique (deutsche Ausgabe) vom Oktober 2011.

Misereor (2010): Landhunger. Ausländische Großinvestitionen in Land. Positionspapier. Aachen.

Monsanto Tribunal (2016): International Monsanto Tribunal. http://de.monsantotribunal.org/Wie_ (Zugriff 25.4.2018).

Monsanto Tribunal (2017): EU vertagt Entscheid zu Glyphosat. 26.

Neue Zürcher Zeitung (2017): Advisory Opinion. Rechtsgutachten. Veröffentlicht am 7.4.2017. Den Haag. http://de.monsantotribunal.org/Ergebnisse (Zugriff 25.4.2018).

Neue Luzerner Zeitung (20.11.2017): Glyphosat in 40% der Lebensmittel. 4.

Neue Zürcher Zeitung (24.8.2010): Wetter und Derivate treiben Rohwarenpreise.

Neue Zürcher Zeitung (5.4.2011): Hoher Maispreis wird zum Inflationsrisiko.

Oosterveer, Peter (2015): Authority and Legitimacy in Governing Global Food Chains. In: Havinga, Tetty/Casey, Donal/van Waarden, Frans (Hrsg.): The Changing Landscape of Food Governance. Public and Private Encounters. Cheltenham/GB: Edward Elgar. 117 ff.

Pearce, Fred (2012): Land Grabbing. Der globale Kampf um Grund und Boden. München: A. Kunstmann.

Pollmer, Udo/Keckl, Georg/Alfs, Klaus (2015): Don't Go Veggie. 75 Fakten zum vegetarischen Wahn. Stuttgart: Hirzel.

Primdahl, J./Swaffield, S. R. (2004): Segregation and Multifunctionality in New Zealand Landscapes. In: Brouwer, F. (Hrsg.): Sustaining Agriculture and the Rural Environment. Cheltenham: Elgar.

Rampini Stadelmann, Jules (2014): Mehr Agrikultur – weniger Landwirtschaft. Elemente eines nötigen Wandels aus kleinbäuerlicher Sicht. In: Widerspruch 64/2014. Zürich. 13 ff.

Robinson, Guy M./Carson, Doris A. (2015): The Globalisation of Agriculture: Introducing the Handbook. In: Robinson, Guy M./Carson, Doris A. (Hrsg.): Handbook on the Globalisation of Agriculture. Cheltenham, UK/Northhampton, MA, USA: Edward Elgar Publishing. 1 ff.

Salzer, Irmi (2014): TTIP, GAP und die Macht der Konzerne. In: Widerspruch 64/2014. Zürich. 23 ff.

Sauvin, Philippe (2014): Arbeitskräfte in der schweizerischen Landwirtschaft. Schlechte Arbeitsbedingungen, tiefe Löhne, rudimentäre Rechte. In: Widerspruch 64/2014. Zürich. 41 ff.

Schäfers, Eduard (2016): Strukturen und Probleme einer globalisierten Welt. Göttingen: Cuvillier.

Scherer, Paul (2015): Gentech-Moratorium – wie weiter? In: Antidot 20/2015. 8.

Schilling, Udo (2015): Wes Brot ich ess, des Lied ich sing. In: Antidot 20/2015. 4.

Schweizerische Handelszeitung (17.6.2011): Strategien von Schweizer Konzernen: Partnerschaften zur Sicherung von Rohstoffen.

Shiklomanov, Igor A. (1998): World Water Resources. A new Appraisal and Assessment for the 21st Century. Paris.

Statista (2016): Flächen von Ackerland weltweit nach Ländergruppen im Vergleich 1961, 1991 und 2007. https://de.statista.com/statistik/daten/studie/161652/umfrage/ackerlandflaechen-nach-laendergruppen-seit-1961/ (Zugriff 25.4.2018).

Statista (2017): Jährlicher Pro-Kopf-Wasserverbrauch in ausgewählten Ländern weltweit im Jahr 2013 (in Kubikmetern). https://de.statista.com/statistik/daten/studie/6378/umfrage/wasserverbrauch-in-ausgewaehlten-laendern/ (Zugriff 25.4.2018).

Swaffield, S. (2005): Landscape and Public Policy – Issue of Scale and Focus. Unveröffentlichter Vortrag an der Konferenz „Our Shared Landscape" vom 2.-5.5.2005 in Ascona. Abstract in: Lange, E./Miller, V. (Hrsg.): Proceedings of the Conference. Zürich: ETH. 109 f.

Swiss Academies Factsheets (2017): Brennpunkt Klima Schweiz. Vol. 12, No. 2, 2017. Bern: Akademien Wissenschaften Schweiz.

Taylor, Ros/Entwistle, Jane (2015): Agriculture and Environment: Fundamentals and Future Perspectives. In: Robinson, Guy M./Carson, Doris A. (Hrsg.): Handbook on the Globalisation of Agriculture. Cheltenham, UK/Northhampton, MA, USA: Edward Elgar Publishing. 31 ff.

The Economist (2009): Buying Farmland Abroad. Outsourcing's Third Wave. 23.5.2009.

Then, Christoph/Tippe, Ruth (2013): Der patentierte Brokkoli. Über die Zunahme von Patenten auf konventionellen Züchtungen. In: Gottwald, Franz-Theo/Boergen, Isabel (Hrsg.): Essen und Moral. Beiträge zur Ethik der Ernährung. Marburg: Metropolis. 75 ff.

Trummer, Paul (2010): Pizza Globale. Ein Lieblingsessen erklärt die Weltwirtschaft. Berlin: Ullstein.

Tschinderle, Franziska (2017): Migration: Menschliche Maschinen. In: WochenZeitung vom 24.8.2017. 9.

UNESCO (2003): Water for People. Water for Life. The United Nations World Water Development Report. Barcelona.

Vollborn, Marita/Georgescu, Vlad D. (2014): Food Mafia. Wehren Sie sich gegen die skrupellosen Methoden der Lebensmittelindustrie. Frankfurt/New York: Campus.

Wald, Sarah D. (2014): Visible Farmers/Invisible Workers: Locating Immigrant Labor in Food Studies. In: Pilcher, Jeffrey M. (Hrsg.): Food History: Critical and Primary Sources. Contemporary Transitions. Volume 4. 190 ff.

Wallacher, Johannes (2009): Welthandel und Armutsbekämpfung. In: Dabrowski, Martin/Wolf, Judith/Abmeier, Karlies (Hrsg.): Globalisierung und globale Gerechtigkeit. Paderborn: F. Schöningh.

WBF (2017): Medienmitteilung: Höhere landwirtschaftliche Einkommen 2016. 03.10.2017. https://www.newsd.admin.ch/newsd/message/attachments/49829.pdf (Zugriff 25.4.2018).

Weltbank (2010): Rising Global Interest in Farmland. Can it Yield Sustainable and Equitable Benefits? Washington.

Weltentwicklungsbericht (2008): Agrarwirtschaft für Entwicklung. Weltbank. Düsseldorf: Droste Verlag.

Woertz, Eckart (2015): Oil for Food. The Global Food Crisis and the Middle East. Oxford/GB. Oxford University Press.

World Food Programme (2017): Hunger. Hunger weltweit – Zahlen und Fakten. http://de.wfp.org/hunger/hunger-statistik (Zugriff 25.4.2018).

Zeier, Christian (2017): Blauer Frieden nötiger denn je. In: Eine Welt. Nr. 3/September 2017. 6 ff.

Zeit-online (13.9.2017): Mon 810: Italien muss Genmaisanbau erlauben. http://www.zeit.de/wissen/umwelt/2017-09/mon-810-mais-monsanto-eugh (Zugriff 25.4.2018).

Zulauf, Daniel (2017): Syngenta muss über die Bücher. In: Neue Luzerner Zeitung vom 5.10.2017. 9.

Während in Westeuropa und in Nordeuropa seit den 1980er-Jahren der Anteil tierischer Kalorien in der Ernährung auf einem relativ hohen Level stabil blieb und sogar leicht abgenommen hat, stieg der Verbrauch von tierischen Kalorien in Südeuropa bis zum Jahr 2000 deutlich an, um seither ebenfalls leicht zu sinken (vgl. Combris et al. 2013, S. 45). Dagegen steigt der Bedarf an tierischen Kalorien in den Entwicklungsländern und „emerging states" weiter an. Daraus schließen Combris et al. (2013, S. 45) etwa in Bezug auf das Cholesterin, dass bessere Informationen über Nahrung zwar zu Änderungen im Ernährungsverhalten führen können, aber nicht genügen.

Dabei gelten Fleischprodukte als „einkommenselastisch" (vgl. Marí und Buntzel 2007, S. 83). Das heißt: Mit zunehmendem Einkommen steigt der Anteil des ausgegebenen Betrags für Fleisch – zumindest in den unteren Einkommensbereichen. Das ist in praktisch allen Ländern so, und insbesondere in den Entwicklungsländern besteht diesbezüglich ein erheblicher Nachholbedarf. Doch ab einer bestimmten Einkommenshöhe im oberen Bereich sinkt der Anteil des Fleischverzehrs wieder – Gründe dafür sind größeres Gesundheitsbewusstsein, weltanschauliche Einstellungen (Vegetarianismus oder Veganismus), „modern trends" oder ganz einfach zunehmendes Alter der Bevölkerung.

2014 erzeugten die Entwicklungsländer rund 60 % des weltweit produzierten Fleisches. Gleichzeitig lag der Pro-Kopf-Verbrauch von Fleisch in den Entwicklungsländern bei 30 kg, in den Industrieländern bei rund 80 kg (vgl. Hirschfelder 2014, S. 31).

Seit dem Jahr 2000 hat der weltweite Fleischverbrauch stetig zugenommen, allerdings in unterschiedlichem Ausmaß. Am stärksten angestiegen ist der Verbrauch von Geflügelfleisch, vgl. Abb. 4.1.

Während also der Fleischkonsum insgesamt und besonders die Nachfrage nach Rind- und Schweinefleisch eher stagnieren, liegt Geflügelfleisch stark im Trend und bildet heute den am schnellsten wachsenden Sektor in der Fleischproduktion (vgl. Marí und Buntzel 2007, S. 42).

© Springer Fachmedien Wiesbaden GmbH, ein Teil von Springer Nature 2018
C. J. Jäggi, *Ernährung, Nahrungsmittelmärkte und Landwirtschaft*,
https://doi.org/10.1007/978-3-658-22269-7_4

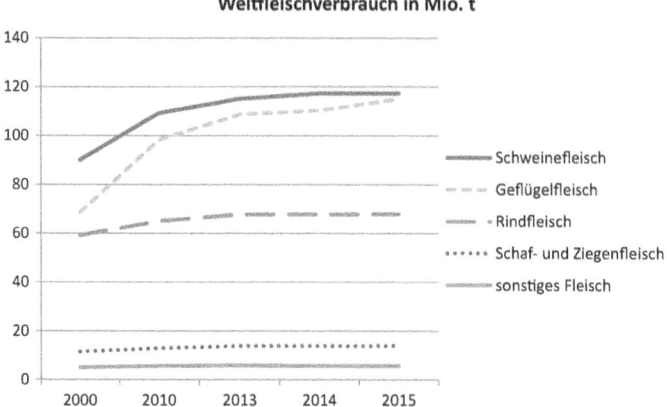

Abb. 4.1 Entwicklung des weltweiten Fleischverbrauchs. (Quelle: Landesanstalt für Entwicklung der Landwirtschaft 2017, S. 2; eigene Darstellung)

Im Jahr 1810 lag der durchschnittliche Fleischkonsum deutlich unter 20 kg pro Person und Jahr. In Deutschland stieg zwischen 1950 und 2005 der Fleischkonsum von 26 kg pro Kopf und Jahr auf 85 kg pro Kopf. Davon waren 54,7 kg Schweinefleisch, 17,7 kg Geflügelfleisch und 12,6 kg Rind- bzw. Kalbfleisch (vgl. Marí und Buntzel 2007, S. 36). Diese Zunahme ging vor allem von den Unter- und Mittelschichten aus, welche sich mit aufkommendem Wirtschaftswunder zunehmend Fleisch leisten konnten. Einerseits besaßen die Menschen jetzt die finanziellen Mittel, um sich häufiger Fleisch zu leisten, und anderseits sanken durch die industrielle Fleischproduktion die Preise für Fleischwaren. Während um 1900 25–30 % des Lebensmittelbudgets für Fleisch- und Wurstwaren ausgegeben wurden, waren es 2007 gerade noch 5 % (vgl. Marí und Buntzel 2007, S. 37).

Es ist davon auszugehen, dass die weltweite Nachfrage nach Fleisch in den nächsten zehn Jahren infolge stärkerer Urbanisierung, höherer Einkommen und anderer Essgewohnheiten deutlich zunehmen wird. Der OECD-FAO-Landwirtschaftsausblick 2014–2023 geht weltweit von einem Anstieg des Fleischkonsums um 1,6 % pro Jahr aus (vgl. OECD-FAO 2014, S. 31). Für 2026 erwarten OECD und FAO eine Zunahme der Fleischproduktion um 13 % im Vergleich zu 2014/2016 (vgl. OECD-FAO 2017, S. 110). Dabei besteht insbesondere in den Entwicklungsländern ein erheblicher Nachholbedarf nach Fleisch.

In den vergangenen fünfzig Jahren hat sich die globale Fleischproduktion von 71 auf 300 Millionen Tonnen pro Jahr gut vervierfacht. Der Weltagrarbericht ging davon aus, dass dieser Trend anhält, vor allem weil sich in den Schwellenländern der Fleischkonsum an die sogenannte „western diet" Nordamerikas und Europas mit ihren Burgern, Steaks und Schnitzeln annähern wird. Die FAO erwartet heute eine Steigerung der Fleischproduktion auf 455 Millionen Tonnen bis 2050. Derzeit verbraucht ein Erdenbürger im Durchschnitt vom Baby über den Veganer bis zur Großmutter etwa 42 Kilogramm Fleisch pro Jahr. In Deutschland waren es 87 Kilo Schlachtgewicht, von denen dann etwa 60 Kilo wirklich vertilgt werden. Männer essen hierzulande übrigens doppelt so viel Fleisch wie Frauen. Seit kurzem geht der Verbrauch in Deutschland leicht zurück und steigt die Zahl der Vegetarierinnen und Veganer rapide an. Zudem verschiebt sich der Verbrauch immer mehr vom Rind aufs Huhn. Doch am meisten vertilgt der „Durchschnittsdeutsche" Schweinefleisch. Das hat er mit dem „Durchschnittschinesen" gemein, der in den letzten vierzig Jahren seinen Fleischverbrauch pro Kopf versechsfachte. Da die Bevölkerung in China sich gleichzeitig auf 1,3 Milliarden fast verdoppelte, stieg die globale Nachfrage nach Fleisch und Futtermitteln enorm (Wege aus der Hungerkrise 2014, S. 10).

OECD und FAO rechnen mit einer erheblichen Zunahme der Weltproduktion von Geflügelfleisch und Fisch in den nächsten zehn Jahren (vgl. OECD-FAO 2014, S. 32). Ebenfalls wachsen – aber deutlich geringer – wird der Weltverbrauch von Schweine- und Rindfleisch, und zwar wiederum vor allem in den Entwicklungsländern.

In den letzten Jahren ist die Herstellung von Produkten tierischer Herkunft zunehmend ins Visier der Kritik geraten. Dies nicht zuletzt, weil hier die Eingriffe in das Leben besonders massiv sind: Zucht, gentechnische Veränderungen, Tierhaltung, Schlachtung. Dazu kommt seit neuestem der Einsatz von Nanotechnologie (vgl. Gottwald und Boergen 2013, S. 28).

4.1 Tierhaltung

Doch nicht nur die Agro-Industrie, sondern auch die industriell betriebene Landwirtschaft auf traditionellen oder sogar Biobauernhöfen hat zum Teil erschreckende Dimensionen angenommen. So werden etwa in Deutschland pro Jahr ungefähr 40 Mio. und in der Schweiz pro Jahr rund 2 Mio. männliche Küken direkt nach dem Schlüpfen getötet, weil sie in der modernen Landwirtschaft keine Verwendung finden (vgl. Lahrtz 2013). Masthühner, von denen nur die Weibchen als Legehennen benötigt werden, setzen langsamer Brustfleisch an und die Männchen wachsen aus genetischen Gründen erst noch viel langsamer als die Weibchen. Darum gibt es im betriebswirtschaftlichen Danken nur eine Lösung: Weg damit! Aus Tierschutzgründen hat nun das deutsche Bundesland Nordrhein-Westfalen ein Tötungsverbot für männliche Küken erlassen. Noch im Oktober 2013 wusste man weder im zuständigen Ministerium noch beim Zentralverband der deutschen Geflügelzüchter oder bei Biobetrieben, was man mit den Tausenden von männlichen Küken machen soll. Doch aufgrund der betriebswirtschaftlichen Logik wird es vermutlich so sein, dass entweder die Geflügelzuchtbetriebe aus Nordrhein-Westfalen abwandern oder sie die männlichen Küken ins Ausland exportieren werden, um sie dort töten zu lassen!

Die Massentierhaltung führt zu einer Vielzahl gesundheitlicher Probleme. So sind etwa Legehennen häufig von schmerzhaften Krankheiten der Fortpflanzungsorgane betroffen, wie Eileiterentzündungen oder Eileitervorfall. Der hohe Östrogenspiegel führt zu einem schwachen Immunsystem. Viele Legehennen leiden an Osteoporose, die häufig zu schmerzhaften Knochenbrüchen führt (vgl. Frank-Oster 2013, S. 102). Bei Milchkühen führen die durch genetische Selektion erzielten großen Milchmengen oft zu Lahmen, Entzündungen, Störungen der Reproduktionsorgane, Kreislauf- und Verhaltensstörungen. Kühe mit hoher Milchproduktion sind anfälliger für Verletzungen am Körper, an der Haut, an den Gliedmaßen und an den Hufen, auch das Risiko für Euterentzündungen steigt (vgl. EFSA 2009, S. 2 sowie Frank-Oster 2013, S. 103). In der EU werden jedes Jahr rund 80 % der männlichen Ferkel – also rund 100 Mio. – kastriert. Dabei ist davon auszugehen, dass die Kastration meist ohne Betäubung erfolgt (Frank-Oster 2013, S. 103).

Allerdings hat in einer Reihe von Ländern trotz Massentierhaltung die Fleischproduktion abgenommen, so etwa in Deutschland zwischen 1913 und 2013, vgl. Abb. 4.2. Das bedeutet: Trotz Zunahme der Massentierhaltung hat die Zahl der gezüchteten Tiere abgenommen. Etwas anders sieht es allerdings bei der Geflügelzucht aus: Hier hat die Zahl der gezüchteten Geflügel zwischen 1913 und 1970 zugenommen, um bis ins Jahr 2000 wieder abzunehmen und 2013 erneut massiv zu steigen, vgl. Abb. 4.3.

Aufgrund der stark polarisierten Meinungen zum Thema Tierhaltung und insbesondere über die Massentierhaltung gibt es auch sehr unterschiedliche, ja widersprüchliche Einschätzungen in Bezug auf deren ökologische Konsequenzen. So wird etwa darauf hingewiesen, dass auf den weltweit knapp 5 Mrd. ha Ackerland nur gerade auf 1,4 Mrd. ha Nahrungsmittel für Menschen angebaut wird. 3,4 Mrd. ha Ackerland dienen dagegen vor allem als Dauerweideland. Doch Befürworter der Tierhaltung weisen darauf hin, dass das nicht einfach verschwendetes Ackerland ist: Vielmehr liegen diese Böden zu einem großen Teil in trockenen, kalten und gebirgigen Regionen, weshalb sie sich nicht für den Ackerbau eigenen (vgl. Pollmer et al. 2015, S. 36).

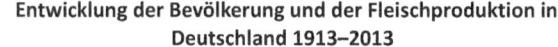

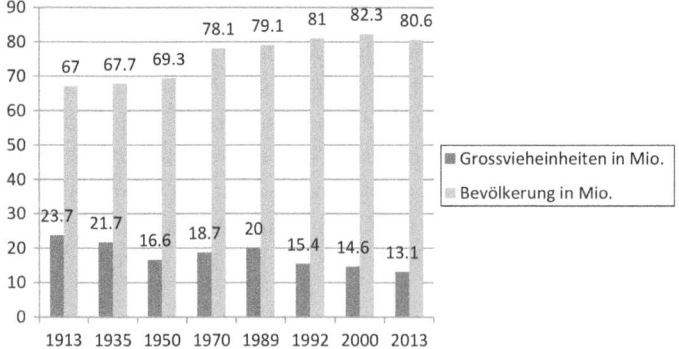

Abb. 4.2 Entwicklung der Fleischproduktion und der Bevölkerungszahlen in Deutschland. (Quelle: Pollmer et al. 2015, S. 34; eigene Darstellung)

Abb. 4.3 Entwicklung Geflügelbestand in Deutschland. (Quelle: Pollmer et al. 2015, S. 34; eigene Darstellung)

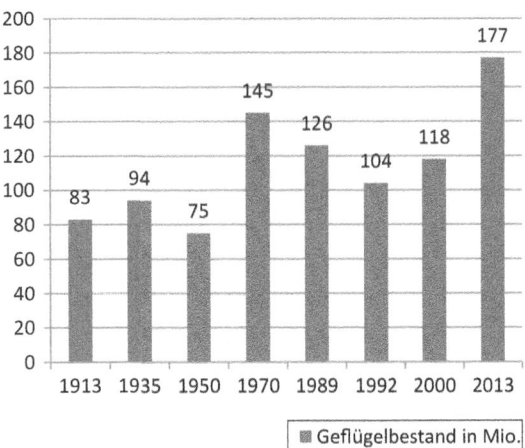

Entwicklung Geflügelbestand in Deutschland 1913–2013 in Mio.

Dazu kommt, dass viele Tiere landwirtschaftliche Produkte fressen, welche von Menschen nicht direkt gegessen werden können.

Tab. 4.1 zeigt, wie viel ein Mastbulle pro Tag frisst.

Damit nimmt der Mastbulle um bis zu 1,5 kg pro Tag zu. Besonders günstig ist die Mast mit Maissilage. Da Mais eine Ackerfrucht ist, hat sich die Mast teilweise in Ackerbaugebiete verlagert (vgl. Pollmer et al. 2015, S. 39). Besonders sinnvoll ist die Verwendung von Weizen für die Viehfütterung, wenn der Weizen unter ungünstiger Witterung leidet (vgl. Pollmer et al. 2015, S. 42).

Tab. 4.2 zeigt die Tages-Futtermengen und die Futterzusammensetzung einer Milchkuh.

Dabei kann das Kraftfutter variieren, je nach Zusammensetzung des betriebseigenen Futters.

Tab. 4.1 Futter eines Mastbullen pro Tag. (Quelle: Pollmer et al. 2015, S. 39)

12,00 kg	Maissilage (Ganzpflanze, fermentiert)
3,40 kg	Kartoffelpresspülpe (Rückstand der Kartoffelverarbeitung)
1,70 kg	Futtergerste (nicht zum menschlichen Verzehr geeignet)
1,40 kg	Rapsextraktionsschrot (Rückstand der Biodieselherstellung)
0,30 kg	Stroh
0,07 kg	Mineralfutter (Eisen, Jod, Mangan, Molybdän usw.)
0,04 kg	Futterkalk
0,01 kg	Viehsalz

Tab. 4.2 Tages-Futtermengen und Futterzusammensetzung einer Milchkuh. (Quelle: Pollmer et al. 2015, S. 40)

21,00 kg	Maissilage (Ganzpflanze, fermentiert)
15,00 kg	Grassilage
3,50 kg	Biertreber, siliert
2,50 kg	Futtergerste (nicht zum menschlichen Verzehr geeignet)
2,10 kg	Zuckerrübenmelasseschnitzel
2,00 kg	Sojaexpeller, dampferhitzt
1,00 kg	Rapsextraktionsschrot (Rückstand der Biodieselherstellung)
0,10 kg	Futterkalk
0,05 kg	Viehsalz
0,05 kg	Mineralfutter (Jod, Kupfer, Zink, Kobalt usw.)

Globaler Hühnerfleischmarkt

In den letzten zwanzig Jahren hat sich der Hühnerfleischmarkt von Grund auf verändert. Exportiert werden heute kaum mehr ganze Hühner, sondern vor allem Teile von Hühnern. In den EU-Ländern sind das vor allem Hühnerteile, für die es in Europa keinen Markt gibt. Das Huhn wird dabei in seine Einzelteile zerlegt. Weil in den einzelnen Weltregionen und Ländern unterschiedliche Teile des Huhns bevorzugt werden, werden diese auch nur mit den entsprechenden Teilen beliefert: Amerikaner und Europäer bevorzugen Hühnerbrust oder nur das Filetstück aus der Brustkappe, die Japaner lieben dunkles Hühnerfleisch, die Chinesen kaufen jede Menge Hühnerfüße und die Ärmsten der Welt – etwa in Afrika – essen jedes Fleisch, solange es nur billig ist (vgl. Marí und Buntzel 2007, S. 9). Dabei könnten die Hühnerfleischexporte nach Westafrika als „Restverwertung", „Kuppelprodukte" oder „Restfleisch" (Marí und Buntzel 2007, S. 10 sowie 53) bezeichnet werden. Diese können sehr billig angeboten werden, weil sie bei der Produktion „automatisch" anfallen, keine zusätzlichen Kosten verursachen und in Europa keinen Absatz finden. Dabei sind die Geflügelkonzerne äußerst erfinderisch. Laut Marí und Buntzel (2007, S. 56) „liegt der Verdacht nahe, dass Teile … [der] subventioniert exportierten ganzen EU-Hühner im Nahen Osten zerschnitten, umgepackt und umetikettiert und nach Ostafrika reexportiert werden". So sei Dubai zu einem Hauptumschlagsplatz für europäisches Geflügel geworden. Außerdem schaffen die Geflügelkonzerne immer wieder neue Produkte, um möglichst alles zu verwerten. Ein Beispiel sind die „Chicken Nuggets", die oft minderwertige Fleischanteile enthalten.

Dabei hat sich nicht nur auf der Produktions- und Vermarktungsseite, sondern auch auf der Konsumentenseite der Markt für Hühnerfleisch völlig verändert. So versorgte sich etwa der westafrikanische Staat Kamerun bis 1996 selbst mit Geflügel, das oft freien Auslauf hatte – diese Hühner wurden von den Einheimischen als „poulets bicylettes" bezeichnet (vgl. Marí und Buntzel 2007, S. 19). Als Kamerun zusammen mit der zentralafrikanischen

Wirtschafts- und Währungsunion CEMAC Mitglied der WTO wurde, begannen die Probleme. Vorher hatte jedes Land seine Einfuhrzölle bis maximal 80 % festlegen können. Danach einigten sich die CEMAC-Länder mit dem IWF und der Weltbank, einen gemeinsamen Einfuhrzoll auf Fleisch von 20 % festzulegen. Außerdem hatte Kamerun früher Einfuhrquoten für Hühner festgelegt. Diese stiegen von 12 t 1994 auf 850 t 1996. 2003 lag die offizielle Einfuhrquote für Hühnerfleisch bei 8500 t; eingeführt wurden aber 22.000 t (vgl. Marí und Buntzel 2007, S. 21). 2007 konnte man auf dem Markt von Douzala ein Kilogramm „Gefrierhähnchen" für 1,20 EUR kaufen, während lokale Geflügelproduzenten für ein einheimisches Huhn mit ungefähr 1,5 kg Gewicht 5 EUR verlangten. Es war in Kamerun unmöglich, Hühnerfleisch für weniger als 2 EUR pro kg zu erzeugen (vgl. Marí und Buntzel 2007, S. 28). Die importierten Hühnerfleischteile verdrängten das Inlandhuhn. Die ökonomischen Folgen waren gravierend: Durch die Hühnerfleischimporte gingen Devisen von 16 Mio. EUR pro Jahr verloren, und der Staat verlor zusätzlich 10,5 Mio. EUR an Steuereinnahmen aus der einheimischen Hühnerzucht. Die dafür theoretisch eingehenden Zolleinnahmen versickerten weitgehend in der Korruption (vgl. Marí und Buntzel 2007, S. 29). Außerdem verloren die Zulieferbereiche der einheimischen Hühnerzüchter – vor allem Mais- und Sojabauern – ihr Absatzfeld, wenn man als Basis die 22.000 t eingeführten Hühnerfleisch nimmt, waren das rund 40.000 t Getreide oder – umgerechnet 110.000 Arbeitsplätze allein in Kamerun (vgl. Marí und Buntzel 2007, S. 29).

Ähnliche Entwicklungen und insbesondere plötzlich anwachsende Importe von Hähnchenfleisch waren seit den 1990er-Jahren in vielen anderen afrikanischen Ländern und auch in karibischen Staaten wie Haiti und Jamaika festzustellen (vgl. Marí und Buntzel 2007, S. 60). So musste Senegal im Jahr 2000 seine Importzölle auf Druck der Weltbank für Hühnerfleisch von 60 % auf 20 % herunterfahren, ähnlich ging es den anderen Mitgliedern der Westafrikanischen Wirtschafts- und Währungsunion. Dabei war der Ablauf in den einzelnen Ländern jeweils ähnlich: Abbau der Zollschranken und Öffnung der Geflügelmärkte für die ausländische Konkurrenz, preisliche Unterbietung der einheimischen Geflügelproduktion – oft durch billigeres „Restfleisch" – und teilweise Aufbau eigener Tiefkühlketten im Land. In Senegal stiegen bis 2003 die Geflügelfleischimporte um das 11fache gegenüber 1999, in Ghana um das 8fache (vgl. Marí und Buntzel 2007, S. 62). Pikant ist dabei, dass in vielen reichen Ländern die Geflügelwirtschaft direkt oder indirekt subventioniert wird, während in den armen Ländern keine Subventionen oder Unterstützungen ausgerichtet werden. Viele afrikanische Länder können nicht einmal die vertraglich erlaubten und bei der WTO hinterlegten Maximalzölle voll ausnutzen (vgl. Marí und Buntzel 2007, S. 65).

Für die Veränderungen in der globalen Geflügelproduktion – Marí und Buntzel (2007, S. 75) sprechen in diesem Zusammenhang von einer „Internationalisierung der Geflügelwirtschaft" – sind verschiedene Faktoren verantwortlich: Geflügelfleisch wird als (fast) einziges Fleisch in praktisch allen Kulturen verzehrt, die Technologie für industriell hergestelltes Geflügelfleisch ist leicht verfügbar und wird weltweit gehandelt. Die Technologien des Hühnersektors sind weltweit ungefähr auf gleichem Stand. Die input- und technikversorgenden Firmen sind nicht an Marktkontrolle interessiert – sie wollen verkaufen und nicht exklusive Marktpositionen aufbauen. Einzige Ausnahme diesbezüglich sind Hybridhühner, deren Nutzung durch Patente eingeschränkt ist (vgl. Marí und Buntzel 2007, S. 75).

Zum Beispiel Mastküken

„Das Geschäft ist sehr arbeitsteilig organisiert und hierarchisch strukturiert. An der *Spitze der Pyramide* stehen die vier Hybridhuhnzüchter auf der Welt. Sie müssen gar nicht groß sein. Ihre Macht basiert nicht auf ihren Kapitalinvestitionen oder ihrer Belegschaftszahl, sondern auf dem züchterischen Können, auf dem Besitz des genetischen Ausgangsmaterials … und auf ihrer perfekten Logistik. Ihre Macht ist das Betriebsgeheimnis und ihre Kontrolle über die Zuchtlinien, besonders die Herkünfte und die Kombination der Urgroßvater- und Urgroßmutterlinie. Die Urgroßeltern geben sie niemals aus der Hand… Auf der nächst niedrigeren Ebene der Hierarchieleiter befinden sich die *Vermehrungsbetriebe*, die in Lizenz für die Zuchtunternehmen die Elterntiere halten und ihnen die Bruteier für die Mast vermehren. Ihnen sind wieder die *Brütereien* nachgeordnet, die die befruchteten Eier in Wärmeöfen ausbrüten und die geschlüpften Eintagsküken an die Mäster verkaufen. Die Brütereien sind meist in der Hand der Fleischkonzerne, die die Verträge mit den Hühnerzüchtern abschließen" (Marí und Buntzel 2007, S. 138).

In der klassischen Landwirtschaft der armen Länder war der Beitrag der Hühner an den Lebensunterhalt der Armen vielfältig und teilweise erheblich. Eier waren vor Ort leicht zu verkaufen, das Fleisch wurde zu besonderen Gelegenheiten verzehrt oder verkauft. Damit stellten die Hühner eine Art lebendige „Sparkasse" dar, mit deren Erträgen arme Familien Mais, Seife, Medikamente oder Schulutensilien kaufen konnten (vgl. Marí und Buntzel 2007, S. 189). Genau diese Selbstversorgungsfunktion selbst gehaltener Hühner ist heute in vielen Ländern Afrikas und in der Karibik aufgrund der Massenimporte von Dumpinghühnerfleisch aus Europa und Amerika als Folge der geöffneten Weltexportmärkte für Hühnerfleisch verloren gegangen.

4.2   Fischerei

Wie wir in Abschn. 3.5 gesehen haben, haben globale, von privaten Akteuren gebildete Wertschöpfungsketten in den letzten Jahren zugenommen. Das gilt auch für die Fischerei. In den vergangenen Jahren nahm aufgrund der gewachsenen Nachfrage nach Fischereiprodukten die Überfischung der Meeresbestände vielerorts zu. Laut FAO (2009) waren bereits 1999 70 % der Fischgründe überfischt.

Dazu kommt, dass sich infolge von klimabedingten Veränderungen die Fischfanggründe in den Weltmeeren verlagern: Einerseits verlagert sich aufgrund steigender Temperaturen das Fischfangpotenzial zu höheren Breiten, andererseits führt die zunehmende

Übersäuerung der oberen Gewässerschichten zu Veränderungen in den Fischbeständen (vgl. IPCC 2013/2014:WGII-18).

Immer wieder kommt es auch zu Produktionseinbrüchen bei bestimmten Arten. So erlebte etwa der Lachs 2016 eine der schwersten Krisen. Norwegen, die Nummer 1 der Lachsproduktion, kämpfte gegen einen massiven Befall von Seeläusen, und Chile als zweitgrößter Lachsproduzent wurde von der Algenpest überrascht. Nach Angaben des staatlichen Veterinäramtes in Norwegen sollen dort 53 Mio. Lachse verendet sein, und für Chile meldete die FAO 27 Mio. toter Fische. Das führte bei den beiden Produzentenländern zu einem deutlichen Produktionsrückgang und der Preis stieg in einen Bereich, „wo es wirklich schmerzt", so Matthias Keller vom Fischinformationszentrum Hamburg (vgl. Kriener 2017, S. 1). Aquakulturen mit Netzkäfigen hatten über Jahre Wachstumsraten von über 6 % aufgewiesen, und der einstige „Luxusfisch" war sozusagen „demokratisiert" und zur Massenware geworden. Gleichzeitig ging seit den 1990er-Jahren der Antibiotikaverbrauch zurück, wobei die Jungfische maschinell gegen Infektionskrankheiten geimpft wurden. Doch die Lachsläuse sind gegen die eingesetzten Insektizide weitgehend resistent geworden. Ein weiteres Problem besteht darin, dass bei Stürmen immer wieder Millionen von Lachsen aus den Gehegen entweichen, sich unter die Wildpopulationen der Lachse mischen und deren Genpol mit ihrem – zum Teil degenerierten – Erbgut kontaminieren. Seit einiger Zeit wird außerdem versucht, die Lachse – als Raubfische – „veganisch" umzuziehen: Statt Fischmehl und Fischöl erhalten sie große Mengen an Pflanzenöl, Soja, Getreide und Hülsenfrüchten. Doch die größte Herausforderung bleibt die Fischlaus. Durch die große Fischdichte in den Gehegen können sich die Schädlinge rasant vermehren. Sie werden bis 12 mm groß und fressen regelrechte Löcher in den Fischkörper. Zum Einsatz gegen die Läuse kommen dabei die aus dem Obstbau bekannte Chemikalien Emamectinbenzoat oder Diflubenzuron, das im Forstbereich gegen Raupen und Stechmücken eingesetzt wird. Außerdem werden auch Bleich- und Desinfektionsmittel wie Wasserstoffperoxid eingesetzt. Dabei müssen die Lachse in abgetrennten Bassins – meist durch um die Netzgehege gespannte Planen – mehrmals im Jahr behandelt werden (vgl. Kriener 2017, S. 14).

Internationale Fischereiabkommen mit Fischfangquoten sollen die Übernutzung von Fischgründen verhindern. Doch innerhalb der EU ist dies bisher nicht gelungen. So hat die Gemeinsame Fischereipolitik der EU von den 1970er- bis zu den 2000er-Jahren zu Übernutzungen der Fischgründe geführt (vgl. Neue Zürcher Zeitung vom 20.09.2017, S. 27). Doch durch Maßnahmen wie Ausrangierung von Schiffen und Fischerbooten, die Verpflichtung, den gefangenen Fisch an Land zu bringen, die Einschränkung von Fangtagen und die Verwendung von Netzen mit grösseren Löchern konnten sich die Fischbestände teilweise erholen. Das zeigt sich etwa am Beispiel des Kabeljaus, der hinsichtlich Anzahl und Größe insbesondere in der nördlichen Nordsee seit ungefähr 2006 wieder zunimmt. Dabei spielt möglicherweise aber auch das wärmere Wasser eine Rolle, ebenso die verbesserte Zusammenarbeit von Fischereibranche, Behörden und Wissenschaft (vgl. Neue Zürcher Zeitung vom 20.9.2017, S. 27).

Trotz Bemühungen einer Reihe von Regierungen blieb der Erfolg, die Fischgründe vor Überfischung zu bewahren, aber andernorts ziemlich erfolglos. 1997 gründeten das Nahrungsmittelunternehmen Unilever und der World Wide Fund For Nature (WWF) den Marine Stewardship Council (MSC). Rasch wurde aus dem MSC eine unabhängige globale Organisation zur Förderung nachhaltiger Fischerei mithilfe des Drucks von Konsumentinnen und Konsumenten (vgl. Oosterveer 2015, S. 127). Dazu gründete der MSC ein eigenes Label für umweltorientierte Fischprodukte. Dabei entwickelte sich aus dem Zertifizierungsprozess ein detaillierter Managementplan für verantwortliche und nachhaltige Fischerei. Bis Juni 2014 erhielten 237 Fischereiunternehmen das MSC-Label. Die meisten von ihnen hatten ihren Sitz in OECD-Ländern, ein Teil war aber auch in Ländern wie Südafrika, Vietnam und Mexiko ansässig. 2014 umfasste das MSC-Programm immerhin rund 10 % der weltweit tätigen Fischfangunternehmen mit über 10 Mio. t Fisch (vgl. Oosterveer 2015, S. 127).

So positiv all diese Bemühungen sind – sie können verbindliche, zwischenstaatliche Regelungen nicht ersetzen. Ähnlich wie GLOBALG.A.P. stellt der MSC eine Art privates Nahrungsmittel-Überwachungs- und Qualitätssicherungssystem dar, das die globale Nahrungssicherheit vergrößert und Umweltschäden verringert. Allerdings – und das ist die andere Seite – fehlt eine globale öffentliche Autorität, welche eine demokratische Entscheidfällung und eine Machtbalance in solchen Arrangements sicherstellt. Laut Oosterveer (2015, S. 128) fehlt deshalb eine wichtige Grundlage für die Autorität und Legitimität solcher Netzwerke.

Literatur

Combris, Pierre/Maire, Bernard/Réquillart, Vincent (2013): Consumption and Consumers. In: Esnouf, Catherine/Russel, Marie/Bricas, Nicolas (Hrsg.): Food System Sustainability. Insights from duALIne. Cambridge: Cambridge University Press. 27 ff.

EFSA (2009): Panel on Animal Health and Welfare (AHAW). Scientific Opinion of the Panel on Animal Health and Welfare on a request from European Commission on the overall effects of farming systems on dairy cow welfare and disease. In: EFSA Journal 1143/2009. 1 ff.

Frank-Oster, Constanze (2013): Der unmoralische Kabeljau und warum wir trotzdem weniger Fleisch essen sollten. In: Gottwald, Franz-Theo/Boergen, Isabel (Hrsg.): Essen und Moral. Beiträge zur Ethik der Ernährung. Marburg: Metropolis. 97 ff.

Gottwald, Franz-Theo/Boergen, Isabel (2013): Food Ethics – eine Disziplin im Wandel. In: Gottwald, Franz-Theo/Boergen, Isabel (Hrsg.): Essen und Moral. Beiträge zur Ethik der Ernährung. Marburg: Metropolis. 11 ff.

Hirschfelder, Gunther (2014): Das Bild unserer Lebensmittel zwischen Inszenierung, Illusion und Realität. In: Leible, Stefan (Hrsg.): Lebensmittel zwischen Illusion und Wirklichkeit. Bayreuth: Verlag P.C.O. 7 ff.

IPCC (2013/2014): Klimaänderung 2013/2014. Zusammenfassung für politische Entscheidungsträger. Beiträge der Arbeitsgruppen I, II und III zum fünften Sachstandsbericht des zwischenstaatlichen Ausschusses für Klimaänderungen (IPCC). Genf: IPCC.

Kriener, Manfred (2017): Fette Fische. Die Umerziehung der Zuchtlachse. In: Le Monde Diplomatique (Ausgabe Schweiz) vom Oktober 2017. 1/14.

Lahrtz, Stephanie (2013): Rettet die männlichen Küken! Nordrhein-Westfalen verbietet Tötung – Erlass selbst für Biobauern kaum umsetzbar. In: Neue Zürcher Zeitung vom 2.10.2013.

Landesanstalt für Entwicklung der Landwirtschaft (2017): Vieh und Fleisch des Jahresheftes Agrarmärkte 2016. Version vom 30.1.2017. Schwäbisch-Gmünd: Landesanstalt für Entwicklung der Landwirtschaft und der ländlichen Räume. https://www.landwirtschaft-bw.info/ pb/site/pbs-bw-new/get/documents/MLR.LEL/PB5Documents/lel/Abteilung_4/Agrarmärkte 2016/08 (Zugriff 1.9.2017).

Marí, Francisco/Buntzel, Rudolf (2007): Das globale Huhn. Hühnerbrust und Chicken Wings – Wer isst den Rest? Frankfurt/Main: 2007.

Neue Zürcher Zeitung (20.9.2017): Kabeljaubestand erholt sich. 27.

OECD-FAO (2014): OECD-FAO Agricultural Outlook 2014-2023. Paris: OECD Publishing. http:// dx.doi.org/10.1787/agr_outlook-2014-en (Zugriff 25.4.2018).

OECD-FAO (2017): OECD-FAO Agricultural Outlook 2017-2026. Paris. OECD Publishing. http:// dx.doi.org/10.1787/agr_outlook-2017-10-en (Zugriff 25.4.2018).

Oosterveer, Peter (2015): Authority and Legitimacy in Governing Global Food Chains. In: Havinga, Tetty/Casey, Donal/van Waarden, Frans (Hrsg.): The Changing Landscape of Food Governance. Public and Private Encounters. Cheltenham/GB: Edward Elgar. 117 ff.

Pollmer, Udo/Keckl, Georg/Alfs, Klaus (2015): Don't Go Veggie. 75 Fakten zum vegetarischen Wahn. Stuttgart: Hirzel.

Wege aus der Hungerkrise (2014): Die Erkenntnisse und Folgen des Weltagrarberichts. Vorschläge für eine Landwirtschaft von morgen. https://www.misereor.de/fileadmin/publikationen/welt-agrarbericht-2014-wege-aus-der-hungerkrise.pdf (Zugriff 18.8.2017).

Agrarhandel

5

Zwischen 1970 und 2000 hat sich der Weltagrarhandel vervielfacht. So wurden 1970 noch Agrarerzeugnisse im Wert von 52 Mrd. US$ gehandelt, 1998 lagen die umgesetzten Beträge für Agrarprodukte bereits bei 438 Mrd. US$ (vgl. Klohn und Windhorst 2001, S. 8). Wenn auch infolge von Preisanstiegen die gehandelte Menge agrarischer Produkte nicht im gleichen Maß anstieg, ist doch die Zunahme des Handelsvolumens beträchtlich. Zwischen 1991 und 2015 wuchs der Wert der Welt-Agrarexporte von 326.274 Mio. auf 1.327.631 Mio. US$, vgl. Abb. 5.1.

Dabei nahmen zwar absolut auch die Agrarexporte der Industrieländer zu, aber ihr relativer Anteil am Welt-Agrarhandel ging zurück, wie Abb. 5.2 zeigt.

Auch wenn im Jahr 2000 noch mehr als 800 Mio. Menschen an Hunger litten, ist die Landwirtschafts- und Nahrungsmittelproduktion im 20. Jahrhundert schneller gewachsen als die Bevölkerung, die immerhin von Anfang bis Ende des Jahrtausends von 1,7 auf über 6 Mrd. Menschen angestiegen ist. Gleichzeitig hat der Anteil von Landwirtschafts- und Nahrungsmittelprodukten am Welthandel von 25 % 1960 auf 17 % 1980 und 10 % 1998 abgenommen (vgl. Berthelot 2001, S. 19). 2008 machten diese Produkte noch 8,5 % des Welthandels aus (vgl. Gardner 2013, S. 36). Gleichzeitig bestanden 27,5 % des Rohstoffhandels („primary products") aus landwirtschaftlichen Rohstoffen.

Allein zwischen 1998 und 2008 hat sich der internationale Handel mit landwirtschaftlichen Produkten verdreifacht (vgl. Esnouf und Bricas 2013, S. 23).

Wie problematisch dabei die Agrarhandelspolitik einzelner Länder ist, zeigt das Beispiel der EU. Die von der EU angestrebten Wirtschaftspartnerschaftsabkommen (WPA) mit den Ländern des Südens sehen vor, die Zölle auf Grundnahrungsmittel wie Getreide (außer Reis) und Milchpulver innerhalb von fünf Jahren gegen null sinken zu lassen. Eine solche Politik dürfte nicht nur die Nahrungsmittelabhängigkeit vieler AKP-Staaten vom Ausland massiv erhöhen. Sie würde auch die lokalen Milchbauern und die Produzenten einheimischer Getreidesorten wie Hirse, Sorghum und Mais sowie von anderen

© Springer Fachmedien Wiesbaden GmbH, ein Teil von Springer Nature 2018
C. J. Jäggi, *Ernährung, Nahrungsmittelmärkte und Landwirtschaft*,
https://doi.org/10.1007/978-3-658-22269-7_5

Abb. 5.1 Entwicklung der
Welt-Agrarexporte. (Quelle:
Bundesministerium für
Landwirtschaft 2017, S. 8;
eigene Darstellung)

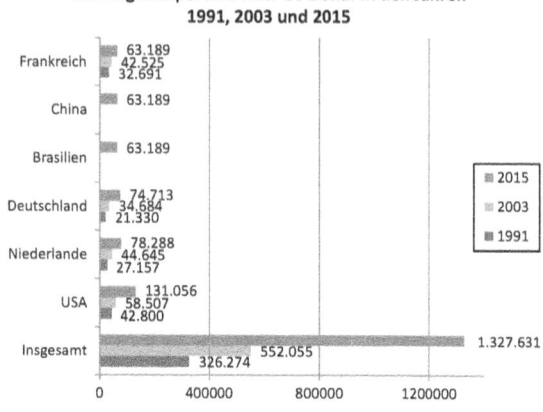

Abb. 5.2 Entwicklung der
Agrarexporte in einigen
wichtigen Ländern. (Quelle:
Bundesministerium für
Landwirtschaft 2017, S. 8;
eigene Darstellung)

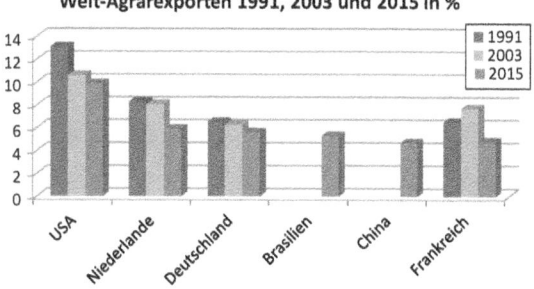

stärkehaltigen Produkten wie Maniok, Jamswurzel und Kochbanane ruinieren (vgl. Berthelot 2017, S. 1). Das haben auch viele afrikanische Länder erkannt. So weigerten sich viele AKP-Länder, bei diesem Wirtschaftspartnerschaftsabkommen mitzumachen, so etwa Nigeria – das 52 % der westafrikanischen Bevölkerung repräsentiert –, Tansania und Uganda (vgl. Berthelot 2017, S. 1). Dass diese Länder nicht so falsch liegen, was ihre Skepsis hinsichtlich der WPAs anbetrifft, dokumentieren folgende Zahlen: Während die EU behauptete, die Getreideexporte Westafrikas würden um 10,2 % und die Rindfleischexporte um 8,4 % steigen, führten die Staaten Westafrikas 2016 3,4 Mio. t Getreideprodukte und 84.895 t Rindfleisch aus der EU ein, während sie nur gerade 22 t Rindfleisch nach Europa exportierten (Berthelot 2017, S. 14). Dabei werden die Verluste der westafrikanischen Länder durch wegfallende Zoll- und Mehrwertsteuereinnahmen durch die EU-Hilfszahlungen bei weitem nicht kompensiert.

Überproduktionen in der landwirtschaftlichen Produktion in den 1960er-Jahren führten zu einem Zerfall der Nahrungsmittelpreise in den 1970er-Jahren. Die in der Folge festzustellenden Produktionsrückgänge in den Korn exportierenden Ländern USA und Kanada sowie unvorhergesehene Ernteausfälle in der Sowjetunion führten dazu, dass

1972 und 1973 die weltweiten Nahrungsmittelvorräte auf den tiefsten Stand seit zwanzig Jahren fielen. Als Folge des Nahostkriegs 1973 wurden die Erdölfördermengen durch die OPEC-Staaten zusätzlich verringert. Während auf der einen Seite die Entwicklungsländer unter den hohen Nahrungsmittel- und Erdölpreisen litten, akkumulierten die OPEC-Staaten riesige Mengen an Petrodollars, die sie bei den Geschäftsbanken anlegten.

Der internationale Handel mit landwirtschaftlichen Produkten hat sich in den vergangenen dreißig Jahren markant verändert, und zwar zum Nachteil der Entwicklungsländer. Während die Entwicklungsländer zu Beginn der 1960er-Jahre einen Außenhandelsüberschuss von 6,7 Mrd. US$ in die Industrieländer aufwiesen, ist dieser Exportüberschuss bis heute sukzessive verschwunden. Ende der 1990er-Jahre war der Handel mit Agrarprodukten mehr oder weniger ausgeglichen, mit zeitweisen Exportüberschüssen und Außenhandelsdefiziten. 2011 importierten zwei Drittel der Entwicklungsländer mehr Lebensmittel, als sie exportieren konnten (vgl. Schäfers 2016, S. 110). Entsprechend prognostizierte die FAO ein wachsendes Exportdefizit der Entwicklungsländer bei landwirtschaftlichen Gütern bis 2030, mit einem Importüberschuss von rund 31 Mrd. US$ – gemessen auf dem Dollar-Wert von 1990 (vgl. Gardner 2013, S. 33). Am meisten betroffen von dieser Entwicklung sind nach Einschätzung der FAO die 49 am wenigsten entwickelten Länder. So soll sich das landwirtschaftliche Handelsdefizit der 49 ärmsten Länder bis 2030 vervierfachen.

Gardner (2013, S. 31) hat die jüngsten Entwicklungstendenzen im globalen Nahrungsmittelhandel wie folgt zusammengefasst: Heute wird der Welthandel mit landwirtschaftlichen Produkten durch viele Einschränkungen behindert. Der traditionelle Nord-Süd-Handel im Nahrungsmittelbereich verändert sich, und sowohl Produktion als auch Exporte in den Entwicklungsländern nehmen zu. In jüngster Zeit hat sich der Wettbewerb im Handel mit landwirtschaftlichen Produkten zwischen entwickelten und wenig entwickelten Ländern verstärkt, was sich insbesondere in den konkurrierenden Nahrungsmitteln im Norden und im Süden zeigt. Neue Handelsströme entstehen infolge veränderter Ernährungsmuster, insbesondere in den „emerging states" infolge von wachsendem Wohlstand und zunehmender Binnenmigration in die Städte. Die bisherigen Handelsgleichgewichte zwischen hoch entwickelten Ländern und Entwicklungsländern verändern sich. Die wachsende geografische Verbreitung der großen Getreideexporteure erhöht die weltweite Nahrungssicherheit, während umgekehrt der Weltnahrungshandel zunehmend von einigen wenigen großen Unternehmen dominiert wird. Gleichzeitig können multinationale Unternehmen den Bauern ihre Bedingungen aufzwingen. Außerdem verlieren die Supermarktketten Marktmacht an die großen Nahrungsmittelkonzerne.

Die großen Nahrungsmittelkonzerne haben in den letzten Jahren die Strategie verfolgt, ihre Märkte durch horizontale und vertikale Integration im Bereich der Nahrungsmittelproduktion und des Transports auf Straße, Schiene und Meer besser zu kontrollieren (vgl. Gardner 2013, S. 46).

Dabei haben neue technische Anbau- und Produktionsmöglichkeiten in den reichen Ländern bisherige Wettbewerbsvorteile der südlichen Länder zunichte gemacht. Noch immer werden die tropischen Nahrungsmittel vor allem aus dem Süden in den Norden exportiert. Das gilt insbesondere für Palmöl, Kaffee, Kakao und tropische Früchte. Weil die entwickelten Länder diese Produkte nicht selber herstellen, haben sie auch keine Schutzmaßnahmen für diese Märkte ergriffen. Allerdings ist die Nachfrage nach solchen Produkten in den Industrieländern zunehmend gesättigt (vgl. Gardner 2013, S. 34).

Der globale Agrarhandel zerfällt in vier Bereiche: lose oder unverpackte Massenprodukte, Zwischenprodukte im Herstellungsprozess, frische Gartenanbauprodukte sowie industriell hergestellte Konsumentenendprodukte. Seit 1980 ist der Anteil der unverpackten Massennahrungsmittel zurückgegangen, weshalb diese Produktart nicht mehr länger ein geeigneter Indikator für den landwirtschaftlichen Welthandel darstellt (vgl. Gardner 2013, S. 34).

Heute stellen Weizen, Getreide, Kaffee und Kakaobohnen die wichtigsten unverpackten Massennahrungsmittel dar. Während die Entwicklungsländer vor allem unverpackte Massennahrungsmittel einführen, importieren die reichen Länder im Nahrungsmittelbereich vor allem industriell hergestellte Konsumentenendprodukte.

Der künftige Erfolg der einzelnen Länder im Nahrungsmittelhandel wird davon abhängen, wie wettbewerbsfähig die Produzenten sind und ob Handelshemmnisse abgeschafft werden können. Dabei steigen auch die finanziellen Anforderungen an die Produzenten: Inputkosten, Investitionen für Technologie und Produktivitätsstandards – insbesondere in der Viehzucht – variieren von Region zu Region. Weitere Faktoren sind die Fruchtbarkeit des Bodens und Klimaänderungen (vgl. Gardner 2013, S. 34).

Der internationale Agrarhandel hat sich in den letzten Jahrzehnten stark verändert. Ursprünglich war dem Agrarsektor im GATT eine Sonderrolle zugestanden worden. Quantitative Einfuhrbeschränkungen waren zum Schutz der einheimischen Produktion erlaubt geblieben. Außerdem hatte das GATT den Agrarsektor vom Verbot für Exportsubventionen ausgenommen. Diese Zugeständnisse an die Agrarpolitik der Industrieländer waren vor allem von den USA und Großbritannien, später auch von Kanada und der EU – und der Schweiz – intensiv genutzt worden. Diese Schutzmechanismen hatten starke Auswirkungen auf den Außenhandel. Laut Josling (2015, S. 122) führte diese GATT-Praxis jedoch zu einem „weitgehend dysfunktionalen Handelsregime". Erst die Uruguay-Runde beendete die weitgehende Regelungsfreiheit des Weltagrarhandels. Mengenbeschränkungen in den Importen wurden im Agrarabkommen (URAA), von ganz wenigen Ausnahmen abgesehen, ausdrücklich verboten. Für Exportsubventionen und die subventionierten Exportmengen wurden Obergrenzen festgelegt und schrittweise verringert. Außerdem wurden die am meisten handelsverzerrenden inländischen Subventionen in der Landwirtschaft beschränkt. In der – bisher nicht abgeschlossenen – Doha-Runde der WTO sollten Exportsubventionen ganz aufgehoben, die Möglichkeiten inländischer Subventionen weiter reduziert und gebundene Zollsätze wesentlich verringert werden (vgl. Josling 2015, S. 122 f.).

In der Uruguay-Runde war der Agrarhandel der Schlüsselsektor. In den 1980er- und 1990er-Jahren lief eine heftige Auseinandersetzung zwischen den USA und der EG, wobei erstere eine völlige Liberalisierung des Agrarhandels verlangten. Die USA als Agrarexporteur Nummer 1 wollte ihren Agrarexport angesichts ihres Handelsbilanzdefizits verstärken, während die EG ihren Agrarsektor durch Handelsbeschränkungen schützen wollte. Dazu kam, dass die USA hofften, durch die Erzwingung der Freigabe des Agrar- und Nahrungsmittelhandels die strengen Gesundheitsvorschriften der EG und später der EU, z. B. hinsichtlich der Hormonbelastung des Fleisches, zu unterlaufen: Nach einem etwaigen Abbau der Handelsbeschränkungen hätten die Vorschriften und die entsprechenden Einfuhrkontrollen als unzulässige Handelseinschränkungen klassifiziert und damit als GATT-widrig eingestuft werden können, was zu ihrer Aufhebung geführt hätte.

Ein wichtiges Glied der zwar globalisierten, aber ungerechten Weltwirtschaftsordnung ist der Internationale Währungsfonds (IMF). Auf Empfehlung – oder besser: Anordnung – des Internationalen Währungsfonds leiteten viele arme Länder – da sie auf weitere Kredite angewiesen waren – Strukturanpassungsprogramme ein, die einseitig die Ärmsten trafen: Abbau von sozialen Zuschüssen, Nahrungsmittelsubventionen, Staatsausgaben für Soziales und Erziehung, Aufhebung von Preissubventionen auf den Grundnahrungsmitteln. In verschiedenen Ländern kam es in diesem Zusammenhang zu Unruhen und zu massiven Protesten gegen die Strukturanpassungsprogramme. Dazu kommt, dass gemäß Weltentwicklungsbericht (2008, S. 117) ausgerechnet die Transformationsländer und die hochentwickelten, urbanisierten Länder ihren Agrarsektor besonders schützen, nicht aber die armen und ärmsten Länder.

5.1 Produzentenmärkte

Im Laufe der Zeit hat sich der Anteil am Verkaufserlös, den die Bauern für ihre Produkte erzielten, sukzessive verringert, wie Abb. 5.3 zeigt.

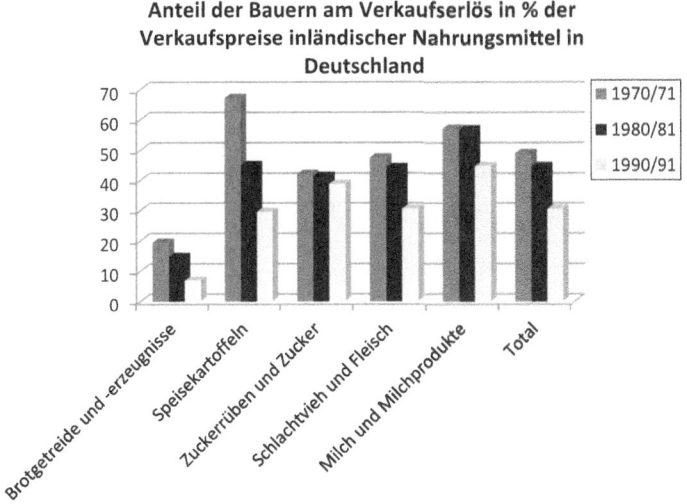

Abb. 5.3 Von Bauern erzielter Anteil am Verkaufserlös ihrer Produkte in Deutschland. (Quellen: Anderegg 1999, S. 116, eigene Recherchen und Darstellung)

Gleichzeitig unterliegen die Preise für Nahrungsmittel und landwirtschaftliche Produkte längerfristigen Schwankungen. Das sogenannte Cobweb-Theorem – auch Schweinezyklus genannt – drückt die Tatsache aus, dass die Agrarmärkte mittelfristig einer periodischen Instabilität unterliegen. Der Schweinezyklus wurde in den 1920er-Jahren von Arthur Hanau (1927; vgl. auch Hanau und Jasny1930) beobachtet und beschrieben. Bei Preis-Nachfrage-Elastizität führt eine Nachfrageerhöhung in der aktuellen Periode zu einer Preiserhöhung in der nächsten Periode. Dadurch sinkt die Nachfrage und in der Folge sinken die Preise. Dies wiederum bewirkt ein geringeres Angebot und führt zu Preiserhöhungen usw. Die relativ langen Zyklen – z. B. drei Jahre – sind in den relativ langen Produktionsperioden (z. B. Zucht von Jungtieren und Fütterung bis zur Schlachtreife) begründet. Die Zyklizität ergibt sich aus der Zeitspanne von Preiserhöhung bzw. Produktionsreduktion bis zur Schlachtreife (vgl. Anderegg 1999, S. 135). Produktionszyklen entstehen vor allem in kleinen, mengmäßig begrenzten Märkten und in Produktionsketten, die sich über größere Zeitperioden erstrecken (vgl. Anderegg 1999, S. 136).

Ein besonderes Problem stellt die Tatsache dar, dass – insbesondere im Landwirtschafts- und Nahrungsmittelbereich – vielerorts Erzeugermärkte und Verbrauchermärkte entstanden sind, die räumlich und zeitlich getrennt sind. Während Bauern, die ihre Produkte lokal vermarkten konnten, diese direkt den Konsumenten anboten, führte in jüngster Zeit die zunehmende räumliche Distanz von Produktion und Konsum nicht selten zur Ausbildung getrennter Erzeuger- und Verbrauchermärkte, zwischen denen Marktagenten vermittelten. Vor allem große räumliche Entfernungen zwischen Produzenten und Konsumenten, aber auch hohe Transaktionskosten förderten diese Entwicklung (vgl. Anderegg 1999, S. 147). Allerdings scheint sich diese Entwicklung mit dem Internethandel und der hohen globalen Verkehrsdichte in jüngster Zeit eher wieder umzukehren.

Eine zusätzliche Schwierigkeit aus Sicht der landwirtschaftlichen Produzenten besteht darin, dass auf der einen Seite die Verarbeitungsbetriebe der Ernährungsindustrie von den landwirtschaftlichen Produzenten große, möglichst einheitliche Rohstoffmengen verlangen. Dadurch erhöht sich der Wettbewerbsdruck und die Großabnehmer besitzen eine große Marktmacht, weil sie die Preise drücken können. Auf der anderen Seite verlangt der Einzelhandel nach Ort, Zielgruppen und Zeit differenzierte Produkte je nach Präferenzen der Zielgruppen. Die Verbraucherwünsche gehen dabei vor allem in Richtung Qualität, Gesundheit, Schlankheit und – teilweise – verkaufsfördernde Verpackung (vgl. Anderegg 1999, S. 153). Die Produzenten müssen diese Präferenzen – oft in kleinen Mengen – erfüllen, was wiederum zu höheren Kosten führt, die aber nur teilweise über entsprechende Preise abgewälzt werden können.

Marí und Buntzel (2007, S. 136) haben mit Blick auf die Geflügelproduktion darauf hingewiesen, dass in verschiedenen Branchen die vertraggebenden Unternehmen den Ton angeben, was zu erheblichen Preisverzerrungen führen kann und teilweise den Marktmechanismus außer Kraft setzt. Dabei ist nicht mehr der direkte Produzent (Bauer) preisbestimmend, sondern die Preise werden durch diejenigen Firmen bestimmt, welche die Produktionsketten kontrollieren und teilweise monopolisieren.

5.2 Konsumentenmärkte

Schon im 19. Jahrhundert hat der Statistiker Ernst Engel (1857) bei der Analyse von Zusammenhängen zwischen Ausgaben für Nahrungsmittel und der Einkommenshöhe festgestellt, dass bei steigendem Haushaltseinkommen die Ausgaben für Nahrungsmittel absolut steigen, jedoch relativ zum Einkommen abnehmen (vgl. Engel 1857/1895 sowie Anderegg 1999, S. 108 f.).

Lieske Voget-Kleschin (2013, S. 87) hat darauf hingewiesen, dass aufgrund der vom Durchschnittskonsumenten kaum mehr überblickbaren Situation in Bezug auf „biologische", konventionelle und gentechnisch veränderte Nahrungsmittel die Distanz zwischen Nahrungsmittelproduzenten und -konsumenten wächst, physisch und psychologisch. Das hat auch ökonomische Folgen: Der Markt wird unübersichtlich, zerfällt zunehmend in völlig unterschiedliche Teilmärkte – z. B. Fleischmarkt, vegetarische Produkte, vegane Produkte, Bioprodukte usw. Mögliche Folge: Der Nahrungsmittelmarkt wird zunehmend zu einem Anbietermarkt. Dazu kommt: Der Konsument begnügt sich immer weniger mit einer reinen Produktqualität, sondern er stellt zunehmend auch prozedurale Forderungen und verlangt Prozessqualität, wie z. B. artgerechte Tierhaltung, lokale Produktion, gentechnikfreie Produktion usw.

Bereits zeigen sich erste Anzeichen einer Trendumkehr, was die Globalisierung und die Konzentration auf wenige transnationale Nahrungsmittelproduzenten betrifft. So sagte etwa der Nestlé-Chef Mark Schneider an einer Investorentagung im September 2017, dass die jungen und jüngsten Konsumenten – also die sogenannten Millennials, die zwischen 1980 und 2000 Geborenen – in Bezug auf Nahrung ein ganz anderes Kaufverhalten hätten als frühere Generationen: Nicht mehr Massenprodukte, sondern biologische, regional hergestellte und gesundheitlich vollwertige Nahrungsmittel seien im Trend, während viele Millennials globalisierte Esswaren „uncool" finden würden (vgl. Aiolfi 2017, S. 12). Einige der Nahrungsmittelkonzerne hätten diese neuen Trends erkannt und würden verstärkt Nahrungsmittel mit geringerem Zucker- und Fettgehalt anbieten. Der Danone-Chef Emmanuel Faber sagte jüngst auf einer Konsumgütertagung in Berlin, die Nahrungsmittelbranche wolle immer noch den Konsumenten vorschreiben, was sie zu essen hätten. Auch andere Beobachter sind der Ansicht, dass die Nahrungsmittelindustrie das Gespür für Konsumentenbedürfnisse verloren hätte (vgl. Aiolfi 2017, S. 12). Ob man daraus allerdings bereits eine Trendumkehr in Richtung Konsumentenmärkte und einen Vorteil für kleinere Anbieter herauslesen kann, muss vorläufig noch offen bleiben – auch wenn infolge der Digitalisierung die Markteintrittsschranken gesunken und neue Anbieter auf den Markt gekommen sind (vgl. Aiolfi 2017, S. 12). Nach einer Studie der Boston Consulting Group haben die kleinen und mittleren Konsumgüteranbieter in den USA ihren Marktanteil auf Kosten ihrer großen Konkurrenten von 43 % auf 46 % erhöht, und es deutet einiges darauf hin, dass sich diese Entwicklung ausweiten könnte (vgl. Aiolfi 2017, S. 12).

Große Unternehmen haben auf die zunehmende Segmentierung der Konsumentenmärkte mit dem Aufkauf kleinerer, innovativer Nahrungsmittelanbieter reagiert. So hat
etwa Nestlé 2017 innovative amerikanische Firmen wie Freshly (Fertigmahlzeiten),
Sweet Earth (vegetarische und veganische Lebensmittel) oder Blue Bottle Coffee (eine
Kaffeehauskette) aufgekauft. Zwar sind diese Firmen umsatzmäßig noch Leichtgewichte
verglichen mit dem Konzernumsatz der Nestlé, aber sie zeigen die neue Entwicklung.
Laut Aiolfi (2017, S. 12) befinden sich die Nahrungsmittelmultis heute in einer ähnlichen
Situation wie die großen Pharmaunternehmen in den 1990er-Jahren, als sie im großen
Maßstab innovative Firmen und Start-up-Unternehmen im Biotechbereich aufkauften.
Allerdings hängt der Erfolg einer solchen Strategie gerade auch im Nahrungsmittelbereich davon ab, dass die aufgekauften Firmen ihre eigene Identität und ihr Eigenleben
behalten und selbstständig ihre spezifischen Zielgruppen bearbeiten, mit eigenen, unver-
wechselbaren Produkten und entsprechenden Labels.

Auf jeden Fall scheint die Ernährung zunehmend zu einer Frage des Lifestyles zu
werden. Damit entstehen zunehmend gruppen- und schichtspezifische Marktsegmente
und Teilmärkte. Doch weiterhin gilt, dass die Nahrungsqualität immer noch und sogar
zunehmend auch einkommensabhängig wird. So ist bekannt, dass Unterschichtangehö-
rige – gerade weil sie einen größeren Teil ihres Einkommens für Nahrung ausgeben müssen – auf billige und oft minderwertige Nahrung ausweichen, was zu gesundheitlichen
Folgen führen kann, wie Fettleibigkeit, Herz-Kreislauf-Erkrankungen usw.

Doch darüber hinaus stellt sich auch die Frage, ob das Becksche Diktum der
Risikogesellschaft, wonach die großen technologischen Risiken mehr und mehr alle
Bevölkerungsgruppen und -schichten treffen und teilweise nicht einmal wahrgenommen
werden (vgl. Beck 1986, S. 35 ff.), nicht zunehmend auch für die Nahrung gilt, die
immer häufiger gentechnisch verändert und neuestens auch nanotechnisch bearbeitet
wird.

Das Nanoinformationsportal, ein Zusammenschluss von verschiedenen öster-
reichischen Ministerien, Verwaltungsstellen, Umweltorganisationen und Forschungs-
sowie Bildungseinrichtungen thematisiert Bedeutung, Zusammenhänge und mögliche
Gefahren der Nanotechnologie:

Was mit Nanotechnologie möglich ist
„Mit Hilfe der Nanotechnologie können Lebensmittel länger frisch gehalten werden. Auch das
Aussehen, der Geschmack und die Konsistenz können verändert werden. Wichtige Stoffe wie Vit-
amine, Mineralstoffe oder Aromastoffe können von nanostrukturierten Materialien umgeben und
somit ‚eingekapselt' werden. Diese Kapseln dienen als Schutz für die Wirkstoffe. Empfindliche
Stoffe können so besser verarbeitet werden.

… und was nicht
Oft ist von Nanotechnologie bei Lebensmitteln von fantasievollen Produkten zu hören. Beispiele für
diese zauberhaften Produkte sind Milchshakes, die je nachdem, wie kräftig sie geschüttelt werden,
nach Vanille, Erdbeere oder Schokolade schmecken sollen. Oder Pizza, die nach Salami, Schin-
ken oder Pilzen schmecken soll, je nachdem wie sie in der Mikrowelle aufgebacken wird. Solche
Lebensmittel sind jedoch nur Vision und haben mit der derzeitigen Wirklichkeit nichts zu tun.

An Nanomaterialien geforscht wird sowohl bei den Herstellern von Lebensmitteln als auch bei Herstellern von Verpackungen. In der Verpackungsindustrie ist die Verwendung von Nanomaterialien schon weiter fortgeschritten. Realistisch bei Lebensmitteln sind verschiedene Verkapselungssysteme.

Wissen wir schon alles?
Darüber, was mit absichtlich hergestellten Nanopartikeln passiert, wenn sie mit dem Lebensmittel in den Körper gelangen, ist noch wenig bekannt. Die Europäische Behörde für Lebensmittelsicherheit (EFSA) kommt in ihrer Studie 2009 zu dem Schluss, dass es bis jetzt zu wenige Informationen für eine Bewertung der gesundheitlichen Auswirkungen von Nanomaterialien in Lebensmitteln gibt. Derzeit überwiegt bei den Experten die Meinung, dass abbaubare Nanopartikel gesundheitlich unbedenklich sind. Handelt es sich um lösliche Nanopartikel, die in Lösung gehen, so sind sie nicht mehr als ‚Nano' anzusehen. Was mit Partikeln passiert, die unlöslich sind und in ihrer Nanoform verbleiben, daran muss noch weiter geforscht werden" (Nanoinformationsportal 2017).

All das zeigt, dass vieles bereits jetzt möglich ist und wahrscheinlich gerade im Nahrungsmittelbereich noch einiges auf uns zukommen wird. Die Folgen sind heute noch unabsehbar und können unter Umständen verheerend sein.

Allerdings ist die Haltung vieler Lebensmittelkonsumenten auch widersprüchlich. Viele Konsumenten verlangen auf der einen Seite billige Nahrungsmittel, auf der anderen Seite wollen sie auch gentechnikfreie und biologische Nahrungsmittel, und gleichzeitig steigen die sekundären Qualitätsansprüche etwa in Bezug auf Aussehen, Größe usw. laufend. Ob das langfristig aufgehen kann?

Für die Konsumenten wird es dabei immer schwieriger, sich ausreichend zu informieren. Ob man aber dabei von einer „Entmachtung des Konsumenten als dominante Figur des Marktgleichgewichts" sprechen kann (vgl. Deutschmann 1996, S. 326), muss offen bleiben. Doch zweifellos gibt es Schwierigkeiten.

So ist wohl unbestritten, dass die Kennzeichnungspflicht für Nahrungsmittel und besonders für gentechnikfreie Nahrungsmittel völlig ungenügend ist. Auch „gentechnikfreie" Nahrungsmittel können in geringen Anteilen genveränderte Substanzen enthalten. So hält etwa Voget-Kleschin (2013, S. 93) fest: Dies alles

zeigt, dass weder die Kennzeichnungspflicht noch das Label ‚ohne Gentechnik' dem Wunsch der Verbraucher nach Information zu Gentechnikfreiheit als Prozessqualität gerecht wird. Darüber hinaus ist anzunehmen, dass ein Großteil der Verbraucher annimmt, das Label ‚ohne Gentechnik' kennzeichne Produkte, bei deren Erzeugung tatsächlich *grundlegend* (und nicht nur über eine bestimmte Zeitspanne) auf den Einsatz gentechnisch veränderter Organismen verzichtet wurde. Man könnte sogar hinzufügen, dass das Label auch Anforderungen an prozedurale Qualität im Sinne einer Verlässlichkeit von Informationen über Nahrungsmittel … verletzt.

Ein wichtiger – und möglicherweise an Bedeutung zunehmender – Trend ist die Nachfrage nach lokalen Produkten. Eine Befragung einer St. Galler Managementberatung ergab 2017, dass über 80 % der antwortenden Personen Regionalprodukte positiv beurteilten und durchschnittlich 70 % bei gleichem Preis einem Regionalprodukt den

Vorzug geben (Feige et al. 2017, S. 5). So hatten von 1260 befragten Personen in der deutschen und französischen Schweiz 82 % ein positives oder sehr positives Bild von den Regionalprodukten, nur gerade 1 % sah die regionalen Produkte negativ (vgl. Feige et al. 2017, S. 7). Viele Konsumenten sind außerdem bereit, für Regionalprodukte mehr zu bezahlen, und zwar im Schnitt bis zu 20 % des Verkaufspreises (vgl. Feige et al. 2017, S. 5). Die Bevorzugung der regionalen Produkte bezieht sich vor allem auf Lebensmittel, geht aber darüber hinaus.

Literatur

Aiolfi, Sergio (2017): Zeit, kleinere Brötchen zu backen. In: Neue Zürcher Zeitung vom 20.10.2017. 12.

Anderegg, Ralph (1999): Grundzüge der Agrarpolitik. München/Wien: R. Oldenbourg.

Beck, Ulrich (1986): Risikogesellschaft. Auf dem Weg in eine andere Moderne. Frankfurt/Main: edition suhrkamp.

Berthelot, Jacques (2001): L'Agriculture. Talon d'Achille de la mondialisation. Clés pour un accord agricole solidaire à l'OMC. Paris: L'Hamattan.

Berthelot, Jacques (2017): Geplündert. Die neuen Freihandelsverträge schaden Afrika. In: Le Monde Diplomatique (Ausgabe Schweiz) vom November 2017. 1 ff.

Bundesministerium für Ernährung und Landwirtschaft (2017): Agrarexporte 2017. Daten und Fakten. Bonn: Bundesministerium für Ernährung und Landwirtschaft. http://www.bmel.de/SharedDocs/Downloads/Broschueren/Agrarexporte_2017.pdf?__blob=publicationFile (Zugriff 25.4.2018).

Deutschmann, C. (1996): Marx, Schumpeter und Mythen ökonomischer Rationalität. In: Leviathan 24(3) 323 ff.

Engel, Ernst (1857): Die Productions- und Consumtionsverhältnisse des Königreichs Sachsen. In: Zeitschrift des Statistischen Bureaus des Königlich Sächsischen Ministeriums des Inneren. No. 8/9. Erneut abgedruckt in: Engel, Ernst: Die Lebenskosten belgischer Arbeiter früher und jetzt. Dresden 1895.

Esnouf, Catherine/Bricas, Nicolas (2013): Context: New Challenges for Food Systems. In: Esnouf, Catherine/Russel, Marie/Bricas, Nicolas (Hrsg.): Food System Sustainability. Insights form duALIne. Cambridge: Cambridge University Press. 5 ff.

Feige, Stephan/Annen, Raphael/Hirsbrunner, Roman/Scharfenberger, Philipp (2017): Regionalprodukte: Was ist Herkunft wert? Eine empirische Studie. St. Gallen: htp St. Galler Managementberatung AG.

Gardner, Brian (2013): Global Food Futures. Feeding the World in 2050. London/New York: Bloomsbury.

Hanau, Arthur (1927): Die Prognose der Schweinepreise. In: Vierteljahreshefte zur Konjunkturforschung, Sonderheft 2/1927. Berlin.

Hanau, Arthur/Jasny, N. (1930): Die Märkte der wichtigsten landwirtschaftlichen Produkte. In: Handbuch der Landwirtschaft. Band 1. Berlin.

Josling, Tim (2015): Reflections on the Exceptional Treatment of Agriculture in the WTO. In: Josling, Tim: Farm Policies and World Markets. Monitoring and Disciplining the International Trade Impacts of Agricultural Policies. Singapur: World Scientific Publishing. 122 ff.

Klohn, Werner/Windhorst, Hans-Wilhelm (2001): Weltagrarwirtschaft und Weltagrarhandel. Vechtaer Materialien zum Geographieunterricht (VMG). Heft 8. Vechta: ISPA.

Marí, Francisco/Buntzel, Rudolf (2007): Das globale Huhn. Hühnerbrust und Chicken Wings – Wer isst den Rest? Frankfurt/Main: 2007.

Nanoinformationsportal (2017): Lebensmittel. Österreichische Agentur für Gesundheit und Ernährungssicherheit AGES. Wien. http://nanoinformation.at/lebensmittel/lebensmittel-und-nano.html (Zugriff 25.4.2018).

Schäfers, Eduard (2016): Strukturen und Probleme einer globalisierten Welt. Göttingen: Cuvillier.

Voget-Kleschin, Lieske (2013): Die Nachfrage nach gentechnikfreien Lebensmitteln als Beispiel der politischen Dimension von Kaufentscheidungen. In: Gottwald, Franz-Theo/Boergen, Isabel (Hrsg.): Essen und Moral. Beiträge zur Ethik der Ernährung. Marburg: Metropolis. 87 ff.

Weltentwicklungsbericht (2008): Agrarwirtschaft für Entwicklung. Weltbank. Düsseldorf: Droste Verlag.

Biodiversität und Biolandbau

In den letzten Jahrzehnten hat die Biodiversität in vielen Gebieten der Welt laufend abgenommen. Ein Hauptgrund dafür ist die Ausdehnung der landwirtschaftlich genutzten Flächen und damit die Abnahme natürlicher Habitate und bestehender Ökosysteme (vgl. Bringezu et al. 2015, S. 112). Das Business as usual und die immer noch wachsende Weltbevölkerung – die 2050 9,3 Mrd. Personen betragen dürfte (vgl. Russell und Omer 2015, S. 126) – dürfte zu einer weiteren Ausdehnung der landwirtschaftlich genutzten Flächen und zu weiteren Artenverlusten führen.

Die heute noch weitgehend gültige Regel, dass die Ausweitung großflächiger landwirtschaftlicher Produktion gleichbedeutend ist mit Verlust von Biodiversität, muss dringend durchbrochen werden. Eine der Möglichkeiten dazu ist die Förderung des biologischen und ökologischen Anbaus sowie die Verbreitung von Mischkulturen.

Die Internationale Vereinigung der ökologischen Landbaubewegungen IFOAM – der weltweit größte Zusammenschluss von Biolandbauvereinigungen – hat vier Prinzipien formuliert, wie das Verhältnis von Mensch und Natur durch Ökolandbau auf eine neue Basis gestellt werden könnte:

- Gesundheitsprinzip: Gesundheit des Bodens, der Pflanzen und Tiere, der Menschen und des Planeten als Ganzes bewahren und stärken;
- Ökologieprinzip: Die Landwirtschaft soll auf lebendigen Ökosystemen aufbauen, mit diesen arbeiten und sie nachahmen und stärken.
- Gerechtigkeitsprinzip: Der Landbau soll auf gesellschaftlichen Beziehungen aufbauen und die Gerechtigkeit im Hinblick auf die gemeinsame Umwelt und die Chancengleichheit sichern.
- Sorgfaltsprinzip: Die Landwirtschaft soll auf vorsorgende und verantwortungsvolle Art betrieben werden und die Gesundheit und das Wohlbefinden der heutigen und der künftigen Generationen bewahren und die Umwelt schützen (vgl. Rist 2014, S. 143).

© Springer Fachmedien Wiesbaden GmbH, ein Teil von Springer Nature 2018
C. J. Jäggi, *Ernährung, Nahrungsmittelmärkte und Landwirtschaft*,
https://doi.org/10.1007/978-3-658-22269-7_6

Doch auch industrielle landwirtschaftliche Betriebe können zur Biodiversität beitragen, etwa durch Anlegen von Brachgebieten und verstärkte Ausrichtung auf Mischkulturen.

6.1   Biodiversität bewahren

Über Jahrhunderte hatte die traditionelle Landwirtschaft in vielen Ländern durch Erzeugung und Bewahrung von Saatgut dafür gesorgt, dass die Artenvielfalt der Nutzpflanzen erhalten blieb und sogar ausgeweitet wurde. Bis zum Aufkommen der industriellen Saatgutindustrie hatten etwa in den USA die Farmer und einige Gartenbauer das Saatgut gepflegt und entwickelt (vgl. Hicks 2013, S. 77).

Die auf der Konferenz von Rio de Janeiro 1992 beschlossene Erklärung über Nachhaltige Entwicklung gab der Biodiversitäts-Diskussion großen Auftrieb.

1998 entschied sich die Europäische Union mit der Unterzeichnung der Convention on Biological Diversity (CBD) von 1992 für eine Biodiversitätsstrategie. Diese wurde 2006 konkretisiert. Sie setzte sich das Ziel, den Verlust biologischer Vielfalt bis 2010 zu stoppen (vgl. Haber 2014, S. 131). Allerdings hat die EU – wie Haber (2014, S. 131) kritisiert – ihre Biodiversitätsstrategie nur unzureichend in ihre übrige Förderpolitik einbezogen, weshalb das 2010-Ziel verfehlt wurde. 2011 beschloss die EU eine weitere, bis 2020 terminierte Biodiversitätsstrategie, die an der nach Meinung von Haber (2014, S. 131) unrealistischen Zielsetzung festhält, den Verlust der Biodiversität zu stoppen.

Schon 1976 hatte das deutsche Bundesnaturschutzgesetz die Erhaltung der Leistungs- und Funktionsfähigkeit der Natur als eines von vier Zielen definiert. Dabei empfahl der deutsche Rat von Sachverständigen für Umweltfragen in seinem Umweltgutachten von 1987 das „Allgemeine Ökologische Modell" der Niederlande von van der Maarel und Dauvellier (1978) als Grundlage der deutschen Umweltpolitik. Das niederländische Modell unterschied vier Typen von Umweltleistungen, nämlich Produktions-, Träger-, Informations- und Regulierungsleistungen (vgl. Haber 2014, S. 133). Innerhalb dieser vier Leistungskategorien – die Informationsleistungen wurden neu als kulturelle Ökosystemleistungen bezeichnet – identifizierten zwischen 2001 und 2005 unter Aufsicht des United Nations Environmental Programme UNEP Wissenschaftler aus 95 Ländern im Rahmen der sogenannten MEA-Studie insgesamt 28 Ökosystemleistungen (vgl. MEA 2005 sowie Haber 2014, S. 133).

Allerdings ist die MEA-Studie ambivalent:

> Das MEA stellt die wohl gründlichste, kaum zu übertreffende Zusammenfassung der Kenntnisse über die ökologische Situation des Planeten und der davon abhängigen Menschheit dar und ist eine einzigartige Leistung der dafür zuständigen Wissenschaften. Obwohl es auf die vielfältigen, auch gegensätzlich wirkenden und oft kaum vereinbaren Einzelheiten angemessen eingeht, täuscht sein integrativer Ansatz Lösungsmöglichkeiten für grundlegende Mensch-Umwelt-Probleme vor, die der Wirklichkeit nicht standhalten. Man kann jeweils einzelne Ökosystemleistungen (aber längst nicht alle) quantifizieren und vergleichen, erfasst damit aber nicht die aus ihrer Interaktion hervorgehenden Leistungen.

Daher versteht man auch nicht, welchen Einfluss Landnutzung und -management auf sie ausüben... Das betrifft gerade die Zusammenhänge von Landwirtschaft ... und Naturschutz (Haber 2014, S. 134).

An der 13. Vertragsstaatenkonferenz der Biodiversitätskonvention (Convention on Biological Diversity CBD) richteten die Teilnehmer im Dezember 2016 einen eindringlichen Appell an die Weltöffentlichkeit, rasch zu handeln. Politik und Wirtschaft sollten die Erhaltung der Biodiversität zu ihrer zentralen Aufgabe machen (vgl. Bundesamt für Umwelt 2017, S. 7 f.).

Im September 2017 verabschiedete die Schweizerische Landesregierung einen Aktionsplan zur Strategie Biodiversität Schweiz. Angesichts der Tatsache, dass in der Schweiz laut einem Bericht des Bundesamtes für Umwelt fast die Hälfte der untersuchten Lebensräume bedroht sind, beschloss die Regierung 26 Maßnahmen zur direkten und indirekten Förderung der Biodiversität und der Wissensvermittlung und Sensibilisierung zu Fragen der Biodiversität (vgl. Bundesamt für Umwelt 2017). Allerdings ist der Bericht inhaltlich sehr mager – wenn man einmal von der Aufzählung laufender und geplanter Maßnahmen absieht.

Olivier de Schutter, Professor an der Universität Leuven in Belgien und Sonderberichterstatter der UNO für das Recht auf Nahrung 2008–2014, nannte als einen der Gründe, warum Monsanto vor Gericht zu ziehen sei, dass dessen Aktivitäten die Biodiversität gefährde:

Wir sind jetzt an einem Punkt, an dem wichtige Entscheidungen getroffen werden müssen, in Bezug darauf, wie die landwirtschaftliche Produktion ausgerichtet werden soll. Wollen wir auf noch größere Monokulturen zusteuern, die von fossiler Energie, Pestiziden und genveränderten Pflanzen abhängig sind? Oder sollen wir auf eine diversifizierte Landwirtschaft setzen, welche die Ökosysteme respektiert und damit viel nachhaltiger ist und auch hoch produktiv sein kann, indem diese Art der Bewirtschaftung mit der Natur arbeitet anstatt gegen sie? Um die Öffentlichkeit über die Herausforderungen aufzuklären ... brauchen wir ein solches Tribunal, an das wir die großen Besorgnisse richten können, die durch die industrielle Landwirtschaft – symbolisiert durch Monsanto – hervorgerufen werden (de Schutter 2017, S. 24).

6.2 Das Nahrungsabfallproblem

In den Industrienationen wandern nach Angaben der FAO pro Jahr und Kopf 95 bis 115 kg Essbares auf den Müll (vgl. Kunz et al. 2013, S. 23). Besonders viel Abfall entsteht bei Obst und Gemüse. Kunz et al. (2013, S. 23) schätzen je nach Region den Anteil von Obst und Gemüse, das zwar gepflanzt, gedüngt, bewässert und geerntet, aber nicht mehr verzehrt wird, zwischen 37 % (Asien) und 50 % (Nord- und Südamerika). Vom Fischfang werden 30 bis 50 % nicht verspeist, ebenso 10 bis 25 % aller Milchprodukte (vgl. Kunz et al. 2013, S. 23).

Von Kartoffeln und Karotten werden – so Kunz et al. (2013, S. 25) – bereits 30 bis 40 % auf dem Feld aussortiert, weil sie zu klein, zu groß oder nicht schön genug sind. Abb. 6.1 zeigt, wo die meisten Nahrungsmittelabfälle entstehen.

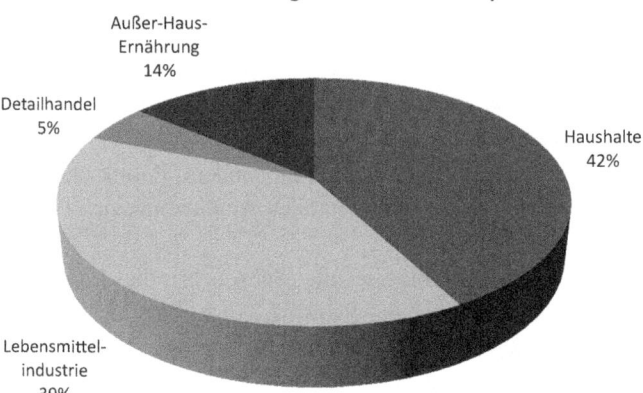

Abb. 6.1 Wo entstehen die Nahrungsmittelabfälle? (Quellen Redlingshöfer und Soyeux 2013, S. 141 sowie weitere Recherchen; eigene Darstellung)

Wie man sieht, entsteht aber der größte Teil des Nahrungsmittelabfalls in den wohlhabenden Staaten beim Endverbraucher, also zu Hause in den Privathaushalten. So werfen Amerikaner und Europäer im Schnitt 100 kg Lebensmittel pro Jahr weg, davon ein Drittel sogar ungeöffnet und unberührt. Die Gründe sind vielfältig: Lebensmittel werden schlicht nicht konsumiert und verderben, in anderen Fällen sind die Konsumenten unsicher oder falsch informiert in Bezug auf die Verfallsdaten. Wenig überraschend werfen ältere Menschen – welche noch Mangel erlebt haben – und Arme weniger Lebensmittel weg.

Als weitere Ursache kritisiert die FAO Überproduktion infolge falscher Produktionsanreize durch Subventionen (vgl. Kunz et al. 2013, S. 26).

Doch auch in den Entwicklungsländern geht viel verloren. So sollen dort bis zu 80 % der Ernte gar nicht beim Kunden ankommen. Gründe sind: Feuchtes Klima, falsche Lagerung, Transportschäden und fehlende Verpackungen (vgl. Kunz et al. 2013, S. 26).

Literatur

Bringezu, Stefan/Schütz, Helmut/O'Brien, Meghan (2015): Measuring and Managing the Global Agriculture Footprint of Countries' Consumption. In: Robinson, Guy M./Carson, Doris A. (Hrsg.): Handbook on the Globalisation of Agriculture. Cheltenham, UK/Northhampton, MA, USA: Edward Elgar Publishing. 106 ff.

Bundesamt für Umwelt (2017): Aktionsplan Strategie Biodiversität Schweiz. Vom Bundesrat genehmigt am 6.9.2017. Bern: Bundesamt für Umwelt BAFU.

De Schutter, Olivier (2017): Drei Gründe. Abschrift von einem Videobeitrag zur Unterstützung des Tribunals, übersetzt aus dem Englischen. In: Europäisches BürgerInnen Forum (Hrsg.): Ökozid. Konzerne unter Anklage. Internationales Monsanto Tribunal, Den Haag 2016. Basel: Europäisches BürgerInnen Forum (EBF)/CEDRI. 24.

Haber, Wolfgang (2014): Landwirtschaft und Naturschutz. Weinheim: Wiley-VCH.

Hicks, Molly E. (2013): Seeds and Sustainability: Why Keeping Seeds Local is an Act of Resistance and Resilience. In: Sadler, Thomas R./Mcilvaine-Newsad, Heather/Knox, Bill (Hrsg.): Local Food Networks and Activism in the Heartland. Champaign, Illinois, US: Common Ground. 77 ff.

Kunz, Martin/Varga-Kunz, Simone/Fehlhaber, Karsten (2013): Verwenden statt verschwenden! Nachhaltig mit Lebensmitteln umgehen. München: Goldmann Verlag.

MEA (2005): Millenium Ecosystem Assessment: Ecosystems and Human Well-Being. Synthesis. Washington: Island Press.

Redlingshöfer, Barbara/Soyeux, Annie (2013): Losses and Wastage. In: Esnouf, Catherine/Russel, Marie/Bricas, Nicolas (Hrsg.): Food System Sustainability. Insights form duALIne. Cambridge: Cambridge University Press. 136 ff.

Rist, Stephan (2014): Von der Regulierung zur Demokratisierung. Antworten auf den globalen Hunger. In: Widerspruch 64/2014. Zürich. 137 ff.

Russell, Noel/Omer, Amani (2015): Meeting the Food Security Challenge through Sustainable Intensification. In: Robinson, Guy M./Carson, Doris A. (Hrsg.): Handbook on the Globalisation of Agriculture. Cheltenham, UK/Northhampton, MA, USA: Edward Elgar Publishing. 125 ff.

Van der Maarel, E./Dauvellier, P. J. (1978): Naar en globaal ecologisch model voor de ruimtelijke entwikkeling van Nederland. Studierapports Rijksplanolog. Den Haag: Dienst. Vol. 9.

Alternativen

7

Reinhard Pfriem (2016, S. 146 ff.) hat folgende Kriterien für eine nachhaltige Ernährungsverantwortung formuliert:

1. Verantwortung gegenüber der eigenen körperlichen Lebensweise: Die Ernährung prägt auch unsere Persönlichkeit.
2. Verantwortung für die Gesundheit der Menschen: Weder übermäßige (z. B. Fett, Zucker) noch mangelhafte Ernährung sind wünschenswert, beide gefährden die Gesundheit und führen zu großen Gesundheitskosten.
3. Verantwortung für die Welternährung: Nicht nur globale industrielle Landwirtschaft, sondern auch die starke Ausrichtung auf Fleischkonsum (trophische Pyramide!) stärken teilweise einseitige Ernährung, Mangelernährung und Hunger.
4. Ressourcenverantwortung: Industrielle Produktion, neue Produktionsformen (Gentechnik) und Massentierhaltung zerstören die natürliche Umwelt, schaden der Biodiversität und verringern so die langfristige Nahrungssicherung.
5. Verantwortung gegenüber Tieren: Tiere als empfindende Lebewesen haben Anspruch auf tiergerechte Lebensbedingungen.
6. Klimaverantwortung: Der Konsumismus verstärkt den Klimawandel und schafft ganz neue Probleme.
7. Verantwortung für die Entwicklung kultureller Kompetenzen: Neue kulturelle Ausrichtungen und eine Umwertung dessen, was als lebenswert und Wohlstand verstanden wird, sollten die persönliche Emanzipation und Entwicklung, wachsende Eigenversorgung, Dezentralisierung und Autonomie stärken.

Auf einer allgemeinen, aber auch umfassenderen Ebene liegen die vier von Friedrich Glauner (2014, S. 77) formulierten Prinzipien, welche dem Umgang mit Nahrungsmitteln zugrunde liegen sollten:

© Springer Fachmedien Wiesbaden GmbH, ein Teil von Springer Nature 2018
C. J. Jäggi, *Ernährung, Nahrungsmittelmärkte und Landwirtschaft,*
https://doi.org/10.1007/978-3-658-22269-7_7

- Solidarität und Gerechtigkeit durch nachhaltige regionale und globale Nahrungs-
  mittelkreisläufe;
- Partnerschaft, Achtung und Verantwortung gegenüber der Würde und den Rechten
  aller Menschen, Tiere und Pflanzen;
- Gegenseitigkeit in Form von Subsidiarität und Fairness unter Berücksichtigung des
  gegenseitigen Nutzens, ethischer und ökologischer Prinzipien sowie achtsamen
  Umgangs mit allem Leben;
- Menschlichkeit als Verantwortungsprinzip für alle im Gegensatz zu überbordenden
  Einzelinteressen.

Doch was heißt all das konkret?

Feyder (2010, S. 103 ff.) hat aufgrund der jüngsten Entwicklungen in der Landwirtschaft folgende Strategien vorgeschlagen:

1. Eine aktivere Rolle des Staates bei der Entwicklung,
2. die Ausweitung der Produktionskapazitäten,
3. erneuten Vorrang der Landwirtschaftspolitik in der Entwicklung,
4. Aufbau einer Industriepolitik,
5. eine Garantie an die Entwicklungsländer, ihre Märkte schützen zu dürfen,
6. die Verbesserung der Strategie der Jahrtausendentwicklungsziele,
7. Regulierung des Finanzsektors,
8. Intensivierung der nachhaltigen Entwicklung sowie
9. Förderung der regionalen Zusammenarbeit und Integration.

Aus ökonomischer Sicht sind vor allem die Punkte 1 (aktivere Rolle des Staates), 5
(Maßnahmen zum Schutz der Märkte) und 7 (Regulierung des Finanzsektors) problematisch. Jüngere Studien lassen Zweifel aufkommen, ob das Erreichen der Entwicklungs-
ziele tatsächlich am besten durch staatliche Anstrengungen gewährleistet werden kann.
Ist es nicht vielmehr Aufgabe des Staates, die wirtschaftlichen Rahmenbedingungen
zu verbessern und so der wirtschaftlichen Innovation und Entwicklung bessere Voraussetzungen zu geben? Konkret bedeutet das, dass der Staat sich auf seine Kernaufgaben
konzentrieren sollte. Im Justizwesen und in der staatliche Verwaltung müssen schlanke,
aber effiziente Strukturen geschaffen werden. Der Staat muss die Sicherheit und die
Durchsetzung des staatlichen Gewaltmonopols garantieren können und – last but not
least – für eine wirksame Bekämpfung der Korruption sorgen.

Der Schutz der Märkte – etwa durch Einfuhrzölle oder andere protektionistische
Maßnahmen – ist ein zweischneidiges Schwert: Auf der einen Seite sind Einfuhrzölle
problematisch, weil sie andere Länder zu Retorsionsmaßnahmen bei ihren Einfuhren
veranlassen können. Auf der anderen Seite können Einfuhrzölle zwar die Wirtschaft
eines Landes kurzfristig vor billigeren Importen schützen und damit die eigenen
Produktionsbetriebe stärken, doch langfristig wächst damit die Gefahr, dass die eigenen
Betriebe und die Produktionsstrukturen veralten, an Konkurrenzfähigkeit verlieren und

schließlich weltweit nicht mehr wettbewerbsfähig sind. Wenn schon Importzölle, dann nur zeitlich begrenzt und mit dem klaren Ziel, in der gewonnenen Zeit die eigene Landwirtschaft strukturell und in Bezug auf die Produktivität zu verbessern.

Das Beispiel Indonesiens hat gezeigt, dass die Stabilisierung der Nahrungsmittelpreise und eine garantierte Abnahme erzeugter Nahrungsmittel das Armutsrisiko verringern können (vgl. Feyder 2010, S. 173). Besonders begleitende Basis- und Mindestpreise für Grundnahrungsmittel können die landwirtschaftliche Produktion steigern und damit das Armutsrisiko der ländlichen Bevölkerung verringern. Umgekehrt kann die Subventionierung von Grundnahrungsmitteln über längere Zeit so teuer werden, dass finanzschwache Regierungen – besonders in armen Ländern – damit völlig überfordert sind.

Dic Regulierung des Finanzsektors müsste unbedingt international bzw. global geschehen, nicht auf nationaler Ebene. Wenn die Geschichte der kommunistischen Länder bis heute eines gezeigt hat, dann das, dass einseitige nationalstaatliche Maßnahmen im Finanz- und Währungsbereich – wie z. B. keine frei konvertible Währung, Exportkontrollen, Beschränkung des freien Handels über Zölle oder fiskalischen Maßnahmen – auf die Länge nie funktionieren. Viel wichtiger wäre es, auf internationaler Ebene zwingende und einklagbare Regelungen in Bezug auf Finanztransaktionen, hochspekulative Finanzgeschäfte und Finanzprodukte, kurzfristigen Aktien- und Wertschriftenhandel sowie das kurzfristige Trading einzuführen.

Beermann et al. (2016, S. 216) haben zu Recht darauf hingewiesen, dass die Übernahme gesellschaftlicher Verantwortung durch Unternehmen sehr unterschiedliche Motive haben kann: Reputations- und Legitimationszwecke, strategische Früherkennung, Erschließung neuer Märkte oder proaktives Compliance-Management zur Einhaltung gesetzlicher Standards – oder aber die Verpflichtung auf eine unternehmensethische Grundausrichtung im Interesse der verschiedenen gesellschaftlichen Akteure.

Beermann et al. (2016, S. 236) kommen in ihrem Essay über die gesellschaftliche Verantwortung durch die Ernährungsindustrie zum Fazit, dass die Ernährungsverantwortung nicht nur aufseiten der Konsumenten liegt, sondern ebenso auf der Seite der Unternehmen.

Dabei kann die Ernährungssouveränität auch nicht einfach den Landwirten auferlegt werden. Denn gerade die Landwirtschaft steht unter einem enormen ökonomischen Druck. So verschwanden etwa in der Schweiz zwischen 2005 und 2015 50 % der Käsereien, also rund 700 Betriebe, und jedes Jahr geben rund 50 Bäckereien und Metzgereien in der Schweiz auf (vgl. Berli 2015, S. 17). Zu Recht stellte Berli (2015, S. 17) fest: „Im Kampf um das Recht auf Ernährungssouveränität ist die Wiederaneignung der Wertschöpfungsketten durch die Bevölkerung von entscheidender Bedeutung". Damit könnten nicht nur nachhaltige Techniken und Jahrhunderte altes Wissen bewahrt, sondern auch die Ernährungssouveränität bewahrt und gleichzeitig bedürfnisgerecht weiterentwickelt werden.

In Deutschland ist die Schweisfurth-Stiftung einer der Treiber ernährungsethischer Diskussion. Sie setzt sich seit mehr als 25 Jahren für eine nachhaltige, menschenwürdige, tier- und umweltgerechte Landwirtschaft ein (vgl. Gottwald und Boergen

2013, S. 16). Die interdisziplinäre Problematik und Vielschichtigkeit der Food Ethics hat in Deutschland zur Gründung des Deutschen Netzwerkes für Ernährungsethik DNEE geführt (vgl. www.dnee.de). Neben der wissenschaftlichen Forschung stellt dabei das Netzwerk die Um- und Durchsetzbarkeit der Erkenntnisse ins Zentrum.

Einen wichtigen Aspekt gerade auch der globalen Nahrungsmittelindustrie stellen die Investitionsschutzabkommen dar. Diese haben gerade auch das „land grabbing" wenn nicht erst ermöglicht, so doch entscheidend erleichtert.

Bereits 2003 hatte die Attac Österreich (2003, S. 162) vorgeschlagen, einen globalen „Standortschutz" einzurichten – anstelle von einseitigen Investitionsschutzabkommen wie seinerzeit das gescheiterte Multilateral Agreement on Investment MAI oder die geplanten multilateralen Abkommen außerhalb der WTO wie die Transpazifische Partnerschaft TTP, die Donald Trump – zumindest vorläufig – platzen ließ, die Transatlantische Handels- und Investitionspartnerschaft TTIP der EU mit den USA oder das europäisch-kanadische Wirtschafts- und Handelsabkommen CETA. Dieser globale „Standortschutz" sollte unter anderem folgende Prinzipien festschreiben:

- Keine Steuerbefreiung, Steuervergünstigungen oder Subventionen für Direktinvestoren,
- Bezahlung ortsüblicher Mindestlöhne oder besser Durchschnittslöhne;
- Einhaltung gleicher Sozial- und Umweltstandards wie „zu Hause",
- Hoher und zu kontrollierender Anteil von Vorprodukten aus einheimischer bzw. lokaler Produktion,
- Verpflichtung zur Kooperation mit einheimischen bzw. regionalen Unternehmen, z. B. in Form von Joint Ventures, Clustern usw.),
- Bezahlung von Gewinnsteuern dort, wo die entsprechenden Umsätze gemacht werden,
- Reinvestition eines Großteils der Gewinne im Entwicklungs- bzw. Gastland vor Ort.

Die Stoßrichtung und der Inhalt dieser Forderung sind zweifellos diskutabel, nur bedeuten einige davon einen schwerwiegenden Eingriff in die Unternehmens- und Gewerbefreiheit. Außerdem wird dabei vergessen oder außer Acht gelassen, dass gerade in diktatorischen Systemen oder „emerging states" mit vielen staatlichen Regulierungen – wie z. B. in China, Indien und in gewissen zentralasiatischen und afrikanischen Staaten – die mangelnde Wirtschaftsfreiheit eine reale Gefahr für Investitionen bedeutet, etwa wenn Betriebe entschädigungslos verstaatlicht oder von einheimischen Firmen übernommen werden. Im Prinzip müssten kombinierte Investitions- und Standortschutzabkommen ausgehandelt werden, welche die Interessen beider Seiten angemessen berücksichtigen. Das gilt besonders auch für die Nahrungsmittelindustrie und die mit ihr verbundene Landwirtschaft.

Umstritten sind auch Versuche, Nahrungsmittel spekulativen Termingeschäften zu entziehen. Das bezweckte etwa in der Schweiz die Volksinitiative „Für Ernährungssouveränität – die Landwirtschaft betrifft uns alle", die mit 130.000 Unterschriften eingereicht wurde (vgl. Gétaz 2017, S. 96). Diese Volksinitiative der Jungsozialisten verlangte eine gentechnikfreie Landwirtschaft, faire Preise für die bäuerlichen Produzenten,

Belebung der lokalen Produktionsmärkte in der Landwirtschaft, regulierende Zölle für landwirtschaftliche Produkte und die Ausrichtung der Landwirtschafts- und Ernährungspolitik an die Interessen und Erwartungen der Bevölkerung. Das Problem solcher Initiativen ist nur, dass die Bevölkerung nicht nur Ernährungssicherheit und qualitativ hoch stehende Nahrungsmittel, sondern auch preisgünstige Produkte will – und das Eine geht in der Regel auf Kosten des Anderen.

Diese Volksinitiative „Für Ernährungssouveränität" zeigt noch eine weitere Problematik nationaler Regelungsversuche: Jan Atteslander (2017, S. 9) hat darauf hingewiesen, dass die Annahme der Initiative WTO-Recht bilaterale Abkommen der Schweiz mit der EU und Freihandelsabkommen mit Drittstaaten verletzen würde. Nach WTO-Recht dürfen die von den WTO-Abkommen vorgesehenen Vorbehalte nur gesundheitspolizeiliche und pflanzenschutzrechtliche Maßnahmen enthalten. Diese dürfen aber nur an physikalischen Eigenschaften des importierten Produkts, nicht aber an die Art und Weise der Produktion gebunden werden. Importbeschränkungen bei gentechnisch veränderten Nahrungsmitteln würden dem Diskriminierungsverbot der WTO widersprechen und die Schweiz würde höchstwahrscheinlich eine entsprechende Klage vor der WTO verlieren. Auch das Freihandelsabkommen und das Agrarabkommen der Schweiz mit der EU sowie die EFTA-Verträge, welche die Schweiz mit Drittstaaten abgeschlossen hat, würden die Einführung von entsprechenden Importzöllen verbieten. Diese Beispiele zeigen, wie problematisch einseitige nationalstaatliche Regelungen im Agrarhandel sind und wie dringend ein weltweites, transnationales Regime in Bezug auf den Handel mit landwirtschaftlichen Produkten und entsprechende globale Regelungen sind.

Gestützt auf die gesellschaftlichen Grundwerte hat Ralph Anderegg (1999, S. 58) neun agrarpolitische Grundprinzipien formuliert, die eine gerechte Agrarordnung befolgen müsste:

- Verbrauchersouveränität,
- wettbewerbskonforme Marktordnung und Außenhandelsordnung,
- Produktionsfreiheit,
- Eigentumsfreiheit und -garantie,
- ökologiekonforme Nutzung der Natur und Bereitstellung kollektiv nutzbarer Güter,
- Sicherung des bäuerlichen Familienbetriebs als zentrale landwirtschaftliche Organisationsform,
- freiheitliche Finanzverfassung und Agrar(struktur)politik,
- möglichst freiheitliche Organisation des Humankapitalbereichs in der Landwirtschaft,
- Garantie einer freiheitlichen bäuerlichen Arbeitsverfassung und eine sozial abgefederte Agrareinkommenspolitik.

Wenn auch einzelne dieser Punkte einer zusätzlichen Klärung bedürfen, können sie doch als allgemein akzeptable Prinzipien gelten.

Leitzmann (2012, S. 49) hat darauf hingewiesen, dass viele allgemein anerkannte Maßnahmen und Lösungsansätze gleich unterlaufen werden:

- die Förderung der kleinbäuerlichen Landwirtschaft in den armen Ländern scheitert oft an subventionierten Nahrungsmitteln in den reichen Ländern,
- der ernährungsbezogenen Bildung erwächst starke Konkurrenz durch die Lebensmittelwerbung,
- die Verbesserung sanitärer Einrichtungen mit Wasserver- und -entsorgung scheitert häufig an fehlender Koordination mit kommunalen und regionalen Behörden,
- die Elektrifizierung ländlicher Gebiete und Slumquartiere geht oft nicht Hand in Hand mit kommunalen Bildungseinrichtungen,
- der Anbau von Erzeugnissen für den fairen Handel steht oft vor dem (fast) unüberwindbaren Hindernis fehlender Aufklärung und vor infrastrukturellen Hürden,
- langfristige Maßnahmen gegen den Klimawandel scheitern an fehlendem Bewusstsein, an mangelhafter Sensibilisierung für die Thematik und – last but not least – an entgegengesetzten kurzfristigen Interessen von Anbietern „schmutziger Energie",
- und der verantwortungsvolle Umgang mit den Wasserressourcen scheitert oft an mangelhaftem Bewusstsein.

Der ehemalige UN-Sonderberichterstatter für das Recht auf Nahrung, Jean Ziegler, hat vier Postulate aufgestellt, wie die Menschen in den reichen Ländern etwas gegen den Hunger tun können (vgl. Busse 2010, S. 296 ff.):

1. kein Fleisch essen oder weniger Fleisch essen;
2. die Mahlzeiten saisonal ausrichten, also immer das zu essen, was lokal und saisonal zur Verfügung steht;
3. kein Konsum von genveränderten Nahrungsmitteln;
4. kein Verbrauch von Biosprit und
5. keine Geldanlagen im Bereich der Agrarrohstoffe tätigen.

Wenn auch einzelne dieser Forderungen über das Ziel hinausschießen mögen – eine Reflexionsgrundlage bieten sie allemal!

7.1   Digitalisierung als Chance

Lange waren die Nahrungsmittelindustrie und die Landwirtschaft von der Digitalisierung weniger betroffen als andere Wirtschaftsbereiche. Das hat sich jedoch geändert. So werden heute bereits Agrarroboter auf dem Feld eingesetzt, die mit der Kamera Pflanzen erkennen, sie in erwünschte Arten – z. B. in die Nutzpflanzen Bohnen oder Zwiebeln – und unerwünschte Pflanzen einteilen. Mit zwei beweglichen Armen unten am Roboter wird das identifizierte Unkraut gezielt mit Herbiziden besprüht. Dadurch kann der Einsatz von Chemikalien zur Unkrautbekämpfung bis zum Faktor 20 verringert werden (vgl. Leuzinger 2017, S. 3).

Insgesamt hat die Roboterisierung der Wirtschaft einen rasanten Aufschwung genommen, wie Abb. 7.1 zeigt.

Laut der International Federation of Robotics (2016, S. 12) fanden 2015 75 % der weltweiten Roboterverkäufe in den 5 Ländern China, Südkorea, Japan, USA und Deutschland statt. Diese Länder stellen auch die größten Robotermärkte dar – in der genannten Reihenfolge. Größter Markt für Roboter ist heute China.

Dabei kommen Roboter immer mehr auch in der Landwirtschaft und in der Lebensmittelindustrie zum Einsatz. Ein wichtiger Grund dafür ist die stark vereinfachte Programmierung (vgl. Feldges 2017a, S. 27).

In Deutschland liegt das Volumen des Landwirtschaftsmaschinenmarkts bei jährlich 23.000 Traktoren, 1500 Mähdreschern und 400 Häckslern – kostenmäßig sind das rund 2 Mrd. EUR (vgl. Feldges 2017b, S. 31). Obwohl für die Schweiz keine genauen Zahlen vorliegen, gilt die Handregel, dass der Markt in der Schweiz ungefähr ein Zehntel des deutschen Marktes umfasst, vielleicht etwas mehr angesichts der hoch subventionierten Schweizer Landwirtschaft.

Landwirtschaftsmaschinen der neuesten Generationen sind heute mit Kameras oder Sensoren ausgerüstet, die unter anderem Nutzpflanzen von Unkraut unterscheiden können, den notwendigen Einsatz von Herbiziden erkennen oder die Trockenheit feststellen können. Weil auch in der Landwirtschaft Zeit = Geld ist, kann eine mit einem vollautomatischen Lenksystem ausgestattete Maschine auf einem Feld bis zu 30 km pro Stunde zurücklegen und die Flächenleistung pro Arbeitstag um bis zu 20 % steigern (vgl. Feldges 2017b, S. 31). Optimiert werden kann über die Akkumulation von Datenmengen – etwa der

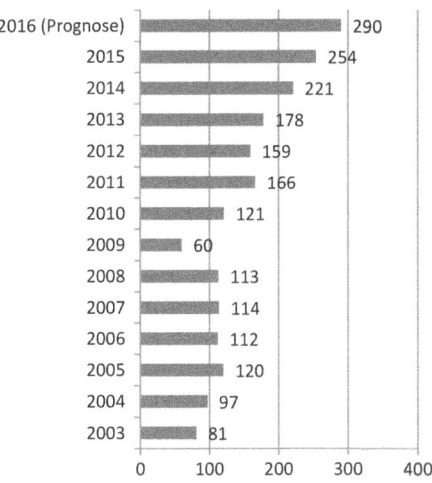

Anzahl verkaufte Industrieroboter in Tausend

Abb. 7.1 Entwicklung des Industrieroboterverkaufs seit 2003. (Quellen: International Federation of Robotics 2016, S. 11; Feldges 2017a, S. 27, eigene Darstellung)

digitalen Darstellung eines Feldes, der Kennzeichnung von Stellen mit erhöhtem Düngerbedarf, von Ertragsberechnungen pro Quadratmeter oder der Messung des Ernteertrages – der Ernteertrag unter Minimierung des Arbeitsaufwandes. Allerdings übersteigen die Kosten selbstfahrender Fahrzeuge nicht selten die finanziellen Möglichkeiten der einzelnen Bauern. So kostet etwa ein selbstfahrender Feldhäcksler mindestens 250.000 Franken. Doch auch die bereits in Betrieb stehenden Landwirtschaftsfahrzeuge können umgerüstet werden, und zwar bereits zu einem Preis von 10.000 bis 25.000 Franken. Analysten rechnen in der Landwirtschaft aufgrund der Digitalisierung mit einem steigenden Investitionsbedarf – insbesondere angesichts der Tatsache, dass in den letzten Jahren die Bedienung und die Anwendung komplexer Programme sehr vereinfacht werden konnten. Außerdem gibt es bei vielen Landwirten einen erheblichen Nachholbedarf hinsichtlich des erhöhten Einsatzes von Informatik, weil es gilt – wie es Feldges (2017b, S. 31) formulierte –, „viele skeptische Bauern von den Vorzügen der Digitalisierung zu überzeugen".

Auch viele Unternehmen haben diese Entwicklung erkannt. So hat etwa das Unternehmen John Deere die Blue River Technologies gekauft, um den Bereich der künstlichen Intelligenz in der Landwirtschaft weiter auszubauen. Rund 300 Mio. US$ hat der Traktorhersteller für das High Tech Unternehmen in Sunnyvale im Silicon Valley im September 2017 ausgegeben. Blue River Technologies ist ein weltweit führendes Unternehmen im Bereich der Computervision, also des digitalisierten „Sehens" und in der Entwicklung von Robotern für die Landwirtschaft. Dazu gehören Geräte für das Suchen nach unerwünschten Gewächsen in Salatbeeten, aber auch der sogenannte „precision sprayer", der gezielt Herbizide gegen vordefinierte Ziele einsetzt (vgl. Delko 2017, S. 31). Doch die Digitalisierung geht noch viel weiter. So hatte bereits 2013 das Unternehmen Khosla Ventures die Firma The Climate Corporation, welche im Bereich der Wettervorhersage tätig ist und den gezielten Einsatz künstlicher Intelligenz optimieren will, an Monsanto verkauft (vgl. Delko 2017, S. 31).

Was mithilfe der Digitalisierung heute bereits möglich ist, zeigte etwa eine Start-up-Firma der ETH Zürich, Eaternity: Diese Firma hat die weltweit größte CO_2-Datenbank für Lebensmittel aufgebaut, mit deren Hilfe die gesamte Nahrungsmittelkette von der Produktion bis zum Verbraucherteller berechnet werden kann. Angesichts der Tatsache – so Eaternity –, dass die Nahrungsmittelkette für rund ein Drittel der weltweit ausgestoßenen Treibhausgase verantwortlich ist, sind die Optimierungsmöglichkeiten enorm. Allein durch die Essgewohnheiten der Schweizerinnen und Schweizer würden jährlich drei Tonnen CO_2 pro Person freigesetzt. So habe bereits ein Cheeseburger die gleiche Auswirkung auf das Klima wie 500 h Fernsehen (vgl. Neue Luzerner Zeitung vom 06.10.2017, S. 16).

Zumindest indirekt als Folge der Digitalisierung entstehen auch neue Formen der Vermarktung. In Anlehnung an das mittlerweile verbreitete Crowdfunding haben innovative Bauern das sogenannte „Crowdordering" entwickelt. Zwar sind ausländische Märkte für Produzenten in armen Ländern lukrativer, aber es ist schwieriger, auf diese Märkte zu kommen. Teilweise fehlt das notwendige Know-how, andere Bauern besitzen nicht die dazu erforderlichen finanziellen Mittel oder sie können die Verpackungsvorgaben nicht einhalten. Darum haben neue Internetplattformen – wie etwa „Marktzugang" der Schweizerischen Fairtrade Organisation Gebana zusammen mit der Fachhochschule Nordwestschweiz – eine direkte Vermarktungsmöglichkeit für die Bauern im Süden geschaffen. Dort kann man direkt beim Produzenten einkaufen, so etwa Cashewnüsse, Bio-Zitrusfrüchte, Fruchtsäfte oder getrocknete Aprikosen, Pistazien und Mandeln. Geliefert wird, wenn ein Produkt in genügender Zahl bestellt ist, etwa nach Eingang von 1000 Bestellungen (vgl. Lorenz-Meyer 2017, S. 11) Marktzugang (2016) ist seit Mai 2016 online, Ende 2017 kamen bereits 500 Bestellungen im Monat. Eine andere Crowdordering-Initiative ist Crowd Container in Zürich. Einige dieser Plattformen liefern direkt, in Umgehung des Detailhandels, andere – wie etwa „We Make It" liefern per Velokurier.

7.2   Begrenzung des Verkaufs von landwirtschaftlichem Boden an Investoren

Anfang 2015 verlangte der Europäische Wirtschafts- und Sozialausschuss (EWSA), in welchem Arbeitgeber, Gewerkschaften, Landwirte und Verbraucher vertreten sind, in einer Stellungnahme, dass es den einzelnen Staaten erlaubt sein müsse, Obergrenzen für den Erwerb von Agrarland festzulegen, um die kleinen Landbesitzer und Familienbetriebe zu schützen (vgl. Michler und Ginten 2016).

Eine solche Obergrenze kann das Problem des „land grabbing" langfristig entschärfen. Allerdings müsste eine solche Regelung vor allem in den Ländern des Südens – also in Afrika, Asien und Lateinamerika – zur Anwendung kommen, also in Gebieten, wo die Staatsgewalt eingeschränkt oder gar nicht präsent ist.

7.3   Innovative Produkte aus Nahrungsmittelrohstoffen

Viele moderne Produkte werden heute auf Erdölbasis hergestellt. Immer wieder wurde und wird versucht, anstelle des nicht erneuerbaren Erdöls erneuerbare Rohstoffe einzusetzen. Das bekannteste Beispiel ist wohl die Erzeugung von Verbrennungskraftsoffen auf der Basis von Biokraftstoff. Insbesondere in Brasilien besitzt der landwirtschaftlich hergestellte Biokraftstoff eine lange Tradition. Doch gerade in den letzten Jahren ist der Biotreibstoff zunehmend unter Kritik geraten: Sei es, weil sein Anbau der Nahrungsmittelproduktion Bodenressourcen entzieht, sei es, weil die Ökobilanz von Biotreibstoffen recht mager oder sogar negativ ist.

Doch mehr und mehr geraten auch andere erdölbasierte Produkte wie Plastik, Kunststoffverpackungen usw. ins Visier. So stellte etwa eine junge Schweizer Start-up-Firma erstmals eine Smartphoneschutzhülle zu 97 % aus erneuerbaren Rohstoffen wie Mais, Zucker und Pflanzenöl (Rizinusöl) her, die sie „Biocase" nennt. Damit wollen die Jungunternehmer bei einer Produktion von 250.000 Stück 13,1 t Kohlendioxid einsparen.

Abb. 7.2 Patentanmeldungen nach Kontinenten. (Quelle: Schäfers 2016, S. 45; eigene Darstellung)

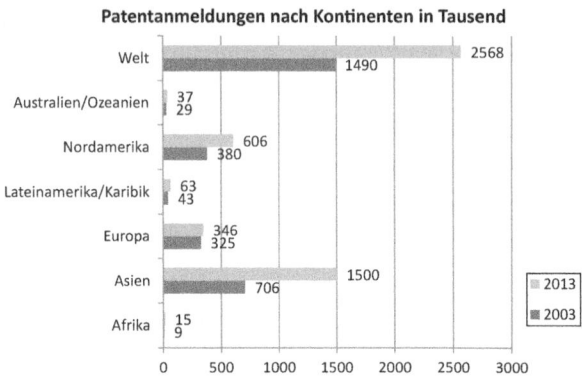

Dabei betonen die Hersteller, dass ihre Hülle genauso robust und langlebig sei wie eine herkömmliche Plastikhülle (vgl. Piazza 2017, S. 18).

Allerdings spiegeln die international angemeldeten Patente die Wirtschaftskraft eines Landes oder Kontinents, vgl. Abb. 7.2.

Bei diesen Zahlen fällt auf, dass Asien stark aufgeholt hat, die USA und – noch stärker – Europa dagegen in Bezug auf den (relativen) Zuwachs der Patente zurückfallen. Sehr gering ist die Innovationskraft Lateinamerikas und noch geringer diejenige Afrikas. Wenn man diese Zahlen mit der Gesamtfläche landwirtschaftlichen Bodens in den einzelnen Kontinenten vergleicht (vgl. Abschn. 3.2), fällt die Innovationsschwäche Lateinamerikas und besonders Afrikas noch stärker ins Gewicht. Gerade in Afrika dürften sich sehr viele Klein- und Kleinstbetriebe befinden, die mit einfachsten Mitteln arbeiten. Daraus kann man ersehen, wie groß das Potenzial für landwirtschaftliche Innovationen gerade auf diesem Kontinent ist.

7.4   Umorientierung auf gartenähnliche Landwirtschaft?

Eine der größten Herausforderungen der globalen Ernährung besteht in der Sicherstellung der Ernährungssicherheit in den großen Städten und insbesondere in den Armutsquartieren und Slums. So führt die zunehmende Urbanisierung zu wachsenden Herausforderungen bei der nachhaltigen Versorgung mit Nahrung in den Städten, und zwar gleich auf verschiedenen Ebenen: in Bezug auf den Transport und die Verteilung, in Bezug auf die Nahrungsqualität, hinsichtlich der Essgewohnheiten sowie angesichts der Notwendigkeit erschwinglicher Preise für die Armen. All dies stellt nach Ansicht von Esnouf et al. (2013, S. 236) die Frage nach einer nachhaltigen Entwicklung gerade auch in den Städten. Mögliche Strategien könnten dabei die Einführung einer städtischen Landwirtschaft und neue Wege und Möglichkeiten der Nahrungsbeschaffung (örtlicher Einkauf, Verkehrswege zu Nahrungsmittelverkaufsstellen, Zubereitung usw.) in den Quartieren durch die Einwohner sein.

Verschiedene Autoren haben vorgeschlagen, die industrielle Landwirtschaft zu einer „gartenähnlichen Landwirtschaft" (Atlas der Globalisierung 2012, S. 58) umzubauen. Dabei geht es nicht um eine Steigerung der Produktion, sondern um die Sicherstellung und Entwicklung der Vielfalt in der Landwirtschaft, wie etwa der Weltagrarbericht IAASTD (2008) ausführt: „Erst die Rückbindung der Landwirtschaft an die jeweiligen kulturellen, sozialen und ökologischen Besonderheiten könne den langfristigen Erhalt von Wasser, Wald und Boden gewährleisten. Vorrang müsse nicht nur die Rettung der bestehenden, sondern auch der Aufbau neuer Ressourcen an Wasser und fruchtbaren Böden haben sowie die Anpassung an die Bedrohungen des Klimawandels" (Atlas der Globalisierung 2012, S. 58).

Allerdings muss dabei auch die Frage gestellt werden, ob eine gartenähnliche Landwirtschaft ausreichend produktionsstark ist, um die benötigten Nahrungsmittel in genügender Menge herzustellen.

In den USA hielten 2009 nur gerade 23 % der Bevölkerung das Betreiben eines Gemüsegartens als „normal" (vgl. Knox 2013, S. 21). Das Problem ist – so Knox (2013, S. 21) – dass der Unterhalt eines Gemüsegartens auch im 21. Jahrhundert sozial geächtet oder negativ konnotiert ist und mit „Armut", „Exzentrizität" oder einfach „altmodisch" assoziiert wird. Andere finden, dass ein Gemüsegarten „zu viel zu tun" gebe (ich selbst schließe mich übrigens nach sporadischem Mit-Betreiben eines Gemüsegartens mit Kompostierung dieser letzten Meinung ebenfalls an – zweifellos zum Missvergnügen meiner Frau).

Insbesondere in Gegenden mit großer Knappheit an Nahrung – etwa in klimatischen Extremgebieten, in Slums oder in Kriegsgebieten – stellt sich besonders auch die Frage nach der Selbstversorgung. So lancierte etwa der heute 52-jährige Brasilianer Hans Dieter Temp 2004 in São Paulo das Gartenprojekt Cidades sem Fome (Städte ohne Hunger). Angesichts der Tatsache, dass in den Slums viele Menschen kaum Geld zum Einkauf von Gemüse und gesunden Lebensmitteln besitzen, kam Temp auf die Idee, in nicht bewohnten Parzellen Kartoffeln, Salat, Bohnen, Kürbisse und Obst anzubauen. Die Anwohner bauen Salat, Gemüse und Obst für den Eigenbedarf an. Sie müssen kaum mehr im Supermarkt einkaufen und können die Überschüsse sogar an Nachbarn verkaufen. Bis 2013 errichteten Temp und seine drei Mitarbeiterinnen 21 Gärten in den ärmsten Gebieten an der östlichen Peripherie der Großstadt (vgl. Mously 2013, S. 13). 2012 erwirtschaftete Temp bereits umgerechnet rund 160.000 EUR. Von den 21 Gärten waren 2013 bereits 3 selbsttragend, der Rest wurde von Sponsoren unterstützt. Die Gärten werden nach einer Anfangsphase von den Kleinbauern kollektiv verwaltet und generieren vielen Menschen Nahrungsmittel und Einkommen. Seit 2011 sind in einzelnen Gärten auch Schulen entstanden (vgl. Mously 2013, S. 13).

Auch in Städten Südafrikas – wie etwa im Township Khayelitsha in der Region von Kapstadt – nimmt die Bedeutung des „private gardenings" zu. So bauen viele ihrer Bewohnerinnen und Bewohner in ihren kleinen Gärten Spinat, Karotten, Erbsen, Salat, Rüben und andere Nutzpflanzen an, von denen sie sich selber ernähren und die sie verkaufen. Durch Unterstützung von Initiativen wie Soil for Life verbessern sie ihre Kenntnisse im Anbau von Nahrungsmitteln und -pflanzen: „Früher kannten wir viele Kräuter nicht und wussten auch nichts von deren Wirkung", sagte etwa eine Anwohnerin (vgl. Wuhrer 2013, S. 13). Die Organisation Soil for Life besteht seit 2002 und finanziert mit kleineren Beträgen Saatgut, Setzlinge, Komposter und Lehrmaterial – all das wird den Heimfarmerinnen und Heimfarmern kostenlos zur Verfügung gestellt (vgl. Wuhrer 2017, S. 13).

Wenn man bedenkt, dass im Jahr 2030 voraussichtlich 60 % der Weltbevölkerung in Städten leben wird, und dass heute ein erheblicher Teil der Weltbevölkerung in Slums und informellen Siedlungen wohnt und sich die städtischen Siedlungsgebiete weiter ausdehnen werden – vgl. FAO (2009, S. 2) –, kann man sich vorstellen, dass die Erzeugung von Lebensmitteln in Städten und urbanen Gebieten immer wichtiger werden wird. Deshalb betonte die FAO bereits 2009 die große Bedeutung der privaten Nahrungsmittelproduktion in den Städten. Nahrungsmittelproduktion, -verarbeitung und -verkauf generieren Einkommen und Beschäftigung für viele urbane Haushalte. Deshalb unterstützt die FAO seit längerem dezentralisierte Kooperationsprogramme. Über 80 Städte im Süden erhalten verschiedene Formen von Unterstützung durch die FAO (vgl. FAO 2009, S. 6).

Dabei bezwecken die FAO-Förderprogramme in den Städten unter anderem eine verbesserte Ernährungssicherheit insbesondere in armen Haushalten, Unterstützung effektiver und nachhaltiger Produktion urbaner und peri-urbaner Landwirtschaft in den Städten, Verbesserung integrierter Landwirtschaft und Architektur, Förderung und Schutz urbaner und peri-urbaner Umwelt sowie größere Resilienz und Anpassung gegenüber Naturkatastrophen (vgl. FAO 2009, S. 7).

Insbesondere in Ländern oder Regionen mit wirtschaftlichen Problemen oder in Slums stellt der Anbau von Gemüse in Kleingärten eine wichtige Nahrungsquelle dar. So unterhält die griechische Stadt Larissa mit rund 160.000 Einwohnern – zusammen mit den umliegenden Gemeinden leben dort sogar 280.000 Menschen – am Stadtrand Gemüsegärten für mittellose und verarmte Pensionäre. Jede Parzelle umfasst 50 m², auf welchen ihre Benutzer Salat, Gemüse und andere Lebensmittel anbauen. 10 % des Ertrags geben die Gärtner an die „Solidaritätsläden" ab, das sind kleine Supermärkte im Besitz der Stadt, aus denen Bedürftige gratis versorgt werden. 2017 waren rund 500 Familien in den Gemüsegärten registriert, wobei ein Teil davon selber Land in der Umgebung besaß. Außerdem verkauft eine Milchkooperative frische Milch über Automaten. Die Kooperative hat mittlerweile das Angebot auch auf die Städte Thessaloniki und Athen ausgeweitet (vgl. Bernath 2017, S. 6).

Eine große Chance für die städtische Gemüsegartenbewegung sind zweifellos lokale Netzwerke, insbesondere in Gegenden mit fehlender Gartenbautradition. Anhänger der Gemüsegartenbewegung haben die Meinung vertreten, dass lokale Ernährungsnetzwerke Wissen und Weisheit generieren sowie kollektive und ökonomische Vitalität stärken (vgl. Sadler 2013, S. 37). Lokale Garten- und Nahrungsmittelnetzwerke können einen wichtigen Beitrag leisten zur Vitalisierung von Dörfern und Quartieren, zur Stärkung der Nachbarschaft und Nachbarschaftshilfe. Privat erzeugte Nahrungsmittel bedeuten in Zeiten der Armut und Not einen willkommenen Beitrag an die Ernährung von Einzelpersonen und Familien.

Allerdings rechnet sich der Freizeit-Gemüsegartenanbau kaum im engen ökonomischen Sinn. Viel Arbeit und wenig Entschädigung sind normal. Jedoch ermöglicht der Freizeit-Gartenbau ein Aufbrechen ökonomistischer Produktions- und Arbeitskonzepte und erlaubt eine sinnvolle und befriedigende Verbringung der Freizeit. Gleichzeitig generiert der Gemüsegartenbau materielle Früchte in Form von essbaren Pflanzen, Gemüsen, Beeren und Obst.

Mittelfristig stellen lokale Nahrungsnetzwerke auch eine interessante Einkommensquelle dar, in dem etwa die Gartenprodukte auf lokalen Märkten, in Restaurants oder Quartierläden verkauft werden können. Wenn es dazu noch gelingt, lokale Bauernhöfe einzubinden, kann das längerfristig die Ernährungssituation durchaus verändern.

Auf eine weitere – möglicherweise strategische – Dimension lokaler Nahrungsnetzwerke hat Molly E. Hicks 2013, S. 77) hingewiesen. Lokaler Anbau kann die Artenausdünnung und die Kontrolle von Nahrungsmittelerzeugung durch die transnationalen Unternehmen durchbrechen oder unterlaufen, indem einheimische Arten gepflegt, angebaut und weiter gezüchtet werden. Hicks (2013, S. 78) weist darauf hin, dass die lokale Erzeugung von Saatgut für die nächste Wachstumsperiode die individuelle und gemeinschaftliche Ernährungssicherheit sowie die Nachhaltigkeit in der Zukunft sicherstellt. Der Austausch und der Handel von Saatgut zwischen den einzelnen Communities stärke den sozialen Zusammenhalt, vertiefe die gemeinschaftlichen Beziehungen und sichere auch das landwirtschaftliche Know-how für die Zukunft. Umgekehrt gefährde die industrielle Saatguterzeugung natürliche Ökosysteme und lasse soziale Gemeinschaften implodieren. So sei das Verschwinden lokaler Saatguterzeugung Hand in Hand mit der Aufgabe von kleinen Bauernhöfen und lokaler Nahrungsmittelproduktion gegangen. Damit sei auch viel von der lokalen pflanzlichen Vielfalt verschwunden. Vandana Shiva et al. (2007, S. 80; vgl. auch Hicks 2013, S. 78) schätzen, dass seit Beginn des 20. Jahrhunderts rund 75 % der Getreidevielfalt weltweit verloren gegangen seien. Schon 2010 hielt Jack Ralph Kloppenburg Jr. fest: „Wenn wahre Ernährungssouveränität errichtet werden soll, muss die Kontrolle über die genetischen Ressourcen den Unternehmen und den Regierungen entrissen werden, welche versuchen, sie zu monopolisieren. Die genetischen Ressourcen müssen dauerhaft an soziale Gruppen und/oder soziale Institutionen zurückgegeben werden mit dem Auftrag, die genetische Vielfalt zu erhalten und allen gleichberechtigt ihren Gebrauch zu ermöglichen" (Kloppenburg 2010, S. 152; Übersetzung aus dem Englischen durch CJ). Als strategische Stoßrichtung hält Hicks (2013, S. 83) fest, dass der beste Weg, um Pflanzen und Tiere vor Krankheiten und Schädlingen zu schützen, darin bestehe, ihre Resilienz zu stärken, was nur durch genetische Vielfalt im Saatgutbereich möglich sei. Deshalb sei der hybride Getreideeinheitsbrei der großen Nahrungsmittelkonzerne zu stoppen. Wesentlich sei auch, die Saatguterzeugung lokal zu halten und nicht global zu zentralisieren.

Wie wir in Kap. 1 gesehen haben, zeichnet sich die ökonomische Input-Output-Orientierung durch eine lineare Sicht aus, während eine – nicht nur dem Namen

nach – ökologische Betrachtungsweise die Produktion als veränderbares, aber langfristig ziemlich stabiles Fließgleichgewicht von Energie, Substanzen und sogar Lebewesen innerhalb und zwischen Ökosystemen versteht. Dabei gilt: Wenn es gelingt, die
ökonomischen Ziele so in die bestehenden Ökosysteme einzubauen, dass diese ihre
Aktivitäten aufrechterhalten können, können beide überleben. Schöpft die Ökonomie
zu viele Substanzen ab, zerstört sie die Grundlagen der bestehenden Ökosysteme
oder wird deren Produktivität überbeansprucht, kollabieren beide – Ökosystem und
wirtschaftliche Produktion.

Natürlich kann die Ökonomie versuchen – und sie tut es ja auch – Ökosysteme so
umzugestalten, dass deren Output an gewünschten anorganischen oder organischen Stoffen oder an Energie zunimmt. Das Problem besteht jedoch bis heute darin, dass die hohe
Komplexität und die vielfältigen Auswirkungen bestehender Ökosysteme stark unter-
schätzt werden, was diese wieder für externe Einflüsse und Gefahren anfälliger macht,
wie etwa Monokulturen für massenhaft auftretende Schädlinge oder gentechnisch veränderte Lebensmittel für reduzierte intergenerationale Reproduktion – die übrigens wie
im Fall von Hybriden oft absichtlich erzeugt wird.

7.5   Umstellung der Ernährung

Wenn man bedenkt, dass die Erzeugung einer Kalorie Rind- oder Lammfleisch 11
Kalorien pflanzlicher Nahrung benötigt, eine Kalorie Milch 8 Kalorien und eine Kalorie
Schweinefleisch, Geflügel oder Eier immerhin 4 Kalorien pflanzlicher Energie (vgl.
Feyder 2010, S. 163), dann muss man sich schon die Frage stellen, ob es sinnvoll sein
kann, jeden Tag eine oder gar zwei Mahlzeiten mit Fleisch zu verzehren. Dabei benötigen
tierbasierte Nahrungsmittel fünfmal so viel Land wie pflanzenbasierte Nahrung pro
Nahrungseinheit (vgl. Bringezu et al. 2015, S. 107).

Ähnlich unterschiedlich ist der Wasseraufwand für Fleisch und für pflanzliche
Nahrungsmittel. Während für ein Kilogramm Rindfleisch 13.500 l Wasser benötigt werden, erfordert die Erzeugung eines Kilogramms Weizen nur 1100 l Wasser.

Zweifellos ist es angebracht, dass – insbesondere die reichen Länder – ihre Nahrungs-
und Essgewohnheiten überdenken.

Dabei ist nicht gemeint, dass nun alle Menschen Vegetarier oder gar Veganer werden
müssen. Schon viel wäre erreicht, wenn zum Beispiel die Menschen im Schnitt ihren
Fleischkonsum auf die Hälfte reduzieren würden.

7.6   Ökologische Landwirtschaft

Hans Herren (2017, S. 90) hat darauf hingewiesen, dass die kleinbäuerliche Landwirtschaft immer noch mit Abstand der größte Arbeitgeber auf der Erde ist. So lebten 2017
immer noch 2,6 Mrd. Menschen oder gegen 40 % der Erdbevölkerung von ihr. Dagegen

ist die industrielle Nahrungsmittelproduktion um ein Vielfaches produktiver, aber verursacht umgekehrt auch erhebliche Umweltschäden. In den Ländern des Nordens trägt die Landwirtschaft nur noch wenige Prozent zum Bruttoinlandprodukt bei, und lediglich wenige Prozent der Bevölkerung arbeiten noch für die Landwirtschaft – in der Schweiz sind es weniger als 1 %. In den von den Konsumenten bezahlten Nahrungsmittelpreisen sind die externen Kosten nicht (mehr) enthalten, unter anderem deshalb sind Bio-Produkte wesentlich teurer als konventionell hergestellte Nahrungsmittel. Dabei stimmt die Rechnung eigentlich nicht, weil oft in Mischwirtschaft erzeugte Bio- und Ökoprodukte auf der einen Seite weniger externe Schäden verursachen, die Mischwirtschaft aber auf der anderen Seite nicht im gleichen Ausmaß mechanisiert und automatisiert werden kann wie industrielle Monokulturen.

Dabei empfahl bereits der Weltentwicklungsbericht 2008 (S. 68) den Entwicklungsländern eine stärkere Diversifizierung der Landwirtschaft und die Herstellung höherwertiger Produkte. Das Gleiche gilt auch für die hoch entwickelten Länder.

In diesem Zusammenhang ist auch das Konzept der Permakultur zu erwähnen. Permakultur bedeutet „dauerhafte Kultur" und wurde in den 1970er-Jahren von den beiden australischen Ökologen Bill Mollison und David Holmgren entwickelt. Es ist im Prinzip ein Planungssystem für Landwirtschaft, das versucht, die Vorgaben und Prämissen der Natur anzuwenden, also mit großer Ressourcenschonung und geringstmöglicher Umweltbelastung: „Man kopiert quasi die Muster der Natur, indem man z. B. in Polykultur statt in Monokultur anbaut, d.h. verschiedene Arten nebeneinander statt *eine* Art auf großer Flächen wie in der konventionellen Landwirtschaft üblich" (Kvist 2014, S. 139).

Hans Herren (2017, S. 91) hat darauf hingewiesen, dass die Nahrungsmittelpreise sowohl für die Bauern als auch für die Natur fair sein müssen: „Auch die externen Kosten müssen einfließen. ‚The Economics of Ecosystems and Biodiversity' (TEEB), eine Initiative der UNO-Umweltorganisation UNEP, ist daran, diese Kosten zu errechnen. Eine erste weltweite Analyse der Rindfleischproduktion ergab zum Beispiel, dass pro Kilogramm Rindfleischprotein externe Kosten – etwa durch Treibgasemissionen, Umwandlung von Wald in Weide oder Luftverschmutzung – im Umfang von rund 170 US-Dollar anfallen" (Herren 2017, S. 91).

Weltweit – und insbesondere im Süden – ist die kleinbäuerliche Landwirtschaft von Ernährungsunsicherheit und Armut betroffen. Rund 500 Mio. Kleinbauernbetriebe produzieren immer noch rund 70 % der lokal konsumierten Nahrung (vgl. Sager und Lehmann 2017, S. 10). Finanziell ist ihre Produktion oft wenig oder sogar unrentabel. Dabei fehlt es Klein- und Kleinstbetrieben oft an Investitionsmitteln, an Land, an sicherem Zugang zu den Märkten, an der Ausstattung der Infrastruktur und an Wissen. Viele in der Kleinlandwirtschaft arbeitende Menschen sind verschuldet, sozial kaum abgefedert und abhängig von widrigen Klima- und Wetterbedingungen. Saatgut ist entweder kaum erschwinglich oder gar nicht zugänglich, und viele Betriebe müssen sich verschulden, um Saatgut zu erwerben. Umgekehrt fehlt oft eine Abgeltung der gemeinnützigen Leistungen dieser Betriebe wie Landschaftspflege, Erhaltung der Saatgutvielfalt und Biodiversität (vgl. Sager und Lehmann 2017, S. 10). Angesichts dieser Situation ist die Strategie eigentlich klar:

Förderungsanreize und finanzielle Abgeltung oder Steuererleichterungen für landwirtschaftliche Produktion, die umweltnah, ökologisch, mit minimalen externen Kosten und in kleinen landwirtschaftlichen Einheiten erfolgt – dagegen Streichung aller Subventionen für landwirtschaftlich-industrielle Großbetriebe, für Großbauern, die genveränderte Produkte anbauen und/oder Herbizide, Fungizide oder Insektizide im großen Maßstab verwenden.

Angesichts der aktuellen Situation ist – so Herren (2017, S. 91) – „ökologischer Landbau, sei es Permakultur, naturnah, biologisch (vor allem Bio 3.0 nach IFOAM), bio-dynamisch, … kein Luxus für die Reichen, sondern eine Überlebensnotwendigkeit für alle. Nur mit dieser Vorgehensweise kann es gelingen, die Nahrungsmittelproduktion auf einen nachhaltigen Kurs zu bringen und dauerhaft zu sichern". Zwar würde eine breite Umstellung der Landwirtschaft in den Industrieländern auf biologische Produktionsweise laut Herren (2017, S. 91) „zu einem leichten, temporären Rückgang der Produktion führen, doch das ließe sich verschmerzen, werden heute doch über 40 % der Nahrungsmittel verschwendet". Doch sei das Potenzial für Produktionssteigerung gerade in der kleinbäuerlichen Landwirtschaft in den Entwicklungsländern gerade auch mit ökologischen Methoden enorm. So lassen sich laut einer Studie der UNCTAD und der FAO bei 1,9 Mio. ha Landwirtschaftsfläche, die von 2 Mio. Kleinbauern bebaut wird, mit einer intensiven Biolandbau-Praxis mehr als doppelt so hohe Erträge erzielen wie mit der traditionellen Subsistenzlandwirtschaft (vgl. Herren 2017, S. 92). So erzielten etwa 60 Kleinbetriebe in Kenia im Rahmen eines Biolandbau-Projekts, das vom Schweizerischen Forschungsinstitut für biologischen Landbau zusammen mit lokalen Partnern durchgeführt wurde, ab dem 5. Jahr deutlich höhere Erträge als konventioneller Landbau, und ab dem 6. Jahr lag der finanzielle Ertrag sogar 53% höher (vgl. Herren 2017, S. 92).

Dabei sollte man allerdings nicht den Fehler machen, lokale Produktion mit nachhaltiger Produktion zu verwechseln (vgl. Brunori 2006, S. 141): Lokale Produktion muss sich nicht nur an lokalen, sondern auch an überlokalen Märkten orientieren, um nachhaltig zu sein – und umgekehrt können transnationale oder globale Märkte durchaus auch nachhaltig sein – etwa in der Vermarktung lokaler und nachhaltig hergestellter Produkte.

Dabei ist beim ökologischen Landbau die Idee zentral, dass im Gegensatz zur konventionellen Landwirtschaft nicht nur Nahrungsmittel produziert werden, sondern auch gemeinwirtschaftliche Leistungen hinsichtlich Klimaschutz, Gewässerschutz, Biodiversität und Landschaftspflege erbracht werden. Dieser multifunktionelle Ansatz unterscheidet sich von einer ausschließlich auf höchstmögliche Erträge bei möglichst geringem Arbeitseinsatz ausgerichteten industriellen Landwirtschaft.

Längst haben sich um die ökologische, kleinbäuerliche Landwirtschaft soziale Bewegungen entwickelt. So schlossen sich etwa 1993 weltweit zahlreiche lokale Bewegungen von Bäuerinnen und Bauern zur Organisation „La Via Campesina" zusammen, die heute rund 200 Mio. Menschen einbezieht (vgl. La Via Campesina 2018). Aus Anlass des Welternährungsgipfels 1996 in Rom stellten diese Gruppen ihr Konzept der Ernährungssouveränität vor. Die Bewegung umfasst heute Gruppen und Organisationen benachteiligter und marginalisierter Städter, Umweltvereine,

Konsumentengruppen, Frauenorganisationen, Fischer, Tierzüchter und viele andere (vgl. Gétaz 2017, S. 94). Heute ist das Postulat nach Ernährungssouveränität auch in vielen Regierungen salonfähig geworden. Die Initianten von „La Via Campesina" verstehen unter Ernährungssouveränität „das Recht der Bevölkerung eines Landes oder einer Region auf eine gesunde und kulturell angepasste Nahrung" (Gétaz 2017, S. 95) und das Recht, die Landwirtschafts- und Verbraucherpolitik selber zu bestimmen, ohne einem Preisdumping – etwa aufgrund der globalen Nahrungsmittelmärkte – zu unterliegen oder ein solches praktizieren zu müssen.

Der Wirtschaftsethiker Ingo Pies (2017, S. 25) hat zu Recht darauf hingewiesen, dass es in der Öffentlichkeit eine große Verwirrung um den Wachstums- und Produktivitätsbegriff gibt und dass zwei völlig unterschiedliche Wachstumskonzepte im Umlauf sind: „Dem ersten Begriff zufolge bedeutet ‚Wachstum' mehr Output durch mehr Input, also mehr Produktion durch mehr Ressourceneinsatz. Dem zweiten Begriff zufolge kommt ‚Wachstum' primär durch Innovation zustande, also durch den Einsatz neuer Ideen. So wird es möglich, einen gegebenen Output durch weniger Input zu erzeugen oder spiegelbildlich mit einem gegebenen Input mehr Output hervorzubringen. Hier werden also Produktion und Ressourceneinsatz entkoppelt" (Pies 2017, S. 25). Man muss also definieren, ob man mit „größerer Produktivität" und „Wachstum" eine volumenmäßige Zunahme des Inputs – an Energie, Rohstoffen, Technik usw. – mit entsprechend größerem Output meint oder geringeren Einsatz von Ressourcen bei gleichem oder weniger stark abnehmendem Output. Dazu kommt, dass die einzelnen Produktionsfaktoren teilweise austauschbar sind, etwa Arbeitskraft durch Energie und umgekehrt. Und schließlich spielt die Externalisierung von Produktionskosten – etwa in Form von Umweltschäden – eine wichtige Rolle.

In den Augen von Arvay (2013, S. 134 ff. sowie 146 ff.) ist die kleinbäuerliche Landwirtschaft im zweiten genannten Sinn – also in Form eines geringeren Ressourceneinsatzes bei gleichem oder abnehmendem Output – produktiver. Diese Art von Landwirtschaft schützt durch Hecken, Mauern und Terrassenbewirtschaftung gegen Bodenerosion und erhält durch Baumstreifen und Mischkulturen biologische Vielfalt und lokale Ökosysteme. Sie laugt den Boden weniger aus und verursacht weniger Bodenschäden (kein Einsatz von Schwerstmaschinen), führt dem Boden weniger Schadstoffe zu, verbraucht weniger Wasser und Energie und bereichert die ländlichen Gebiete biologisch, kulturell und sozial. Außerdem sei kleinbäuerliche Landwirtschaft produktiver infolge geringerer Tierhaltung pro Fläche, während bei intensiver Massentierhaltung der Ertrag pro Hektar sinke (vgl. Schäfers 2016, S. 113). Allerdings ist das davon abhängig, wie man Produktivität misst: „So kann ein Bauer, wenn er auf einem Hektar Land Obst, Gemüse und Getreide anbaut, 30 Menschen ernähren. Werden auf der gleichen Fläche Tiere zum Zwecke der Produktion von Eiern, Milch und Fleisch gehalten, sinkt der Ertrag, und es können nur fünf bis zehn Menschen ernährt werden" (Schäfers 2016, S. 113). Hier ist allerdings einzuwenden, dass dieser höhere Versorgungsgrad nicht so sehr die Folge von Kleinlandwirtschaft ist, sondern auf die höhere trophische Pyramide bei der Fleischproduktion zurückzuführen ist: Weil die pflanzliche Produktion nicht direkt vom Menschen verzehrt wird, sondern an die Tiere verfüttert, die ihrerseits dann vom Menschen gegessen werden, geht Wasser und Energie verloren, pro trophische Ebene kann der Verlust gut und gern den Faktor 5 bis 10 ausmachen.

Nach Meinung von Franz-Theo Gottwald und Isabel Boergen (2011, S. 248) „braucht es – gerade auch auf politischer Ebene – eine Stärkung der kleinbäuerlichen Landwirtschaft". Wenn man allerdings bedenkt, dass in nicht wenigen Ländern – so in der Schweiz – die Bauern über eine der stärksten politischen Lobbys verfügen, muss man unbedingt spezifizieren, dass a) die kleinbäuerliche Produktionsweise gestärkt, b) diese auf eine ökologisch-biologische Mischproduktion ausgerichtet und c) die Ernährungsautonomie etwa in Form von nicht verkäuflichen Gen- und Saatgutdatenbanken gesichert werden muss. So können etwa „Innovationen des Ökolandbaus … die Branche inspirieren, einzelne Elemente die traditionelle Subsistenzlandwirtschaft bereichern und stärken" (Gottwald und Boergen 2011, S. 248). Dabei müssen nicht nur Ansätze innovativer und interdisziplinärer Forschung verstärkt, sondern auch „die Strukturen der globalen Agrarmärke radikal verändert werden" (Gottwald und Boergen 2011, S. 248). Doch reicht es – und ist es überhaupt sinnvoll –, wie Gottwald und Boergen (2011, S. 249) meinen, Exportsubventionen zu streichen und Agrarsubventionen in den Industrieländern umzuverteilen und langfristig abzubauen? Werden dadurch nicht einmal mehr die transnationalen Agromultis bevorteilt? Sollte man nicht vielmehr alle gemeinwirtschaftlichen Leistungen, die von der Landwirtschaft erbracht werden, systematisch entschädigen? Immerhin erhält ja die Öffentlichkeit eine Gegenleistung dafür.

Genau diesen Gedanken haben der Verein Sauberes Trinkwasser und dessen engagierte Vertreterin Franziska Herren in der Schweiz aufgenommen. In ihrer Volksinitiative – die innerhalb von 7 Monaten bis Mitte Oktober 2017 bereits von 89.000 Schweizerinnen und Schweizern unterschrieben wurde (vgl. Caprez 2017, S. 4) – verlangen die Initianten nichts weniger als einen Umbau der schweizerischen Landwirtschaft: So sollen nur noch Landwirtschaftsbetriebe subventioniert werden, die keine Pestizide einsetzen, ihren Tieren keine Antibiotika verfüttern und die nur so viele Tiere halten, wie sie von ihrem eigenen Land ohne importiertes Zusatzfutter ernähren können. Weil die Landwirtschaft zu den größten Wasserverschmutzern gehört, soll diese – auch mit entsprechend ausgerichteten Subventionskriterien – umgebaut werden.

Literatur

Anderegg, Ralph (1999): Grundzüge der Agrarpolitik. München/Wien: R. Oldenbourg.
Arvay, Clemens G. (2013): Friss oder stirb! Wie wir den Machthunger der Lebensmittelkonzerne brechen und uns besser ernähren können. Salzburg: Ecowin.
Atlas der Globalisierung (2012): Die Welt von morgen. Paris: Le Monde Diplomatique.
Attac Österreich (2003): Die geheimen Spielregeln des Welthandels. WTO-GATS-TRIPS-M.A.I. Wien: Promedia.
Atteslander, Jan (2017): Initiative verletzt WTO-Recht. In: Neue Zürcher Zeitung vom 5.12.2017. 9.

Beermann, Marina/Schattke, Hedda/Pfriem, Reinhard (2016): Die Übernahme gesellschaftlicher Verantwortung von Unternehmen in der Ernährungswirtschaft. In: Pfriem, Reinhard: Ökonomie als Gemengelage kultureller Praktiken. Marburg: Metropolis. 215 ff.

Berli, Rudi (2015): Relokalisierung der Ernährungswirtschaft. In: Antidot 20/2015. 17.

Bernath, Markus (2017): Ein Gemüsegarten für die Verlierergeneration. In: Neue Zürcher Zeitung vom 23.9.2017. 6.

Bringezu, Stefan/Schütz, Helmut/O'Brien, Meghan (2015): Measuring and Managing the Global Agriculture Footprint of Countries' Consumption. In: Robinson, Guy M./Carson, Doris A. (Hrsg.): Handbook on the Globalisation of Agriculture. Cheltenham, UK/Northhampton, MA, USA: Edward Elgar Publishing. 106 ff.

Brunori, Gianluca (2006): Post-Rural Processes in Wealthy Rural Areas: Hybrid Networks and Symbolic Capital. In: Marsden, Terry/Murdoch, Jonathan (Hrsg.): Between the Local and the Global: Confronting Complexity in the Contemporary Agri-Food Sector. Amsterdam et al.: Elsevier Jai. 121 ff.

Busse, Tanja (2010): Die Ernährungsdiktatur. Warum wir nicht länger essen dürfen, was uns die Industrie auftischt. München: Blessing.

Caprez, Cathrin (2017): Eine Bürgerin reisst eine Revolution an. In: WochenZeitung vom 12.10.2017. 4.

Delko, Krim (2017): John Deere setzt auf Agrarroboter. In: Neue Zürcher Zeitung vom 5.10.2017. 31.

Esnouf, Catherine/Russel, Marie/Bricas, Nicolas (2013): Conclusion. In: Esnouf, Catherine/Russel, Marie/Bricas, Nicolas (Hrsg.): Food System Sustainability. Insights from duALIne. Cambridge: Cambridge University Press. 233 ff.

FAO (2009): Food for the Cities. http://www.ftp.fao.org/docrep/fao/012/ak824e/ak824e00.pdf (Zugriff 9.9.2017).

Feldges, Dominik (2017a): Das grosse Geschäft mit Robotern. In: Neue Zürcher Zeitung vom 9.9.2017. 27.

Feldges, Dominik (2017b): Die Bauern müssen sich erst noch daran gewöhnen. Digitalisierung erleichtert Schweizer Landwirten zwar die Arbeit, bleibt aber vielen weiterhin fremd. In: Neue Zürcher Zeitung vom 16.9.2017. 31.

Feyder, Jean (2010): Mordshunger. Wer profitiert vom Elend der armen Länder? Frankfurt/Main: Westend Verlag.

Gétaz, Raymond (2017): Für eine radikale Wende in der Landwirtschaft. In: Europäisches BürgerInnen Forum (Hrsg.): Ökozid. Konzerne unter Anklage. Internationales Monsanto Tribunal, Den Haag 2016. Basel: Europäisches BürgerInnen Forum (EBF)/CEDRI. 93 ff.

Glauner, Friedrich (2014): Elemente einer Nahrungsmittelethik für das 21. Jahrhundert. Ein Essay vom „richtigen" Essen. In: Schank, Christoph/Vorbohle, Kristin/Quandt, Jan Hendrik (Hrsg.): Perspektive Nahrungsmittelethik. München: Rainer Hampp. 59 ff.

Gottwald, Franz-Theo/Boergen, Isabel (2011): Mensch, Markt und Technik – Welche Landwirtschaft kann die Welt ernähren? In: Nguyen, Tristan (Hrsg.): Mensch und Markt. Die ethische Dimension wirtschaftlichen Handelns. Wiesbaden: Gabler/Springer Fachmedien. 225 ff.

Gottwald, Franz-Theo/Boergen, Isabel (2013): Food Ethics – eine Disziplin im Wandel. In: Gottwald, Franz-Theo/Boergen, Isabel (Hrsg.): Essen und Moral. Beiträge zur Ethik der Ernährung. Marburg: Metropolis. 11 ff.

Herren, Hans R. (2017): Biologischer Landbau kann die Welt ernähren. In: Europäisches BürgerInnen Forum (Hrsg.): Ökozid. Konzerne unter Anklage. Internationales Monsanto Tribunal, Den Haag 2016. Basel: Europäisches BürgerInnen Forum (EBF)/CEDRI. 90 ff.

Hicks, Molly E. (2013): Seeds and Sustainability: Why Keeping Seeds Local is an Act of Resistance and Resilience. In: Sadler, Thomas R./Mcilvaine-Newsad, Heather/Knox, Bill (Hrsg.): Local Food Networks and Activism in the Heartland. Champaign, Illinois, US: Common Ground. 77 ff.

International Federation of Robotics (2016): Executive Summary World Robotics 2016 Industrial Robots. https://ifr.org/img/uploads/Executive_Summary_WR_Industrial_Robots_20161.pdf (Zugriff 25.4.2018).

Kloppenburg, Jack Ralph Jr. (2010): Seed Sovereignty: The Promise of Open Source Biology. In: Whittman, Hannah et al. (Hrsg.): Food Sovereignty. Reconnecting Food, Nature and Community. Oakland, CA: Food First Books.

Knox, Bill (2013): Sustainable Local Food: Turning the Soil, Turning the Tide. In: Sadler, Thomas R./Mcilvaine-Newsad, Heather/Knox, Bill (Hrsg.): Local Food Networks and Activism in the Heartland. Champaign, Illinois, US: Common Ground. 17 ff.

Kvist, Dorthe (2014): Grüne Stadtoasen. Gärtnerglück auf kleinstem Raum. München: Dorling Kindersley Verlag.

La Via Campesina (2018): International Peaseant's Movement. https://viacampesina.org/en/international-peasants-voice/ (Zugriff 25.4.2018).

Leitzmann, Claus (2012): Zwischen Mangel und Überfluss. Die globale Ernährungssituation. In: Bartmann, Wolfgang (Red.): Not für die Welt. Ernährung im Zeitalter der Globalisierung. Gütersloh/München: F. A. Brockhaus. 14 ff.

Leuzinger, Lukas (2017): Der Roboter ist der neue Knecht. In: Neue Luzerner Zeitung vom 9.8.2017. 3.

Lorenz-Meyer, Andreas (2017): Direkt beim Bauern in Afrika bestellen. In: Neue Luzerner Zeitung vom 16.11.2017. 11.

Marktzugang (2016): Plattform Marktzugang. Kleinbauern brauchen Marktzugang. Helfen Sie mit! https://www.gebana.com/projects/ch/project?lang=de (Zugriff 25.4.2018).

Michler, Inga/Ginten, Ernst August (2016): Rücksichtslose Jagd auf den neuen, alten Bodenschatz. In: Welt N24 online vom 19.1.2016. https://www.welt.de/wirtschaft/article151170043/Ruecksichtslose-Jagd-auf-den-neuen-alten-Bodenschatz.html (Zugriff 25.4.2018).

Mously, Sara (2013): Die neuen Äcker der Grossstadt. In: WochenZeitung vom 31.1.2013. 13.

Neue Luzerner Zeitung (6.10.2017): Mit der richtigen Ernährung gegen Erderwärmung. 16.

Pfriem, Reinhard (2016): Sie sind zufrieden, wenn wir es nicht sind. In: Pfriem, Reinhard: Ökonomie als Gemengelage kultureller Praktiken. Marburg: Metropolis. 143 ff.

Piazza, Matthias (2017): Handyhüllen aus Mais, Zucker und Öl. In: Neue Luzerner Zeitung vom 13.8.2017. 18.

Pies, Ingo (2017): Ökomische Bildung 2.0 – Eine ordonomische Perspektive. Diskussionspapier Nr. 2017-13 des Lehrstuhls für Wirtschaftsethik an der Martin-Luther-Universität Halle-Wittenberg. http://digital.bibliothek.uni-halle.de/id/2608690 (Zugriff 25.4.2018).

Sadler, Thomas (2013): More than Just Food: Wisdom, Vitality and the Local Food Movement. In: Sadler, Thomas R./Mcilvaine-Newsad, Heather/Knox, Bill (Hrsg.): Local Food Networks and Activism in the Heartland. Champaign, Illinois, US: Common Ground. 36 ff.

Sager, Manuel/Lehmann, Bernard (2017): Ernährungssicherheit ist keine Selbstverständlichkeit. In: Neue Zürcher Zeitung vom 17.10.2017. 10.

Schäfers, Eduard (2016): Strukturen und Probleme einer globalisierten Welt. Göttingen: Cuvillier.

Shiva, Vandana et al. (Hrsg.) (2007): Manifesto on the Future Seed. In: Manifestos on the Future of Food and Seed. Cambridge, MA: South End Press. 77 ff.

Weltagrarbericht IAASTD (2008): http://unesco.de/wissenschaft/biosphaerenreservate/biologische-vielfalt/iaastd.html, vgl. auch http://www.weltagrarbericht.de/ (Zugriff 25.4.2018).

Weltentwicklungsbericht (2008): Agrarwirtschaft für Entwicklung. Weltbank. Düsseldorf: Droste Verlag.

Wuhrer, Pit (2017): Auf dem Weg zur Agrocity. In: WochenZeitung vom 5.10.2017. 13.

Fazit

8

Aus den bisherigen Ausführungen lassen sich vor allem drei Folgerungen ziehen: Erstens braucht es klare Regelungen zum Verhältnis der großen Nahrungsmittel- und Agrokonzerne zu den Nationalstaaten, zweitens sollten die Konsumentinnen und Konsumenten mehr Verantwortung für ihr Essverhalten übernehmen und drittens sollten sich Investitionen im Nahrungsmittel- und Landwirtschaftsbereich stärker nach ethischen und ökologischen Kriterien ausrichten.

Doch wird das reichen? Nicht wenige Ethiker und auch einige Ökonomen verlangen einen grundlegenden Umbau der Landwirtschaft und der Nahrungsmittelindustrie. Das Problem liegt jedoch darin, dass ein solcher Umbau wohl kaum ohne entsprechenden Umbau des Weltwirtschaftssystems möglich sein wird, haben doch die Landwirtschaft und die Nahrungsmittelindustrie nur nachvollzogen, was in anderen Wirtschaftsbereichen – etwa in der Industrie – längst stattgefunden hat: Die Finanzialisierung der Produktionsstrukturen, die Globalisierung von Produktion und Konsum und die Industrialisierung sowie Informatisierung/Technologisierung der Herstellung.

8.1 Ethische Leitlinien für Unternehmen

Es ist mehr als zweifelhaft, ob die Frage „Wie ernähren wir uns morgen?" nur aus individueller Sicht eine Frage der Nahrungsmittelethik ist, wie Petersen (2014, S. 27) meint. Denn gerade vor dem Hintergrund globaler Nahrungsmittelmärkte und transnationaler Wertschöpfungsketten kann die Frage nach ethisch produzierten, vermarkteten und konsumierten Nahrungsmitteln auf keinen Fall mehr rein individualethisch beantwortet werden. Ist es nicht vielmehr umgekehrt: Die ethische Frage nach den Nahrungsmitteln muss ausgeweitet und in letzter Konsequenz zu einer zentralen wirtschafts- und unternehmensethischen Frage werden – und eine Frage nach der Wirtschaftsethik und der Wirtschaftsordnungspolitik.

© Springer Fachmedien Wiesbaden GmbH, ein Teil von Springer Nature 2018
C. J. Jäggi, *Ernährung, Nahrungsmittelmärkte und Landwirtschaft*,
https://doi.org/10.1007/978-3-658-22269-7_8

Zur Thematisierung dieser Fragen gibt es heute bereits eine ganze Reihe von Bemühungen und Initiativen. Wenn auch viele dieser Initiativen sich auf Freiwilligkeit und Selbstverpflichtung beschränkten – wie etwa die Corporate Social Responsibility (CSR) –, haben in den letzten Jahren die Bemühungen zugenommen, die transnationalen Konzerne auch mit rechtlichen Mitteln dazu zu verpflichten, Menschenrechts- und Umweltstandards einzuhalten.

Ein solches Vorhaben ist die Konzernverantwortungsinitiative in der Schweiz.

Der Schweizer Unternehmer und Rechtsanwalt Samuel Schweizer (2017, S. 9) – und Mitglied der Unternehmensleitung der Ernst Schweizer AG – hielt in einer Kolumne unmissverständlich fest, dass Konzerne mit Sitz in der Schweiz Menschenrechte verletzen und minimale Umweltstandards nicht einhalten. Das gilt natürlich auch für Konzerne mit Sitz in anderen Ländern. Deshalb befürwortete Schweizer (2017, S. 9) ohne Wenn und Aber die Verankerung einer Sorgfaltsprüfungspflicht für Menschenrechte und Umwelt in der schweizerischen Bundesverfassung – so wie sie in der sogenannten Konzernverantwortungsinitiative gefordert wird.

Die eidgenössische Volksinitiative „Für verantwortungsvolle Unternehmen – zum Schutz von Mensch und Umwelt" („Konzernverantwortungsinitiative")
hat den folgenden Wortlaut:
„Die Bundesverfassung wird wie folgt geändert:
Art. 101a Verantwortung von Unternehmen

1. Der Bund trifft Maßnahmen zur Stärkung der Respektierung der Menschenrechte und der Umwelt durch die Wirtschaft.
2. Das Gesetz regelt die Pflichten der Unternehmen mit satzungsmäßigem Sitz, Hauptverwaltung oder Hauptniederlassung in der Schweiz nach folgenden Grundsätzen:
   a) Die Unternehmen haben auch im Ausland die international anerkannten Menschenrechte sowie die internationalen Umweltstandards zu respektieren; sie haben dafür zu sorgen, dass die international anerkannten Menschenrechte und die internationalen Umweltstandards auch von den durch sie kontrollierten Unternehmen respektiert werden; ob ein Unternehmen ein anderes kontrolliert, bestimmt sich nach den tatsächlichen Verhältnissen; eine Kontrolle kann faktisch auch durch wirtschaftliche Machtausübung erfolgen;
   b) Die Unternehmen sind zu einer angemessenen Sorgfaltsprüfung verpflichtet; sie sind namentlich verpflichtet, die tatsächlichen und potenziellen Auswirkungen auf die international anerkannten Menschenrechte und die Umwelt zu ermitteln, geeignete Maßnahmen zur Verhütung von Verletzungen international anerkannter Menschenrechte und internationaler Umweltstandards zu ergreifen, bestehende Verletzungen zu beenden und Rechenschaft über ergriffene Maßnahmen abzulegen; diese Pflichten gelten in Bezug

auf kontrollierte Unternehmen sowie auf sämtliche Geschäftsbeziehungen; der Umfang dieser Sorgfaltsprüfungen ist abhängig von den Risiken in den Bereichen Menschenrechte und Umwelt; bei der Regelung der Sorgfaltsprüfungspflicht nimmt der Gesetzgeber Rücksicht auf die Bedürfnisse kleiner und mittlerer Unternehmen, die geringe derartige Risiken aufweisen;

c) Die Unternehmen haften auch für den Schaden, den durch sie kontrollierte Unternehmen aufgrund der Verletzung von international anerkannten Menschenrechten oder internationalen Umweltstandards in Ausübung ihrer geschäftlichen Verrichtung verursacht haben; sie haften dann nicht nach dieser Bestimmung, wenn sie beweisen, dass sie alle gebotene Sorgfalt gemäß Buchstabe b angewendet haben, um den Schaden zu verhüten, oder dass der Schaden auch bei Anwendung dieser Sorgfalt eingetreten wäre.

d) Die gestützt auf die Grundsätze nach den Buchstaben a–c erlassenen Bestimmungen gelten unabhängig vom durch das internationale Privatrecht bezeichneten Recht" (Verein Konzernverantwortungsinitiative 2017, S. 4).

Diese Verfassungsänderung bezweckt, die in der Schweiz ansässigen Konzerne – und das sind auch Schwergewichte im Nahrungsmittelbereich, in der Landwirtschaft tätige Chemiemultis und große Rohstoffhändler – zu einem ethisch verantwortlichen Handeln zu zwingen.

Diese Entwicklung ist in anderen Ländern und auf internationaler Ebene teilweise bereits weiter: „Auf internationaler Ebene ist eine große Dynamik festzustellen. Vor rund sechs Jahren verabschiedete der UNO-Menschenrechtsrat einstimmig die von Harvard-Professor John Ruggie erarbeiteten Leitprinzipien für Wirtschaft und Menschenrechte. … Damit sich alle an einen Mindeststandard halten, braucht es auch einen Durchsetzungsmechanismus" (Schweizer 2017, S. 9).

Leitprinzipien für Wirtschaft und Menschenrechte – Allgemeine Prinzipien
Diese Leitprinzipien beruhen auf der Anerkennung

a) der bestehenden Verpflichtungen der Staaten, die Menschenrechte und Grundfreiheiten zu achten, zu schützen und zu gewährleisten;

b) der Rolle von Wirtschaftsunternehmen als spezialisierte Organe der Gesellschaft, die spezialisierte Aufgaben wahrnehmen, und als solche dem gesamten geltenden Recht Folge zu leisten und die Menschenrechte zu achten haben;

c) der Notwendigkeit, Rechten und Verpflichtungen im Fall ihrer Verletzung angemessene und wirksame Abhilfemaßnahmen gegenüberzustellen.

Diese Leitprinzipien finden Anwendung auf alle Staaten und transnationale wie sonstige Wirtschaftsunternehmen, ungeachtet ihrer Größe, ihres Sektors, ihres Standorts, ihrer Eigentumsverhältnisse und ihrer Struktur.

Diese Leitprinzipien sind als geschlossenes Ganzes anzusehen und sowohl in einzelnen Teilen als auch in ihrer Gesamtheit nach Maßgabe ihres Ziels auszulegen, die Standards und Verfahrensweisen in Bezug auf Unternehmen und die Menschenrechte so zu verbessern, dass greifbare Ergebnisse für betroffene Personen und lokale Gemeinwesen erzielt werden und somit auch zu einer sozial nachhaltigen Globalisierung beitragen.

Diese Leitprinzipien sind nicht so auszulegen, dass durch sie neue völkerrechtliche Verpflichtungen geschaffen oder etwaige Rechtsverpflichtungen eines Staates eingeschränkt oder untergraben würden, die dieser nach dem Völkerrecht mit Bezug auf die Menschenrechte eingegangen ist oder denen er unterworfen sein mag.

Diese Leitprinzipien sind auf nicht-diskriminierende Weise umzusetzen, mit besonderem Augenmerk auf die Rechte und Bedürfnisse, wie auch Herausforderungen von Individuen, die Gruppen oder Bevölkerungsteilen angehören, die einem besonderem Risiko der Vulnerabilität und Marginalisierung ausgesetzt sind sowie unter gebührender Berücksichtigung der unterschiedlichen Risiken, denen Frauen und Männer ausgesetzt sein können.

(Leitprinzipien für Wirtschaft und Menschenrechte 2013, S. 1)

Im Einzelnen fordern die Leitprinzipien für Wirtschaft und Menschenrechte von den Staaten die Einführung und Durchsetzung von verbindlichen Rechtsvorschriften eines menschenrechtskonformen Unternehmensrechts (Art 3.) sowie Firmen, welche die Menschenrechte verletzen, die öffentliche Förderung und die Nutzung öffentlicher Dienstleistungen zu verweigern (Art. 7c). Die Staaten sollten im Rahmen des Investitionsschutzes „ausreichenden innerstaatlichen Politikspielraum zur Erfüllung ihrer menschenrechtlichen Verpflichtungen erhalten" (Leitprinzipien für Wirtschaft und Menschenrechte 2013, S. 12, Art. 9). Umgekehrt sollen Unternehmen nicht nur die Menschenrechte achten, sondern auch verhindern, dass ihr Handeln nachteilige menschenrechtliche Folgen hat (Art. 11). Deshalb seien Verfahrensregeln festzulegen, um die Menschenrechtsverpflichtung, die Einhaltung der menschenrechtsbezogenen Sorgfaltspflicht und bei Verstößen dagegen die Wiedergutmachung negativer menschenrechtlicher Auswirkungen sicherzustellen (Art. 15 sowie 22). Außerdem sollten die Staaten staatliche, außergerichtliche Beschwerdemechanismen (Art. 27), nicht staatliche Beschwerdemechanismen (Art. 28) und umgekehrt die Unternehmen betriebsinterne Beschwerdemechanismen für Einzelpersonen und lokale Gemeinschaften auf operativer Ebene (Art. 29) schaffen.

In einzelnen Ländern – wie in der Schweiz die Konzernverantwortungsinitiative – haben solche Bemühungen Widerstand von marktliberalen Kräften und Unternehmerkreisen hervorgerufen, selbst bei einer schlanken, zivilrechtliche Umsetzung. Dagegen setzen andere Länder auf strafrechtliche Verfolgung oder einen verwaltungsrechtlichen Sanktionskatalog (vgl. Schweizer 2017, S. 9). Heute verlangen unter anderem bereits Großbritannien und Frankreich von den Unternehmern eine verbindliche menschenrechtliche Sorgfaltsprüfung.

8.2 Information und Bildung

Insbesondere für die Konsumenten ist von großer Bedeutung, dass sie ausreichend über die Produktionsabläufe, die Bestandteile von Nahrungsmitteln und die Auswirkungen der Nahrungsmittelerzeugung informiert sind. Dies einerseits deshalb, weil sie ihre Marktmacht und damit ihren Einfluss auf die Art der Nahrungsmittelherstellung nur zur Geltung bringen können, wenn sie ausreichend über die Nahrungsmittelmärkte informiert sind. Anderseits hängt die zukünftige Nahrungsmittelversorgung entscheidend davon ab, ob sich die Menschen der Zusammenhänge von Nahrungsmittelerzeugung, Ressourcenverbrauch und negativen Umwelteinwirkungen bewusst sind. Das – und eine entsprechende gesundheitsbewusste Ernährung – kann eine ganzheitliche, wirtschaftsoffene, aber auch wirtschaftskritische Bildung entscheidend erleichtern.

Allerdings stellt sich die Frage, ob die Auffassung von Rieckmann et al. (2014, S. 29), wonach die Transformation zu einer Ernährungs- und Agrarwende nur über die individuelle Bildung und über einen durch sie erzielten Wertewandel hin zu veränderten Essgewohnheiten möglich ist, nicht zu eng gefasst ist. Dabei sind zwei Dinge zu berücksichtigen: Nahrungs- und Essgewohnheiten gehen deutlich tiefer als – vorwiegend – kognitiv vermittelte Bildung; das Essverhalten ist entscheidend affektiv und auch sozial bzw. sozio-kulturell geprägt. Außerdem hat die Einstellungsforschung schon vor Jahrzehnten ergeben, dass – leider! – Änderungen im Einstellungsbereich wenn überhaupt, nur in Ausnahmefällen auch zu einem veränderten Verhalten führt (vgl. Jäggi 2016, S. 22 und insbesondere Fußnote 26).

Zwar ist es zweifellos richtig, wenn man die Hochschulen – und im weiteren Sinn das Bildungswesen – als „Orte der kompetenz- und wertorientierten Auseinandersetzung mit nachhaltiger Ernährung" (Rieckmann et al. 2014, S. 39) sieht. Nur: kann ein solches Vorgehen die erforderliche Tiefenwirkung haben und nachhaltig genug sein? Verfügen die großen Nahrungsmittelkonzerne nicht über viel effizientere Waffen, um ihre spezifischen Interessen mit einem effizienten, globalen Marketing, mit hoher medialer Präsenz und der Emotionalisierung der Essens- und Ernährungsbedürfnisse auf der Grundlage modernster psychologischer Erkenntnisse durchzusetzen? Umso mehr, als heute nicht nur in den USA die großen Konzerne – und gerade auch die Nahrungsmittelindustrie – durch ihr Schulmarketing die Inhalte der Lehrmittel entscheidend mitbeeinflussen, und dies in der Regel nicht in einem neutralen, kritischen Sinn, sondern häufig in Form von versteckter Indoktrination und Beeinflussung.

Heute braucht es vielmehr ökonomische und politische Anreize, um die Nahrungsmittelmärkte neu auszurichten, zu strukturieren und ihnen auch klare Spielregeln vorzu-
geben – gerade auch aus der Sicht des Gesundheitsmanagements und im Interesse des
Gemeinwohls.

8.3   Ökologisches Bewusstsein zahlt sich ökonomisch aus

Ein besonderes Problem sind auch die ökologischen Schäden, welche durch die globalisierte Landwirtschaft und Nahrungsmittelindustrie entstehen. So trägt heute die
Nahrungsmittelindustrie wesentlich zur Umweltverschmutzung und zum Anstieg der
Treibhausgase bei, außerdem führt der Klimawandel zu einer wachsenden Instabilität
der Nahrungsmittelproduktion und damit der Marktpreise. Ökonomisch ausgedrückt:
der Landwirtschaftssektor wird künftig weit unsichereren Rahmenbedingungen und
unvorhersehbareren Risiken unterliegen als in den letzten dreißig Jahren (vgl. Esnouf
und Bricas 2013, S. 25).

Wenn man Untersuchungen über „ethische Investments" glauben darf (vgl. Jäggi
2017, S. 116), sind ökologisch und ethisch ausgerichtete Investments weniger risiko-
reich, langfristig mindestens ebenso lukrativ und verursachen deutlich weniger externe
Kosten an Umwelt und Menschen als klassische und vor allem auf kurzfristigen Ertrag
ausgerichtete Anlagen.

Dabei ist – insbesondere auch im Nahrungsmittelbereich – selbstverantwortliches
und auf das Gemeinwohl ausgerichtetes Handeln von Investoren gefordert. Aktionäre,
aber auch Käufer von Anleihen oder anderer Finanzprodukte sollten unbedingt auf die
gemeinwirtschaftlichen Auswirkungen der Unternehmenstätigkeit etwa von Nahrungs-
mittelerzeugern achten. Sie haben es in der Hand, die Tätigkeit der Unternehmen
zu steuern oder mindestens zu beeinflussen – und das direkter, als das jede staatliche
Regelung kann. Insbesondere institutionelle Anleger, aber auch private Aktionäre sind
gefordert, sich aktiv in die Unternehmensstrategie – und falls nötig auch in das operative
Management – einzubringen, ganz im klassischen Sinn der klassischen liberalen Vorstellung von wirtschaftlicher Effektivität und sozialer Verantwortung.

Literatur

Esnouf, Catherine/Bricas, Nicolas (2013): Context: New Challenges for Food Systems. In: Esnouf,
    Catherine/Russel, Marie/Bricas, Nicolas (Hrsg.): Food System Sustainability. Insights form
    duALIne. Cambridge: Cambridge Universität Press. 5 ff.
Jäggi, Christian J. (2016): Doppelte Normativitäten zwischen staatlichen und religiösen Geltungs-
    ansprüchen. Am Beispiel der katholischen Kirche, der muslimischen Gemeinschaften und der
    Bahá'í-Gemeinde in der Schweiz. Münster/Berlin: Lit-Verlag.

Jäggi, Christian J. (2017): Ökologische Baustellen aus Sicht der Ökonomie. Verlierer – Gewinner – Alternativen. Wiesbaden: Springer Gabler.

Leitprinzipien für Wirtschaft und Menschenrechte (2013): Umsetzung des Rahmens der Vereinten Nationen „Schutz, Achtung und Abhilfe" Berlin: Geschäftsstelle Deutsches Global Compact Netzwerk (DGCN). http://www.skmr.ch/cms/upload/pdf/140522_leitprinzipien_wirtschaft_und_menschenrechte.pdf (Zugriff 25.4.2018)

Petersen, Thomas (2014): Ethik, Nahrungsmittel und Verantwortung. In: Schank, Christoph/Vorbohle, Kristin/Quandt, Jan Hendrik (Hrsg.): Perspektive Nahrungsmittelethik. München: Rainer Hampp. 19 ff.

Rieckmann, Marco/Fischer, Daniel/Richter, Sonja (2014): Nachhaltige Ernährung im Wertediskurs – Beiträge einer Hochschulbildung für nachhaltige Entwicklung. In: Schank, Christoph/Vorbohle, Kristin/Quandt, Jan Hendrik (Hrsg.): Perspektive Nahrungsmittelethik. München: Rainer Hampp. 29 ff.

Schweizer, Samuel (2017): Konzerninitiative: Gebot der Stunde. In: Neue Zürcher Zeitung vom 9.11.2917. 9.

Verein Konzernverantwortungsinitiative (2017): Erläuterungen zur Eidgenössischen Volksinitiative „Für verantwortungsvolle Unternehmen – zum Schutz von Mensch und Umwelt". Bern. http://konzern-initiative.ch/wp-content/uploads/2017/11/20170915_Erl%C3%A4uterungen-DE.pdf (Zugriff 25.4.2018).

The manufacturer's authorised representative in the EU is Springer
Nature Customer Service Centre GmbH, Europaplatz 3, 69115 Heidelberg,
Germany. If you have any concerns regarding our products, please
contact ProductSafety@springernature.com

Printed and bound by CPI Group (UK) Ltd, Croydon, CR0 4YY

27/04/2026

02097666-0011